KB169709

경성대학교 한국한자연구소
HK+ 한자문명연구사업단 한자총서 06

영한대역

제임스 레게의 **맹자** 역주

제3권

The Works of Mencius:
with a translation,
critical and exegetical notes,
prolegomena,
and copious indexes
By James Legge

James Legge
이진숙 · 박준원 역

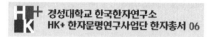

경성대학교 한국한자연구소
HK+ 한자문명연구사업단 한자총서 06

제임스 레게의 **맹자** 역주 제3권

The Chinese Classics: with a Translation, Critical and Exegetical Notes,
Prolegomena and Copious Indexes. By James Legge.
Vol. 2. *The Works of Mencius*

저자 제임스 레게(James Legge)
역자 이진숙·박준원
기획 하영삼
펴낸 곳 도서출판3
표지디자인 김소연

초판 1쇄 인쇄 2021년 1월 25일
초판 1쇄 발행 2021년 1월 31일

등록번호 제2020-000015호
전화 070-7737-6738
전자우편 3publication@gmail.com

ISBN: 979-11-87746-56-0 [94140]
      979-11-87746-53-9 [세트]

This work was supported by the Ministry of Education of the Republic of Korea and the
National Research Foundation of Korea (NRF-2018S1A6A3A02043693)

제임스 레게

孟子

맹자

제3책

제임스 레게(James Legge) 저

이진숙·박준원 역

일러두기

1. 레게는 맹자 한문에 없는 표현을 영역문에서 추가할 때 이탤릭체를 사용한다. 국역
   본문 번역문에서는 이를 [ ]로 표지한다.
2. 레게는 각주에서 영어 외의 외국어에서 또는 강조할 때 이탤릭체를 사용한다. 국역
   각주 번역문에서는 모든 이탤릭체를 [ ]로 표지한다.
3. 레게는 영역문에서 직접 대화에는 ' '로, 대화 속의 대화에는 " "로 표지하였다. 국
   역 본문 번역문에서는 일반 국문 기호 사용법을 따라 직접 인용에는 " ", 대화 속의
   대화에는 ' '로 표지한다.

기획의 변

제임스 레게(James Legge, 1815~1897)는 영국 스코틀랜드 출신의 선교사이자 한학자(漢學者)로서 옥스퍼드대학의 교수를 지냈다. 그는 동양의 사서삼경을 해설과 주해와 함께 최초로 영어로 번역하여, 동양철학을 서양에 소개하는 데 크게 공헌했다. 그의 번역은 1800년대 말에 출판된 최초의 영어 출판 본임에도 오늘날까지 여전히 영어권의 표준역본으로 공인되고 있으며, 그의 경전 해설은 동양연구자들이라면 반드시 읽어야할 필독서다. 그래서 그를 단순한 선교사가 아니라 '선교사 학자(Missionary-Scholars)'로서의 전범을 세웠다고 존숭하고 있다. 그리고 이 저작을 계기로 서구 중국학은 그 이전과 이후로 나뉜다고 할 정도로 영향력이 지대했다고 평가도 되고 있다. 그럼에도 유가 경전이 그 어느 나라보다 중시되었던 한국에서 제임스 레게의 '중국고전'이 그간 번역 출간되지 않고 있었다. 레게의 역주와 해설이 무척 난해하고 복잡하여 국내의 학자들이 접근하기 쉽지 않다는 점을 고려한다 하더라도 우리의 학계의 편협성과 유가경전 연구에 대한 한계를 보여주는 현실임을 인정하지 않을 수 없다.

이러한 인식에 기초해 경성대학교 한국한자연구소에서는 제임스 레게의 "중국경전" 시리즈(*The Chinese Classics*: with a translation, critical and exegetical notes, prolegomena, and copious indexes)를 번역 출간하기로 기획하고 이름을 "제임스 레게의 사서삼경 번역 및 역주 총서"로 정하였다. 단순한 본문 번역만이 아닌 역주와 해설을 포함한 모두를 완역하고, 영어 원문까지 제공해 대조 가능하게 함으로써, 전문연구자들에게 편의까지 도모하고 국내의 한학연구의 지평을 넓히고자 한다.

이제 그 첫 번째 결과물로 제임스 레게의 "사서삼경 번역 및 역주 총서"의 제2부인 『맹자』를 독자들에게 먼저 내놓는다. 완역하고 영어원문과 한문을 한국어 번역과 함께 실었다. 『맹자』는 본문 3책과 해설 1책으로 되었는데, 「양혜왕장구」(상하), 「공손추장구」(상하), 「등문공장구」(상하)가 제1권에, 「이루장구」(상하)와 「만장장구」(상하)가 제2권에, 「고자장구」(상하)와 「진심장구」(상하)가 제3권에 나누어 실렸으며, "레게의 『맹자』해설"(근간)이 제4권으로 편성되었다.

우리가 사용한 영어 원본은 1893년 판본(printed at the Clarendon Press, Oxford. Printed at the London missionary society's printing office in Hongkong.)을 사용하였다. 번역은 수고스럽게도 맹자 전문가인 한문학과 박준원 교수와 게일 연구와 영어 번역에 오랜 기간 동안 천착해 온 이진숙 교수께서 맡아주셨다. 노고에 감사드린다. 그리고 이 책의 번역이 기획되고 첫 작품이 나오기까지 제임스 레게 연구의 세계적 대가인 홍콩침례대학(Hong Kong Baptist University)의 라우렌 피스터(Lauren F. Pfister, 費樂仁) 교수의 도움이 컸다. 이 자리를 감사를 드린다. 비록 이 시도가 한국에서 처음 이루어지는 '용감한' 작업이고 촉박한 시간 탓에 오류도 없지 않을 것으로 생각하지만, 앞으로의 유가경전 연구에 또 하나의 토대를 제공하고 시야를 넓힌다는 점에서 큰 의의를 가질 것이라 생각하며, 『논어』를 비롯한 사서와 『시경』, 『서경』, 『역경』도 순조롭게 출판되기를 기원한다.

2021년 1월 25일
경성대학교 한국한자연구소에서
하영삼 씀

제임스 레게 『맹자』 초역의 학술적 의의

『맹자』를 포함한 사서(四書)가 유럽에 소개된 것은 주로 예수회 소속 신부들의 역할이 컸다. 일찍이 마테오리치(Matteo Ricci, 1552~1610)는 선교를 위하여 사서를 라틴어로 번역했었다. 19세기에 들어와서 유교경전의 번역은 스코틀랜드 애버딘 출신 영국 선교사 제임스 레게(James Legge, 1815~1897)에 의해 새로운 전환의 계기가 마련된다.

레게는 대략 1843년경부터 유교의 기본서적인 『논어』, 『대학』, 『중용』, 『맹자』의 번역과 주해에 착수하였고, 후속작업으로 『춘추』, 『예기』, 『서경』, 『역경』, 『시경』 등을 잇달아 출간하였다. 레게가 영국과 서방에 소개한 유가경전들은 예상대로 커다란 호응을 일으켰다. 이후 번역자로서의 레게의 명성도 점점 높아져서 애버딘 대학은 그에게 박사학위를 수여하였고, 레게는 여러 차례 파리도 방문하게 되었다. 파리 방문 기간 동안 레게는 프랑스의 저명한 동양학자 줄리앙(Stanislas Aignan Julien, 1797~1873)과 함께 한학(漢學)에 대하여 수준 높은 토론을 진행했다. 이 때에 토론을 나누었던 줄리앙의 견해가 이번에 간행된 레게 『맹자』 주석 여러 곳에 자주 인용되고 반영되어 있다.

레게의 후반부 번역과 주해 작업에 많은 도움을 준 중국인 학자 왕도(王韜, 1828~1897)는 1867년 고국으로 돌아가는 레게를 전송하는 <서양학자 레게의 귀국을 환송하면서[送西儒理雅各回國序]>라는 글에서 그의 업적을 다음과 같이 평가했다.

레게 선생은 붓을 들고 동방에서 유학을 공부해왔고, 자신의 모든 에너지를 십삼경(十三經) 연구에 바쳤다. 그는 경전의 이치에 통달해 있어 그 내용을 고증했고, 근원과 원칙을 탐구하여 자신 만의 독특한 견해를 구축해서, 범속한 사람들의 견해와는 매우 달랐다. 그는 경전을 평론할 때에도 일가의 학설을 주장하지 않고, 유아독존적인 태도로서 하나의 학설을 고집하지 않았다. 그는 저명한 학자의 장점과 정수를 고르게 취하여 하나로 연결시켰고, 공정(孔鄭)의 학문을 기초로 하여 주자(朱子)의 학문을 그 가운데에 조화시켰다. 그는 이렇게 한(漢)나라 때의 유학과 송(宋)나라 때의 주자학 어느 것에도 치우치지 않았다.

왕도는 레게가 일찍부터 『맹자』를 위시한 13경 연구에 전념하여왔음을 칭송하고, 그의 연구방법이 하나의 학설만을 고집하는 유아독존적인 접근이 아니라, 여러 학자들의 견해를 두루 반영하는 절충적 방법론을 취하고 있다고 보고 있다.

왕도의 언급대로 레게의 『맹자』의 번역에는 한나라 학자들의 견해뿐만 아니라, 송나라 주자의 대표적 해설서인 『맹자집주』와 여러 성리학자들의 견해를 상당부분 인용하여 수용하고 있다. 주자의 『맹자집주』가 이미 『맹자』해석에서 상당한 권위를 갖고 있었기 때문에, 이것은 당연하고 자연스러운 현상이다. 따라서 이전부터 레게의 『맹자』번역은 전반적으로 주자의 견해를 수용한 편이라는 학계의 세평(世評)이 있어 왔고, 『맹자집주』의 인용빈도로 볼 때 이것은 어느 정도 사실과 부합한다.

그러나 레게는 왕도의 평가처럼 『맹자』의 번역과 함께 수록된 방대한 분량의 각주를 통해 자신이 입수할 수 있는 모든 자료와 인맥을 총동원하여 다양한 견해를 폭넓게 반영하고 있다. 그는 중국역대와 당대의 수많은 경학연구가들을 참고했을 뿐만 아니라, 철저한 번역을 위해 각종 서적과 지명, 의상, 수치 등에 대한 분석과 고증을 시도했고, 심지어는 식물학자들의 견해까지 동원하고 있다. 이처럼 다양하고 엄청난 분량의 각주 때문에 번역 페이지 수가 늘어나고 출간시기가 상당기간 지체되기도 하였으나, 사실 레게 『맹자』역주의 백미는 바로 이 풍성한 각주의 존재라고 할 수 있다. 『맹자』 전반에 대한 상세하고 흥미로운 모든 정보가 이 안에 녹아들어있기 때문이다.

레게는 정확하고 분명한 번역을 위하여 이러한 노고를 아끼지 않았다. 그 결과 뜻밖에도 본래의 『맹자』 한문원문에서는 난해해보였던 내용들이 레게 『맹자』 역문에서는 이해하기 쉬운 편안하고 간결한 새로운 이미지로 독자들에게 전해지는 효과가 곳곳에서 나타나고 있다. 상세한 각주를 통한 전달성이 강한 평이한 원문해석 방식, 이것이 바로 레게가 추구한 『맹자』 번역 전략인 것 같다.

그 중에서도 역자들과 기획자의 주목을 끌게 한 것은 레게의 『맹자』 진심(盡心) 하 제16장의 각주이다. 이 각주를 통해서 우리는 당시 중국에서 유통되는 『맹자』의 판본과 내용이 다른 우리나라(Corea)만의 판본이 따로 존재했다는 사실을 알게 된 것이다.

　　　　<16장 원문>
　　　　孟子曰, 仁也者, 人也, 合而言之, 道也.

　　　　맹자가 말했다. "인은 사람[의 뚜렷한 특징]이다. 인은 사람의 행동으로 구현되기 때문에 [마땅히 가야 할] 길이라 불린다."

　　　　<16장 각주>
　　　　이 장은 매우 수수께끼 같다. 합(合)은 합인우인신(合仁于人身), 즉 '인과 사람의 몸을 합하다로, 도(道)는 『중용』의 '솔성지도(率性之道)'로 해석된다. 조기의 해석자들은 『논어』 제15권 제28장을 언급하는데 이는 매우 적절하다.
　　　　그러나 주희는 한국(Corea)에서 발견된 『맹자』의 판본에 '인야(人也)' 뒤에 '의야자의야, 운운(義也者宜也, 云云)' 등 '의', '예', '지'에 대한 설명이 뒤따른다고 언급한다. 그것이 원래의 읽기라고 한다면, 마지막 어구는 '모두 합해지고 명명된 이것들은 이성의 길이다가 될 것이다.

주자의 『맹자집주』에서는 정자(程子)의 말을 인용하여 "或曰, 外國本, 人也之下, 有義也者 宜也. 禮也者 履也, 智也者 知也, 信也者 實也. 凡二十字.(어떤 사람이 말했다. '외국의 판본에 인야(人也) 아래에 의(義)는 마땅한 것이고, 예(禮)는 실천하는 것이고, 지(智)는 아는 것이고, 신(信)은 진실한 것이다'라는 구절이 있는데 모두 20자이다.)"라고 보충해서 설명하였다.

레게는 정자가 말한 이 20개의 글자가 추가로 기록되어 있는 '외국본(外國本)'이 바로 한국(Corea)에서 발견된 『맹자』 판본이라고 확정한 것이다. 그리고 이어서 한국에서 발견된 판본에 의하면, 이 부분의 해석이

'(20자가) 모두 합해지고 명명된 이것들은 이성의 길이다'라는 의미로 확장될 수 있다고 했다. 한국의 『맹자』 판본의 추가된 내용에 의해서 번역의 의미 확장이 이루어진 것이다.

레게의 철저한 분석과 검증 태도에 비추어 본다면, 그는 아마도 당시에 중국에서 유통되던 한국의 『맹자』 판본을 직접 확인했을 것으로 추측된다. 이러한 그의 한국판 『맹자』에 대한 확증작업은 동북아시아에서 『맹자』의 유통과정에 대한 서지적 연구를 진행하는 데에 매우 중요한 자료로 활용될 가능성이 크다.

또한 이미 잘 알려진 것처럼 레게가 겉으로 표방한 『맹자』 영역의 목적은, 중국에 선교하기 위해서는 유교의 힘을 알아야 하고, 유교의 경전에 대한 이해가 필수적이라는 사실을 절감했기 때문이었다. 그러나 레게는 『맹자』 역주의 곳곳에서 선교사라는 위치에서 자신만이 갖게 되는 독특한 견해를 주장하고 있다. 천주교 신부의 위치에서 결코 포기할 수 없는 유일신의 존재를 『맹자』의 번역에 반영하고 있는 것이다. 가령 레게는 『맹자』 진심(盡心) 하 제25장 제8절의 번역과 각주를 다음과 같이 풀이하고 있다.

<8절 원문>
聖而不可知之之謂神.
성인(聖人)이 우리의 지식 너머에 있을 때, 그는 신인(神人)으로 불린다.
<8절 각주>
우리는 '聖而不可知之謂神'이라는 이 구절을 『중용』의 '지성여신'(至誠如神) 즉 '가장 완전한 성심을 소유한 사람은 신과 같다'라는 구절과 비교해 볼 수 있다. 『사서합강(四書合講)』은 맹자의 표현이 『중용』보다 더 강하다고 비판적으로 논평한다. 그러나 사실상 두 표현은 같은 의미이다.
혹자는 신(神)을 '신성한(divine)'으로 번역하는데, 이것은 결코 용납될 수 없는 번역이다. 그 분의 방식이 바다에 있고, 그분의 심판이 심해에 있는데, 그분의 영향력과 작용에 적합한 그 단어를 인간에게 사용함으로써 중국 작가들은 하나님의 특권을 무시한다.

레게는 하나님의 영역에 속하는 '신성한(divine)'이라는 용어를 함부로 사용한 중국 작가들의 번역을 용납할 수 없는 번역이라고 지적하고 있다. 이러한 관점은 유일신인 하나님의 개념과 존재를 부정하는 것으로, 그가 수용할 수 없는 것이었다. 그는 중국인들의 문화를 이해하고 포교를 위하여 자신이 직접 『맹자』의 번역에 나서고 있었지만, 선교사로서 자신이 신봉하는 종교의 절대적 개념인 '신성한' 유일신의 존재 자체를 부정할 수는 없었던 것이다. 이러한 관점은 레게 『맹자』의 번역과정에서 철저하게 지켜지는 부동의 원칙이었고, 레게 『맹자』 번역의 더 이상 물러설 수 없는 마지노선이었다.

그렇다면 레게의 『맹자』 번역 역주 출간이 갖는 학술사적 의의는 무엇일까? 이를 간략히 요약해보면 아마도 다음과 같은 결론이 나오지 않을까 싶다.

우선 이번 번역은 국내에서 아직까지 시도된 적이 없는 '초역'이라는 점에서 매우 중요한 의의를 가진다. 레게 『맹자』 번역의 온전한 실체가 학계에 제시된 것이다. 이번에 기획된 레게의 『맹자』 역주를 통해서, 기존의 『맹자』 해석서와 레게의 『맹자』 해석에 담긴 독특한 사유와 언어체계의 차이를 분석할 수 있는 가능성이 열렸다. 이제 우리는 기존의 성리학적 세계관에서 창출된 텍스트가 레게의 기독교적 사유체계로 어떻게 변환되어 해석되고 있는 지를 파악할 수 있을 것이다.

또한 레게가 번역한 맹자의 핵심적인 한자용어들이(性善, 仁義, 民本, 王道-覇道, 君子-小人, 浩然之氣 등) 어떠한 의미의 당시 영어용어로 구사되어서 서구의 의미망으로 스펙트럼처럼 전파되고 있는 지를 연구할 길이 열린 셈이다. 앞으로 레게의 『맹자』 역주에 관한 다양한 연구 성과들이 양산되기를 기대해본다.

항상 역자들을 독려하며 출간을 총괄 기획해 주신 한국한자연구소 하영삼 소장께도 감사의 뜻을 전한다.

2021년 1월 20일 후학 박준원은 삼가 쓰다.

차 례 (제3책)

기획의 변
제임스 레게 『맹자』 초역의 학술적 의의

제6권
고자장구
告子章句
○
상

제6권
고자장구
告子章句
○
하

제7권
진심장구
盡心章句
○
상

차 례 (제3책)

차 례 (제3책)

차 례 (제3책)

기획의 변
제임스 레게 『맹자』 초역의 학술적 의의

차 례 (제1책)

차 례 (제2책)

기획의 변
제임스 레게 『맹자』 초역의 학술적 의의

차 례 (제2책)

告子章句 · 上

고자장구 · 상

BOOK VI

KAO TSZE

PART I

Kâo, from whom this book is named, is the same who is referred to in Bk. II. Pt. I. ii. His name was Pû-haî (不害) a speculatist of Mencius's day, who is said to have given himself equally to the study of the orthodox doctrines and those of the heresiarch Mo (Bk. III. Pt. I. v; Pt. II. ix). See the 四書拓餘說, on Mencius, Vol. I, art. xxix. He appears from this book to have been much perplexed respecting the real character of human nature in its relations to good and evil. This is the principal subject discussed in this Book. For his views of human nature as here developed, Mencius is mainly indebted for his place among the sages of his country. 'In the first Part,' says the 四書味根錄, 'he treats first of the *nature*; then of *the heart*; and then *instruction*, the whole being analogous to the lessons in the 'Doctrine of the Mean.' The second Part continues to treat of the same subject, and a resemblance will generally be found between the views of the parties there combated, and those of the scholar Kâo.'

제6권

고자장구(告子章句)

상(上)

제6권의 제목인 고자는 제2권 제1편 제2장에서 언급된 고자와 동일인이다. 고자의 이름은 불해(不害)로 맹자 시대의 이론가이다. 그는 정통 교리인 유교와 이교인 묵가(제3권 제1편, 제5장, 제3권 제2편 제9장)를 동일하게 연구했다. 『사서탁여설』(四書拓餘說) 제1권 29항의 「맹자편」을 보라. 이 책을 보면 고자는 선과 악과 관련해서 인간본성의 실제 성격에 대해 많이 당혹스러워한 것 같다. 『맹자』 제6권에서는 이 주제를 주로 다룬다. 맹자가 중국의 성인들의 반열에 오를 수 있었던 것은 제6권에서 전개되는 그의 인간 본성에 대한 견해 덕분이다. 『사서미근록』(四書味根錄)은 이 6권에 대해 다음과 같이 말한다. '맹자는 제1편에서 먼저 [본성]을, 그다음 [마음]을, 그다음 [가르침]을 다루는데, 제1편 전체는 『중용』의 가르침과 유사하다. 제2편은 제1편과 동일 주제를 연속해서 다루고 있고 제1편에서 논쟁을 벌였던 당사자들의 견해와 고자의 견해가 제2편에서도 전반적으로 유사하게 전개된다.'

CHAPTER I

CH. 1. THAT BENEVOLENCE AND RIGHTEOUSNESS ARE NO UN--NATURAL PRODUCT OF HUMAN NATURE.

There underlies the words of Kâo here, says Chû Hsî, the view of the philosopher Hsün (筍) that human nature is evil (性惡). This is putting the case too strongly. It is an induction from his words, which Kâo would probably have disallowed. Hsün (see the prolegomena, and Morrison, under character 子, accounted by many the most distinguished scholar of the Confucian school, appears to have maintained positively that all good was foreign to the nature of man;一人之性惡, 其善者僞也, 'Man's nature is lul: his good is artificial.'

제1장

인과 의는 인간 본성의 부자연스러운 산물이 아니다.

주희는 고자의 말의 기저에는 인간의 본성은 악이라고 한 순자의 견해가 있다고 말한다. 주희의 주장은 비약이 좀 심하다. 고자는 주희의 유추를 부인했을 것 같다. 많은 사람이 순자(나의 서문과 모리슨의 글자 '자(子)' 항목 아래의 설명을 보라)를 공자 학파의 가장 뛰어난 학자로 간주한다. 순자는 모든 선은 인간의 본성에 이질적이라는 주장을 적극적으로 펼친 것으로 보인다. 즉 순자는 '인지성악, 기선자위야(人之性惡, 其善者僞也)', '인간의 본성은 악하고 인간의 선은 인위적이다.'라고 말했다.

1. The philosopher Kâo said, '*Man's* nature is like the *ch'î*-willow, and righteousness is like a cup or a bowl. The fashioning benevolence and righteousness out of man's nature is like the making cups and bowls from the *ch'î*-willow.'

1. The 杞 and the 柳 are taken by some as two trees, but it is better to take them together the first character giving the species of the other. It is described as 'growing by the water-side, like a common willow, the leaf coarse and white, with the veins small and reddish.'

1절

告子曰, 性, 猶杞柳也, 義, 猶桮棬也, 以人性爲仁義, 猶以杞
柳爲桮棬.

고자가 말했다. "[인간의] 본성은 갯버들 나무와 같고 의는 잔이나 그릇과
같다. 인간의 본성에서 인과 의를 형성하는 것은 갯버들 나무로 잔과 그
릇을 만드는 것과 같다."

1절 각주

혹자는 기(杞)와 류(柳)를 두 개의 다른 나무로 생각하지만, 두 글자를 함
께 묶어서 첫 글자를 다음 글자의 종류로 보는 것이 맞다. 갯버들 나무는
일반적인 버드나무처럼 '물가에서 자라는 것'으로 잎이 거칠고 흰색이며
줄기는 작고 붉은 것으로 묘사된다.

2. Mencius replied, 'Can you, leaving untouched the nature of the willow, make with it cups and bowls? You must do violence and injury to the willow, before you can make cups and bowls with it. If you must do violence and injury to the willow in order to make cups and bowls with it, *on your principles* you must in the same way do violence and injury to humanity in order to fashion from it benevolence and righteousness! Your words, alas! would certainly lead all men on to reckon benevolence and righteousness to be calamities.'

2. 順,一'according with,' 'following,' i. e., 'leaving untouched,' 'doing no violence to." 戕賊人, 人 = 人性, 'man's nature,' 'humanity.' Kâo had said that man's nature could be *made into* benevolence and righteousness, and Mencius exposes the error by here substituting 戕賊 for 爲, in doing which he is justified by the nature of the action that has to be put forth on the wood of the willow. 禍仁義,一'calamitize benevolence and righteousness.' I take the meaning to be as in the translation. If their nature must be hacked and bent to bring those virtues from it, men would certainly account them to be calamities.

2절

孟子曰, 子能順杞柳之性而以爲桮棬乎, 將戕賊杞柳而後, 以
爲桮棬也, 如將戕賊杞柳而以爲桮棬, 則亦將戕賊人以爲仁義
與, 率天下之人, 而禍仁義者, 必子之言夫.

맹자가 대답했다. "그대는 버드나무의 성질을 그대로 두고 버드나무로 잔
과 그릇을 만들 수 있단 말인가? 버드나무로 잔과 그릇을 만들기 전에 버
드나무에 폭력을 가하고 상처를 주어야 한다. 버드나무로 잔과 그릇을 만
들기 위해서 버드나무에 폭력과 해를 가해야 한다면, [그대의 원리에 따
라] 인간성으로부터 인과 의를 만들기 위해서 동일 방식으로 인간성에 폭
력과 해를 가해야 한단 말인가? 그대의 말은 분명히 모든 사람이 인과 의
를 재앙으로 여기게 할 것이다."

2절 각주

순(順)은, '~에 따라서' '~뒤에' 즉 '손대지 않고 두는 것' '~에 폭력을 가하
지 않는 것'이다. 장적인(戕賊人)에서 인(人)은 인성(人性) 즉 '사람의 본
성', 인간성이다. 고자는 인간의 본성은 인과 의로 '만들어질 수 있다'라고
말했고, 맹자는 여기서 위(爲)를 장적(戕賊)으로 대체함으로써 고자의 오
류를 드러내고, 버드나무에서 앞으로 나오게 되는 행동의 본성이 그것을
정당화한다. 화인의(禍仁義)는 '인과 의를 재앙으로 만들다'라는 의미이다.
나는 이 의미로 번역하였다. 인간의 본성에서 인과 의라는 덕을 끌어내기
위해 인간의 본성을 난도질하고 왜곡해야 한다면, 사람들은 인과 의를 분
명히 재앙으로 간주할 것이다.

CHAPTER II

CH. 2. MAN'S NATURE IS NOT INDIFFERENT TO GOOD AND EVIL. ITS PROPER TENDENCY IS TO GOOD.

That man is indifferent to good and evil, or that the tendencies to these are both blended in his nature, was the doctrine of Yang Hsiung (揚雄) a philosopher about the beginning of our era(B.C. 53~A.D. 18). We have the following sentence from him:—'In the nature of man good and evil are mixed. The cultivation of the good in it makes a good man; the cultivation of the evil makes a bad man. The passion-nature in its movements may be called the horse of good or evil'(十子全書, 揚子, 修身篇). 人無有不善 is the sum of the chapter on Mencius's part. His opponent's views were wrong, but did he himself have the whole truth?

제2장

인간의 본성은 선과 악에 무심하지 않다. 인간의 본성은 원래 선을 향하는 경향이 있다.

인간이 선과 악에 무심하다거나 인간의 본성에 선과 악이 혼재되어 있다는 교리를 주장하는 이는 철학자 양웅(揚雄, 기원전 53년~서기 18년)이었다. 양웅은 다음과 같이 말했다. '인간의 본성에는 선과 악이 혼재되어 있다. 선을 기르면 선량한 사람을 만들고, 악을 기르면 나쁜 사람을 만든다. 그 움직임에서 열정-본성(passion-nature, 氣)은 선과 악의 말[馬]이라 할 수 있다(『十子全書』[1]), 揚子, 修身篇). 제2장의 인무유불선(人無有不善)은 맹자의 견해를 요약한 어구로 볼 수 있다. 맹자를 반대하는 이들의 견해는 잘못되었다. 그렇다고 해서 맹자의 말이 전부 진리인 것은 아니다.

---

1) (역주) 『십자전서』(十子全書)는 선진(先秦) 시대 이후에 나타난 백가쟁명(百家爭鳴)의 학문에 관한 총론 10편을 담은 책이다.

1. The philosopher Kâo said, '*Man's* nature is like water whirling round *in a corner*. Open a passage for it to the east, and it will flow to the east; open a passage for it to the west, and it will flow to the west. Man's nature is indifferent to good and evil, just as the water is indifferent to the east and west.'

1. 湍水, as explained in the dictionary, 'water flowing rapidly,' and 'water rippling over the sand.' Châo Ch'î, followed by Chû Hsî, explains it as in the translation, which is certainly better adapted to the passage.

1절

告子曰, 性, 猶湍水也, 決諸東方則東流, 決諸西方則西流, 人
性之無分於善不善也, 猶水之無分於東西也.

고자가 말했다. "인간의 본성은 [모퉁이에서] 소용돌이치는 물과 같다. 동
쪽으로 물꼬를 트면 동쪽으로 흐를 것이고, 서쪽으로 물꼬를 트면 서쪽으
로 흐를 것이다. 물이 동쪽과 서쪽에 무심하듯이 인간의 본성은 선과 악
에 무심하다."

1절

단수(湍水)는 사전에서 설명된 대로, '빠르게 하는 물' 그리고 '모래 위에
넘실대는 물'이다. 조기와 주희의 설명은 나의 번역과 같지만, 나는 본문
의 의미를 더욱 잘 살릴 수 있도록 번역하였다.

2. Mencius replied, 'Water indeed *will flow* indifferently to the east or west, but will it flow indifferently up or down? The tendency of man's nature to good is like the tendency of water to flow downwards. There are none but have this tendency to good, *just as* all water flows downwards.

2. 信,─as an adverb, 'truly.' 人性之善,─literally, 'the goodness of man's nature,' but we must take 善 as ='tendency to good.'

2절

孟子曰, 水信無分於東西, 無分於上下乎, 人性之善也, 猶水之
就下也, 人無有不善, 水無有不下.

맹자가 대답했다. "물은 사실상 동쪽이나 서쪽으로 무심하게 [흐를 것이
다]. 그러나 그것이 위 또는 아래로 무심하게 흐르던가? 사람의 본성이 선
으로 향하는 경향은 물이 아래로 흐르는 경향과 같다. 모든 물이 아래로
흐르듯이 인간의 본성에는 선으로 가는 경향만이 있을 뿐이다.

2절 각주

신(信)은 부사로서 '진실로'이다. 인성지선(人性之善)은 문자 그대로, '인간
본성의 선함'이지만 우리는 선(善)을 '선을 향하는 경향'으로 해석해야 한다.

3. 'Now by striking water and causing it to leap up, you may make it go over your forehead, and, by damming and leading it you may force it up a hill;—but are such movements according to the nature of water? It is the force applied which causes them. When men are made to do what is not good, their nature is dealt with in this way.'

3. 激, 'to provoke,' 'to fret,' the *consequence of a dam*. 激而行之,—'dam and walk it,' i. e., by gradually leading it from dam to dam, Chû Hsî says :—'This chapter tells us that the nature is properly good, and if we accord with it, we shall do nothing which is not good; that it is properly without evil, and we must violate it, therefore, before we can do evil. It shows that the nature is not properly without a decided character, or that it may do good or evil indifferently.'

3절

今夫水, 搏而躍之, 可使過顙, 激而行之, 可使在山, 是豈水之性哉, 其勢則然也, 人之可使爲不善, 其性, 亦猶是也.

물을 쳐서 이마 위로 가게 할 수는 있다. 그리고 물을 가두고 끌어 올려 언덕 위로 억지로 가게 할 수도 있다. 그러나 그와 같은 움직임이 물의 성질을 따른 것인가? 그렇게 한 것은 다른 힘이 작용했기 때문이다. 사람이 선하지 않은 것을 하면 그들의 본성은 이런 식으로 다루어진다."

3절 각주

격(激)은 [댐의 결과를] '유발하다' '초조하게 하다'이다. 격이행지(激而行之)는 '그것을 둑으로 막고 거닐게 하다' 즉 '댐에서 댐으로 점차 이끌다'라는 뜻이다. 주희는 '이 장은 우리에게 본성은 원래 선하고 우리가 그것과 일치하면 우리는 선하지 않은 것은 전혀 하지 않을 것이고, 원래 악이란 없다. 그래서 악을 행하기 전에, 우리는 본성을 위반해야 한다. 본성은 원래 결정된 성격이 없는 것은 아니라는 것을 보여주고 혹은 무심하게 선 또는 악을 행할 수 있다는 것을 보여준다'라고 했다.

CHAPTER III

CH. 3. THE NATURE IS NOT TO BE CONFOUNDED WITH THE PHENOMENA OF LIFE.

1. The philosopher Kâo said, 'Life is what we call nature!'

   1. 'By 生,' says Chû Hsî, 'is intended that whereby men and animals perceive and move,' and the sentiment, he adds, is analogous to that of the Buddhists, who make 作用, 'doing and using,' to be the nature. We must understand by the term, I think, the phenomena of life, and Kâo's idea led to the ridiculous conclusion that wherever there were the phenomena of life, the nature of the subjects must be the same. At any rate, Mencius here makes him allow this.

제3장

본성과 생(生)의 현상을 혼동하지 말아야 한다.

1절

告子曰, 生之謂性.

고자가 말했다. "생(life)이 소위 말하는 본성(nature)이다."

1절 각주

주희는 '[고자가] 의도한 생(生)은 사람과 동물을 지각하게 하고 움직이게 하는 것이다'라고 말했다. 주희는 또한 고자의 생(生)의 취지는 작용(作用, 행하고 사용하는 것)을 본성으로 보는 불교도들의 생(生)과 유사하다고 덧붙인다. 나는 고자의 생(生)을 생(生)의 현상으로 이해해야 한다고 생각한다. 고자의 이러한 생각은 생의 현상이 있는 곳은 어디든지 그 주체의 본성은 동일해야 한다는 우스꽝스러운 결론으로 이어졌다. 여기서 맹자는 어떻게든 고자가 이러한 전개를 받아들이게 만든다.

2. Mencius asked him, 'Do you say that by nature you mean life, just as you say that white is white?' 'Yes, I do,' was the reply. Mencius added, 'Is the whiteness of a white feather like that of white snow, and the whiteness of white snow like that of white jade?' *Kâo again* said 'Yes.'

3. 'Very well,' *pursued Mencius*. 'Is the nature of a dog like the nature of an ox, and the nature of an ox like the nature of a man?'

2~3. The 與, 4th tone, all interrogative, and= 'you allow this, I suppose.' —We find it difficult to place ourselves in sympathy with Kâo in this conversation, or to follow Mencius in passing from the second paragraph to the third. His questions in paragraph 2 all refer to qualities, and then he jumps to others about the nature.

2절

孟子曰, 生之謂性也, 猶白之謂白與. 曰, 然. 白羽之白也, 猶
白雪之白, 白雪之白, 猶白玉之白與. 曰, 然.

맹자가 고자에게 물었다. "본성이 생이라고 한 것은 흰 것이 흰 것이라고
말하는 것과 똑같은가?" 고자가 말했다. "그렇다." 맹자가 덧붙였다. "흰
깃털의 흰색이 흰 눈의 흰색과 같은가? 그리고 흰 눈의 흰색이 흰 옥의
흰색과 같은가?" 고자가 [다시] 말했다. "그렇다."

3절

然則犬之性, 猶牛之性, 牛之性, 猶人之性與.

[맹자가 계속 말했다.] "그래 좋아. 그렇다면 개의 본성이 소의 본성과 같
은가? 그리고 소의 본성이 사람의 본성과 같은가?"

2~3절 각주

여(與)는 4성조이고 모두 의문문으로, '네가 이것을 허락한다고 나는 추정
한다'와 같은 의미이다. 이 대화에서 고자의 말에 동의하기가 힘들고 또한
제2절에서 제3절로 넘어가는 맹자의 말을 따라가기도 힘들다. 제2절에서
맹자의 질문은 모두 성질(quality)을 가리키고 있는데, 제3절에서는 본성
(nature)에 대한 질문으로 비약한다.

CHAPTER IV

CH. 4. THAT THE BENEVOLENT AFFECTIONS AND THE DISCRIMINATIONS OF WHAT IS RIGHT AND EQUALLY INTERNAL.

1. The philosopher Kâo said, '*To enjoy* food and *delight in* colours is nature. Benevolence is internal and not external; righteousness is external and not internal.'

1. 食色=甘食悅色. We might suppose that 色 here denoted 'the appetite of sex.' But another view is preferred. Thus the commentator 熙周 observes:—'The infant knows to drink the breast, and to look at fire, which illustrates the text 食色性,' It is important to observe that by 義 is denoted 事物之宜, 'the determining what conduct in reference to them is required by men and things external to us, and giving it to them.' Kâo contends that as we are moved by our own internal impulse to food and colours, so we are also in the exercise of benevolence, but not in that of righteousness.

제4장

자애로움과 올바름에 대한 구별은 모두 우리의 내부에 있다.

1절
告子曰, 食色, 性也, 仁, 內也, 非外也, 義, 外也, 非內也.

고자가 말했다. "음식[을 향유하고] 색(色)[에서 기쁨을 얻는 것]은 본성이다. 인은 내재적이지 외재적인 것이 아니며, 의는 외재적이지 내재적인 것이 아니다."

1절 각주
식색(食色)은 감식열색(甘食悅色)이다. 우리는 여기서 색(色)은 '섹스의 맛을 의미한다고 추정할 수 있다. 그러나 다른 견해가 선호된다. 그리하여 주석가 희주(熙周)는 '유아는 젖을 먹는 법을 알고 불을 보는 법을 아는데 이것이 본문의 식색성(食色性)을 예증한다.'라고 했다. 여기서 의(義)는 '사물지의(事物之宜)', '어떤 행동이 사람과 외재한 사물에 요구되는지를 결정하고 그 행동을 하는 것'이다. 고자는 우리가 음식과 색을 대할 때 우리 자신의 내부 충동으로 움직이는 것과 마찬가지로 우리가 선을 행사할 때도 우리 자신의 내부 충동으로 움직이지만, 의를 행사할 때는 그렇지 않다고 주장한다.

2. Mencius asked him, 'What is the ground of your saying that benevolence is internal and righteousness external?' He replied, 'There is a man older than I, and I give honour to his age. It is not that there is *first* in me a principle of such reverence to age. It is just as when there is a white man, and I consider him white; according as he is so externally to me. On this account, I pronounce *of righteousness* that it is external.'

 2 長,－always up. 3rd tone. In 彼長, it is the adjective, but in the other cases it is the verb. 非有長於我 = 非先有長之之心在我. The second 白 is also a verb.

2절

孟子曰, 何以謂仁內義外也. 曰, 彼長而我長之, 非有長於我也, 猶彼白而我白之, 從其白於外也, 故謂之外也.

맹자가 물었다. "그대는 인이 내재적이고 의가 외재적이라고 말하는데 그 근거가 무엇인가?" 고자가 말했다. "나보다 나이 많은 사람이 있으면 나는 그의 나이를 공경한다. [먼저] 내 안에 나이를 공경하도록 하는 원리가 있어서가 아니다. 그것은 마치 흰 사람이 있을 때 그를 흰 것으로 간주하는 것과 같다. 따라서 그는 나에게 외재적이다. 이 때문에 나는 [의가] 외재적이라고 선언하는 것이다."

2절 각주

장(長)은 항상 3성조이다. 피장(彼長)에서 장(長)은 형용사이지만, 다른 경우들은 동사이다. 비유장어아(非有長於我)는 비선유장지지심재아(非先有長之之心在我)이다. 두 번째 백(白) 또한 동사이다.

3. *Mencius* said, 'There is no difference between our pronouncing a white horse to be white and our pronouncing a white man to be white. But is there no difference between the regard with which we acknowledge the age of an old horse and that with which we acknowledge the age of an old man? And what is it which is called righteousness?—the fact of a man's being old? or the fact of our giving honour to his age?'

3. 異於, at the commencement, have crept by some oversight into the text. They must be disregarded. 白馬, 白人, 長馬, 長人,—白 and 長 are the verbs, = the 長之, below. 且謂, 云云, 'and do you say? &c,' but the meaning comes out better by expanding the words a little. The 日講 says:—'The recognition of the whiteness of a horse is not different from the recognition of the whiteness of a man. So indeed it is. But when we acknowledge the age of a horse, we simply with the mouth pronounce that it is old. In acknowledging, however, the age of a man, there is at the same time the feeling of respect in the mind. The case is different from our recognition of the age of a horse.'

3절

曰, 異於白馬之白也, 無以異於白人之白也, 不識, 長馬之長也, 無以異於長人之長與, 且謂長者義乎, 長之者義乎.

맹자가 말했다. "우리가 흰 말을 흰 것이라고 선언하는 것과 흰 사람을 희다고 선언하는 것 사이에 차이가 없다. 그러나 흰 말의 나이를 인정해서 하는 배려와 노인의 나이를 인정해서 하는 배려 사이에 전혀 차이가 없는가? 의(義)라고 불리는 것은 무엇인가? 의는 사람이 나이가 들었다는 사실인가? 아니면 의는 우리가 그의 나이를 공경한다는 사실인가?"

3절 각주

이어(異於)는 처음에 어떤 이의 부주의로 본문에 들어가게 되었다. 두 글자는 무시해야 한다. 백마(白馬), 백인(白人), 장마(長馬), 장인(長人)의 백(白)과 장(長)은 동사로 아래의 장지(長之)와 같다. '차위, 운운(且謂, 云云)'은 '그리고 너는 말하는가 등등'이지만 그 의미는 단어를 약간 확장하면 더 잘 이해된다. 『일강』(日講)에서는 이렇게 말했다. '말이 희다는 것을 인지하는 것과 사람이 희다는 것을 인지하는 것은 다르지 않다. 정말로 그렇다. 그러나 말의 나이를 인정할 때 우리는 단순히 말이 늙었다고 선언한다. 그러나 사람의 나이를 인정할 때는 우리는 마음속에 동시에 공경심을 가진다. 사람의 나이를 인정하는 것은 말의 나이를 인정하는 것과 다르다.'

4. *Kâo* said, 'There is my younger brother;—I love him. But the younger brother of a man of Ch'in I do not love: that is, the feeling is determined by myself, and therefore I say that benevolence is internal. *On the other hand*, I give honour to an old man of Ch'û, and I also give honour to an old man of my own *people*: that is, the feeling is determined by the age, and therefore I say that righteousness is external.'

4. 秦人, 楚人, = indifferent people, strangers. 以我爲悅, 以長爲悅,—the meaning is no doubt, as in the translation, but the use of 悅 in both cases occasions some difficulty. Here again I may translate from the 日 講, which attempts to bring out the meaning of 悅:—'love my younger brother and do not love the younger brother of a man of Ch'in; that is, the love depends on me. Him with whom my heart is pleased, I love(悅 乎我之心, 則愛之), and him with whom my heart is not pleased, I do not love. But the reverence is in both cases determined by the age. Wherever we meet with age, there we have the feeling of complacency (凡遇長皆在所悅), and it does not necessarily proceed from our own mind.' After reading all this, a perplexity is still felt to attach to the use of 悅.

4절

曰, 吾弟則愛之, 秦人之弟則不愛也, 是以我爲悅者也, 故謂之
內, 長楚人之長, 亦長吾之長, 是以長爲悅者也, 故謂之外也.

고자가 말했다. "나에게 동생이 있다고 하자. 나는 그를 사랑한다. 그러나
진나라 사람의 동생을 사랑하지는 않는다. 즉 그 감정은 내가 결정하므로
인이 내재적이라는 것이다. [반면에] 나는 초나라의 노인을 공경하고 우리
나라 [백성의] 노인도 공경한다. 즉 그 감정은 나이가 결정하므로 의가 외
재적이라는 것이다."

4절 각주

진인(秦人)과 초인(楚人)은 관련 없는 사람, 이방인들이다. 이아위열(以我
爲悅), 이장위열(以長爲悅)에서 그 의미는 분명히 번역과 같다. 그러나 두
경우에 열(悅)의 사용은 약간 어려움이 있다. 여기서 다시 나는 『일강』
(日講)이 해석한 열(悅)의 의미를 참고하여 번역하였다. 『일강』(日講)에서
는 이렇게 말했다. '나는 남동생을 사랑하지만 진나라 사람의 남동생을 사
랑하지 않는다. 즉 사랑은 나에게 달려 있다. 나의 마음이 즐거워하는 이
를 나는 사랑하고(悅乎我之心, 則愛之), 나의 마음이 즐거워하지 않는 이
를 나는 사랑하지 않는다. 그러나 공경은 두 경우에 나이가 결정한다. 연
장자를 만날 때마다 우리는 만족감을 느낀다(凡遇長皆在所悅). 이것은 반
드시 우리 자신의 마음에서 나올 필요는 없다.' 이 모든 것을 읽은 후에도
여전히 열(悅)의 용법이 당혹스럽다.

5. *Mencius* answered him, 'Our enjoyment of meat roasted by a man of Ch'in does not differ from our enjoyment of meat roasted by ourselves. Thus, *what you insist on* takes place also in the case of such things, and will you say likewise that our enjoyment of a roast is external?'

5. 耆=嗜.—Mencius silences his opponent by showing that the same difficulty would attach to the principle with which he himself started ; namely, that the enjoyment of food was internal, sprang from the inner springs of our being.

5절

曰, 耆秦人之炙, 無以異於耆吾炙, 夫物, 則亦有然者也, 然則
耆炙, 亦有外與.

[맹자가] 고자에게 대답했다. "진나라 사람이 구운 고기를 즐기는 것과 우
리가 직접 구운 고기를 즐기는 것은 다르지 않다. [그대가 고집하는 것이]
이와 같은 일에도 발생한다. 그런데도 그대는 우리가 고기를 즐기는 것이
외재적이라 말하는가?"

5절 각주

기(耆)는 기(嗜)이다. 맹자는 동일한 어려움이 고자 자신이 시작한 원리에
도 적용된다는 것을 주장한다. 즉 고기를 즐기는 것은 내재적이고 우리
존재의 내부 샘에서부터 나온다는 것을 보여줌으로써, 상대방인 고자를
침묵하게 한다.

CHAPTER V

CH. 5. THE SAME SUBJECT; THE DISCRIMINATIONS OF WHAT IS RIGHT ARE FROM WITHIN.

1. The disciple Măng Chî asked Kung-tû, saying, 'On what ground is it said that righteousness is internal?'

1. Măng Chî was a younger brother of Măng Chung, mentioned Bk. II. Pt. II. ii. 3. Their relation to each other in point of age is determined by the characters 仲 and 季. Măng Chî had heard the previous conversation with Kâo, or heard of it, and feeling some doubts on the subject he applied to Kung-tu(Bk. II. Pt. II. v. 4) for their solution. 'On what ground is it said?'—i.e. by our master, by Mencius.

제5장

동일한 주제를 다룬다. 즉 올바른 것의 구별은 내부에서부터 온다.

1절
孟季子問公都子曰, 何以謂義內也.

맹계자가 공도자에게 물었다. "어떤 근거에서 의가 내재적이라고 하는가?"

1절 각주
맹계자(孟季子)는 제2권 제2편 제2장 제3절에서 언급된 맹중자(孟仲子)의 남동생이다. 두 사람의 나이 관계는 중(仲)과 계(季)라는 글자로 알 수 있다. 맹계자는 맹자와 고자의 이전 대화를 직접 들었거나 아니면 전해 들었을 것이다. 그는 이 주제에 대해 약간의 의문을 가지고 있었기 때문에 공도자(公都子, 제2권 제2편 제5장 제4절)에게 물어 답을 구하고자 하였다. '어떤 근거에서 말하는가요?'는 즉 우리의 스승인 맹자는 어떤 근거에서 이 말을 한 것이냐는 의미이다.

2. Kung-tû replied, 'We *therein* act out our feeling of respect, and therefore it is said to be internal.'

3. *The other objected,* 'Suppose the case of a villager older than your elder brother by one year, to which of them would you show the *greater* respect?' 'To my brother,' was the reply. 'But for which of them would you first pour out wine *at a feast?*' 'For the villager.' *Măng Chî argued,* '*Now* your feeling of reverence rests on the one, and now the honour due to age is rendered to the other;—this is certainly determined by what is without, and does not proceed from within.'

3. The questions here are evidently by Măng Chî. 伯 is in the general sense of 長, 'elder.'

2절

曰, 行吾敬, 故謂之內也.

공도자가 대답했다. "우리는 공경심에 따라 행동한다. 그래서 그것이 내재적이라고 한 것이다."

3절

鄉人, 長於伯兄一歲, 則誰敬, 曰, 敬兄. 酌則誰先. 曰, 先酌鄉人. 所敬在此, 所長在彼, 果在外, 非由內也.

[맹계자가 반대했다.] "동네 사람이 당신의 형보다 한 살이 많은 경우를 생각해 보자. 두 사람 중 누구에게 [더 많은] 공경심을 보일 것인가?" 공도자가 대답했다. "나의 형이다." "그러나 [잔치에서] 누구에게 먼저 술을 따를 것인가?" "동네 사람이다." [맹계자가 주장했다.] "공경심은 친형에게 보이고, 연장자에 대한 공경은 동네 사람에게 한다. 그러므로 의는 분명 외부적인 것이 결정하지 내부에서 진행된 것이 아니다."

3절 각주
여기서의 질문은 분명 맹계자가 한 것이다. 백(伯)은 일반적으로 장(長), 즉 '나이가 많다'는 뜻이다.

4. Kung-tû was unable to reply, and told the conversation to Mencius. Mencius said, '*You should ask him,* "Which do you respect most,—your uncle, or your younger brother?" He will answer, "My uncle." Ask him again, "If your younger brother be personating a dead ancestor, to which do you show the greater respect,—*to him or to your uncle*?" He will say, "To my younger brother." You can go on, "But where is the respect due, as you said, to your uncle?" He will reply to this, "*I show the respect to my younger brother*, because of the position which he occupies," and you can likewise say, "*So my respect to the villager* is because of the position which he occupies. Ordinarily, my respect is rendered to my elder brother; for a brief season, *on occasion*, it is rendered to the villager."'

4. The translation needs to be supplemented, to show that Mencius gives his decision in the form of a dialogue between the two disciples. 叔父, —'a father's younger brother,' but used generally for 'an uncle.' 弟爲尸,— in sacrificing to the departed, some one—a certain one of the descendants, if possible, was made the 尸, or 'corpse,' into whose body the spirit of the other was supposed to descend to receive the worship. 惡在其敬,—the 其= 'as you said.' 斯須 = 暫時; compare the 'Doctrine of the Mean,' i, 2.

4절

公都子不能答, 以告孟子. 孟子曰, 敬叔父乎, 敬弟乎. 彼將曰, 敬叔父. 曰, 弟爲尸則誰敬, 彼將曰, 敬弟, 子曰, 惡在其敬叔父也. 彼將曰, 在位故也. 子亦曰, 在位故也, 庸敬在兄, 斯須之敬在鄉人.

공도자가 여기에 대답을 못 하고 맹자에게 대화 내용을 전했다. 맹자가 말했다. "[너는 그에게] '너는 숙부와 남동생 가운데 누구를 더 공경하느냐?'[라고 물었어야 했다.] 그는 '숙부이다'라고 대답할 것이다. 그에게 '남동생이 죽은 조상의 모습을 하고 있다면, 너는 누구에게 더 큰 공경을 보일 것인가? [남동생인가 아니면 숙부인가?]'라고 [다시 물었더라면] '남동생이다'라고 대답할 것이다. 그러면 너는 '그러나 네가 말한 숙부에게 보여야 할 공경은 어디에 있는가?'라고 계속 물으면 이에 대해 '나는 남동생이 그 자리에 있으므로, [그에게 공경을 보인다]'라고 말할 것이다. 그러면 너는 '그래서 마을 사람을 공경하는 것은 그의 위치 때문이다. 평상시 나는 형을 공경하고, 잠시 [상황에 따라] 마을 사람을 공경한다'라고 말하면 된다."

4절 각주

맹자가 제자인 맹계자와 공도자가 대화하는 양식을 빌려 판단을 내리는 것을 보여주기 위해 번역을 보충할 필요가 있었다. 숙부(叔父)는 '아버지의 남동생'이지만, 일반적으로 '삼촌'으로 사용된다. 제위시(弟爲尸)는 혼령에게 제사를 지낼 때, 후손 가운데 한 명이 시(尸), 즉 '죽은 사람인 척'하고 있으면, 죽은 사람의 영혼이 그 사람에게 강림하여 후손의 숭배를 받는다는 섯이다. 오재기경(惡在其敬)에서 기(其)는 '네가 말한 대로'이다. 사수(斯須)는 잠시(暫時)로 『중용』 제1장 제2절과 비교하라.

5. *Mǎng* Chî heard this and observed, 'When respect is due to my uncle, I respect him, and when respect is due to my younger brother, I respect him;—the thing is certainly determined by what is without, and does not proceed from within.' Kung-tû replied, 'In winter we drink things hot, in summer we drink things cold; and so, *on your principle,* eating and drinking also depend on what is external!'

5. 湯, 水, 'hot water,' or 'soup,' and 'water'; 水 must be taken as 'cold' water. Kung-tû answers after the example of his master in the last paragraph of the preceding chapter.

5절

季子聞之, 曰, 敬叔父則敬, 敬弟則敬, 果在外, 非由內也. 公都子曰, 冬日則飮湯, 夏日則飮水. 然則飮食, 亦在外也.

맹계자가 이를 듣고 말했다. "공경이 숙부 때문일 때 나는 숙부를 공경하고, 존경이 남동생 때문일 때 나는 남동생을 공경한다. 그것은 분명히 외부에 있는 것이 결정하지 내부에서 진행되지 않는다." 공도자가 대답했다. "겨울에 우리는 뜨거운 것을 마시고, 여름에는 찬 것을 마신다. [그대의 원리에 따르면] 먹는 것과 마시는 것 또한 외재적인 것에 기대는구나."

5절 각주

탕(湯)과 수(水)는 '뜨거운 물 혹은 '국' 그리고 '물'이다. 수(水)는 차가운 물로 보아야 한다. 공도자는 앞 장의 마지막 절 스승의 예를 따라 대답했다.

CHAPTER VI

CH. 6. EXPLANATION OF MENCIUS'S OWN DOCTRINE THAT MAN'S NATURE IS GOOD.

1. The disciple Kung-tû said, 'The philosopher Kâo says, "*Man's* nature is neither good nor bad."

  1. Chû Hsî says that the view of Kâo, as here affirmed, had been advocated by Sû Tung-p'o (東坡) and Hû, styled Wăn-ting Kung(胡文定公), near to his own times.

제6장

맹자는 '인간의 본성은 선하다'라는 자신의 교의를 설명한다.

1절
公都子曰, 告子曰, 性, 無善無不善也.

공도자가 말했다. "고자는 '[사람의] 본성은 선하지도 악하지도 않다'라고 합니다.

1절 각주
주희는 자기와 가까운 시대 사람으로는 소동파(蘇東坡)[2]와 호문정공(胡文定公)이라 불리는 호씨(胡氏)[3]가 고자의 견해를 지지했다고 말한다.

---

2) (역주) 소동파(蘇東坡)의 본명은 소식(蘇軾, 1037~1101)으로 북송의 문인이다. 자는 자첨(子瞻)이고 호는 동파(東坡)이며 당송팔대가(唐宋八大家)의 한 사람이다.

3) (역주) 호안국(胡安國, 1074~1138)을 말한다. 북송 때의 학자로, 건녕(建寧)의 숭안(崇安)(지금의 복성 武夷山시) 사람이며, 호가 청산(青山), 시호가 문정(文定)이고 무이(武夷)선생으로 불렸으며, 호문정공(胡文定公)이라 불렀다. 평생 성인을 목표로 학문에 정진하였으며 특히 『춘추』(春秋) 연구에 뛰어났다. 1131년 상담현(湘潭縣)에 둘째아들 호굉(胡宏)과 함께 벽천서당(碧泉書堂)(文定書院의 전신)을 열어 호상학파(湖湘學派)를 열었다. 그의 저작 『춘추전』(春秋傳)은 과거시험의 필독서가 되었고, 『자치통감거요보유』(資治通鑑舉要補遺) 100권을 저술했고 『문집』 15권이 남아 있다. 『송사』에 그의 전기가 전해진다.

2. 'Some say, "*Man's* nature may be made to practise good, and it may be made to practise evil, and accordingly, under Wăn and Wû, the people loved what was good, *while* under Yû and Lî, they loved what was cruel."

2. This is the view propounded by Kâo in the second chapter. 爲 is explained by 習, and 可以爲 = 可以使爲.

2절

或曰, 性, 可以爲善, 可以爲不善, 是故, 文武興, 則民好善, 幽厲興, 則民好暴.

혹자는 '[사람의] 본성은 선을 행하도록 만들어질 수 있고, 악을 행하도록 만들어질 수도 있으므로, 문왕과 무왕의 통치하에서 백성들은 선한 것을 사랑했고, 유왕과 려왕의 통치하에서 백성들은 잔인한 것을 좋아했다.'라고 말합니다.

2절 각주

이것은 고자가 제2장에서 주장한 견해이다. 위(爲)는 습(習)으로 설명되어, 가이위(可以爲)=가이사위(可以使爲)이다.

3. 'Some say, "The nature of some is good, and the nature of others is bad. Hence it was that under such a sovereign as Yâo there yet appeared Hsiang; that with such a father as Kû-sâu there yet appeared Shun; and that with Châu for their sovereign, and the son of their elder brother besides, there were found Ch'î, the viscount of Wei, and the prince Pî-Kan.

3. 啓 was the name of the viscount of Wei; see Analects, XVIII. i. Both he and Pi-kan are here made to be uncles of Châu, while Ch'i, according to the Shû-ching, was his half brother. Chû Hsî supposes some error to have crept into the text. For convenience in translating, I have changed the order of 爲兄之子, 且以爲君. 王子,—as the sons of the princes of States were called 公子.—This view of human nature found an advocate afterwards in the famous Han Wǎn-kung (韓文公) of the T'ang dynasty.

3절

或曰, 有性善, 有性不善, 是故以堯爲君, 而有象, 以瞽瞍爲父, 而有舜, 以紂爲兄之子, 且以爲君, 而有微子啓, 王子比干.

또 어떤 사람은 '어떤 사람의 본성은 선하고, 어떤 사람의 본성은 악하다. 그리하여 요와 같은 군주 아래에서도 상이 나타났고, 고수와 같은 아버지에게서도 순이 나타났다. 주왕과 같은 군주이자 형님의 아들에게도, 미자계와 왕자 비간이 있었다.'라고 말합니다.

3절 각주

계(啓)는 미(微) 지역의 자작에게 주어진 이름이다. 『논어』 제18권 제1장을 보라. 계와 비간(比干) 모두 여기서는 주왕의 삼촌으로 되어 있지만, 『서경』에 따르면 계는 주의 이복형이다. 주희는 이 부분이 어떤 실수로 인해 잘못 들어간 것으로 추정한다. 번역의 편의를 위해 나는 '위형지자, 차이위군(爲兄之子, 且以爲君)'의 순서를 바꾸었다. 왕자(王子)와 비교해서 제후의 아들을 공자(公子)라 한다. 인간의 본성과 관련된 이 견해는 당나라의 유명한 한문공(韓文公)[4]이 지지했다.

---

4) (역주) 한문공(韓文公) 즉 한유(韓愈, 768~824)는 당나라 때의 문학가이자 사상가이다. 자는 퇴지(退之)이고 시호는 문공(文公)으로 당송팔대가의 한사람이다.

4. 'And now you say, "The nature is good." Then are all those wrong?'

5. Mencius said, 'From the feelings proper to it, it is constituted for the practice of what is good. This is what I mean in saying that *the nature* is good.

4~5. 乃若,= 'as to,' 'looking at.' Chû Hsî calls them an initial particle. The 其, of course, refers to 性 or 'nature,' which is the subject of the next clause一可以爲善. This being the amount of Mencius's doctrine, that by the study of our nature we may see that it is formed for goodness, there seems nothing to object to in it. By 情 is denoted 性之動, 'the movements of the nature,' i. e., the inward feelings and tendencies, 'stirred up.'一Châo Ch'î takes 若 here in the sense of 順, 'to obey' 'to accord with,' on which the translation would be一'If it act in accordance with its feelings, or emotional tendencies.' The meaning, however, is the same on the whole, 可以爲善 is not so definite as we could wish. Chû Hsî expands it:一人之情, 本但可以爲善, 而不可以爲惡, 'the feelings of man may properly be used only to do good, and may not be used to do evil.' This seems to be the meaning.

4절

今日, 性善, 然則彼皆非與.

지금 선생님께서 '본성은 선하다'라고 말씀하셨는데 그러면 저 사람들이 모두 틀린 것입니까?"

5절

孟子曰, 乃若其情, 則可以爲善矣, 乃所謂善也.

맹자가 말했다. "본성은 본성에 고유한 감정으로부터 선한 것의 실천을 위해 구성된다. 이것이 내가 [본성이] 선하다고 말한 의도이다.

4~5절 각주

내약(乃若)은 '~에 관해서' '~을 보는 것'이다. 주희는 이것을 발어사로 부른다. 물론 기(其)는 성(性) 혹은 본성을 가리키고, 다음에 오는 '가이위선(可以爲善)'의 주어가 된다. 맹자의 교리 설명은 이러하고 우리의 본성에 대한 연구로 본성은 선을 위해 형성되는 것을 알 수 있으므로, 이에 대한 반대는 없는 것 같다. 정(情)이 의미하는 것은 성지동(性之動), '본성의 움직임은 바로 내면의 감정과 경향이 '유발됨'을 의미한다. 조기는 여기서의 약(若)을 순(順), '순종하다', '~에 일치하다'의 의미로 해석한다. 조기의 해석은 '본성이 그 감정 또는 감정적 경향에 일치하여 행동한다면'으로 번역할 수 있을 것이다. 그러나 그 의미는 전반적으로 동일하다. 가이위선(可以爲善)은 우리가 바라는 만큼 의미가 명확하지 않다. 주희는 이를 확장하여, '인지정, 본단가이위선, 이불가이위악(人之情, 本但可以爲善, 而不可以爲惡)', '사람의 감정은 선을 행하는 데만 올바르게 사용될 수 있고 악을 행하는 데는 사용될 수 없다라고 한다. 이것이 맹자가 의도한 바인 것 같다.

6. 'If men do what is not good, the blame cannot be imputed to their natural powers.

6. 才=材質, 人之能也, 'man's ability,' 'his natural powers.' 若夫(in 2nd tone),─'as to,' 'in the case of.'

6절

若夫爲不善, 非才之罪也.

사람들이 선하지 않은 것을 한다고 해도, 그것을 그들의 타고난 능력 탓
으로 비난할 수 없다.

6절 각주

재(才)는 재질(材質)과 같고, 인지능야(人之能也), '사람의 능력', '그의 타
고난 능력'이라는 의미이다. 약부(若夫[2성조])는 '~에 관해', '~의 경우에'
이다.

7. 'The feeling of commiseration belongs to all men; so does that of shame and dislike; and that of reverence and respect; and that of approving and disapproving. The feeling of commiseration *implies the principle of* benevolence; that of shame and dislike, the principle of righteousness; that of reverence and respect, the principle of propriety; and that of approving and disapproving, the principle of knowledge. Benevolence, righteousness, propriety, and knowledge are not infused into us from without. We are certainly furnished with them. *And a different view* is simply owing to want of reflection. Hence it is said, "Seek and you will find them. Neglect and you will lose them." Men differ from one another in regard to them;—some as much again as others, some five times as much, and some to an incalculable amount:—it is because they cannot carry out fully their *natural* powers.

7. Compare Bk. II. Pt. I. iv. 4, 5. 恭敬之心, however takes the place of 辭讓之心 there. 弗思耳 is the *apodosis* of a sentence, 'and the *protasis* must be supplied as in the translation. 舍=捨, 3rd tone. 或相倍 云云,一 與善相去, 或一倍, 云云, 'they lose them till they depart from what is good, some as far again as others, &c.'

7절

惻隱之心, 人皆有之, 羞惡之心, 人皆有
之, 是非之心, 人皆有之, 惻隱之心, 仁也, 羞惡之心, 義也, 恭
敬之心, 禮也, 是非之心, 智也, 仁義禮智, 非由外鑠我也, 我
固有之也, 弗思耳矣, 故曰, 求則得之, 舍則失之, 或相倍蓰而
無算者, 不能盡其才者也.

측은지심은 모든 사람에게 있다. 수오지심도 마찬가지이다. 공경지심과 시
비지심도 마찬가지이다. 측은지심은 인[의 원리를 암시하고], 수오지심은
의의 원리를, 공경과 공경지심은 예의 원리를, 시비지심은 지의 원리를 암
시한다. 인, 의, 예, 지는 외부로부터 우리 안으로 주입되지 않는다. 우리
는 분명히 인, 의, 예, 지를 갖추고 있다. [다른 견해가 있다면 그것은] 단
순히 성찰이 부족하기 때문이다. 그래서 '구하라, 그러면 너는 그것들을
찾을 것이다. 무시하라, 그러면 너는 그것들을 잃을 것이다'라고 한다. 사
람들의 인, 의, 예, 지는 서로 다르다. 어떤 이는 다른 이와 같고, 어떤 이
는 다섯 배가 많고, 어떤 이는 매우 많다. 그것은 그들이 [타고난] 능력을
완전히 실행하지 못하기 때문이다.

7절 각주

제2권 제1편 제6장 제4~5절과 비교하라. 그러나 공경지심(恭敬之心) 대신
제제2권에서는 사양지심(辭讓之心)이 사용된다. 불사이(弗思耳)는 그 구절
의 [귀결]이기 때문에 번역에서처럼 [조건절]을 추가해야 한다. 사(舍)는 사
(捨, 3성조)이다. '혹상배, 운운(或相倍 云云)'은 '여선상거, 혹일배, 운운(與
善相去, 或一倍, 云云)', 즉 '그들은 선한 것을 상실하다 마침내 선한 것에
서 떠나고, 어떤 이는 다른 이보다 두 배 멀리 떠난다'라는 의미이다.

8. 'It is said in the Book of Poetry,

> "Heaven in producing mankind,
> Gave them their *various* faculties and relations with *their specific* laws.
> These are the invariable rules of nature for all to hold,
> And *all* love this admirable virtue."

Confucius said, "The maker of this ode knew indeed the principle *of our nature!*" We may thus see that every faculty and relation must have its law, and since there are invariable rules for all to hold, they consequently love this admirable virtue.'

8. 詩曰,—see the Shû-ching, III. Pt. III. Ode VI. st. i, where we have 烝 for 蒸, and 彝 for 夷. 有物有則,—'have things, have laws,' but the things specially intended are our constitution with reference to the world of sense, and the various circles of relationship. The quotation is designed specially to illustrate par. 5, but the conclusion drawn is stronger than the statement there. It is said the people actually love(好, 4th tone), and are not merely constituted to love, the admirable virtue.

8절

詩曰, 天生蒸民, 有物有則, 民之秉夷, 好是懿德. 孔子曰, 爲此詩者, 其知道乎. 故有物, 必有則, 民之秉夷也, 故好是懿德.

『시경』에서 이렇게 노래했다.

> '하늘이 인류를 낼 때,
> 인간에게 [다양한] 기능과 관계를 [특정한] 법과 함께 주셨다.
> 이것은 모두가 가지고 있는 본성의 불변하는 법이다.
> [모두가] 이 아름다운 덕을 사랑한다.'

공자께서는 이렇게 말씀하셨다. '이 시의 작가는 진정 [우리 본성의] 원리를 알았다. 이리하여 우리는 모든 기능과 관계에는 그 자체의 법이 있어야 하고, 모두가 가지고 있는 불변의 법이 있으므로 그들은 결과적으로 이 아름다운 덕을 사랑한다는 것을 알 수 있다.'

8절 각주

시왈(詩曰)은 『시경』「대아(大雅)·탕지십(蕩之什)·증민(烝民)」제1연을 보라. 『시경』에서는 증(蒸)과 이(夷) 대신 증(烝)과 이(彝)로 되어있다. 유물유칙(有物有則)은 '사물들이 있다, 법칙들이 있다.'이지만 특별히 의도한 사물은 감각의 세계와 관련된 우리의 구성체와 다양한 관계의 집합이다. 이 절은 특히 제5절을 명확히 하기 위해 인용하지만 내려진 결론은 제5절보다 더 강하다. 백성들은 사실상 단지 아름다운 덕을 사랑하도록 구성된 것이 아니라 아름다운 덕을 사랑한다(好, 4성조)고 말해진다.

CHAPTER VII

CH. 7. ALL MEN ARE THE SAME IN MIND;—SAGES AND OTHERS. IT FOLLOWS THAT THE NATURE OF ALL MEN, LIKE THAT OF THE SAGES, IS GOOD.

1. Mencius said, 'In good years the children of the people are most of them good, while in bad years the most of them abandon themselves to evil. It is not owing to any difference of their natural powers conferred by Heaven that they are thus different. The abandonment is owing to the circumstances through which they allow their minds to be ensnared and drowned *in evil.*

1. 富歲,—'rich years,' = 豊年, 'plentiful years.' 賴 is given by Châo Ch'î as =善, 'good,' and 暴=惡 'evil.' But 暴=the Mencian phrase—自暴, 'self-abandonment,' and there is the proper meaning of 賴, 'to depend on,' also in that term. 'In rich years, 子弟(sons and brothers, i. e. the young whose characters are plastic) *depend on* the plenty and are good.' Temptations do not lead them from their natural bent, 爾殊也,—the use of 爾 hero is peculiar. Most take it as=如此, 'thus.'—see Wang Yăn-chih, *in voc.* Some take it in its proper pronominal meaning, as if Mencius in a lively manner turned to the young:—'It is not from the powers conferred by Heaven that you are different.' 然, 'so,' referring specially to the self-abandonment.

제7장

모든 사람의 마음 즉 성인과 성인이 아닌 사람의 마음은 동일하다. 그러므로 모든 사람의 본성은 성인의 본성과 마찬가지로 선하다.

1절

孟子曰, 富歲, 子弟多賴, 凶歲, 子弟多暴, 非天之降才爾殊也, 其所以陷溺其心者然也.

맹자가 말했다. "좋은 시절에 백성의 자녀들은 대부분 선하다. 반면에 흉한 시절에 그들 대부분은 자신을 악에 방기한다. 그들이 이렇게 다른 것은 하늘이 부여한 그들의 타고난 능력에 어떤 차이가 있어서가 아니다. 방기는 마음이 [악의] 덫에 걸리고 익사하도록 허용하는 상황 때문이다.

1절 각주

부세(富歲)는 '부유한 해'로 풍년(豊年), '풍요로운 해'와 같다. 조기는 뢰(賴)를 '선'(善)으로, 포(暴)는 악(惡)으로 본다. 그러나 맹자의 글자인 포(暴)는 자포(自暴), '자기 방기'이다. 뢰(賴)에는 또한 '~에 의존하다'라는 고유한 의미가 있다. '부유한 해에는 자제(子弟, 아들과 형제 즉 성격이 유동적인 젊은이들)는 풍요로움에 [의존하고] 선하다'라는 뜻이다. 유혹이 그들을 타고난 경향에서부터 벗어나도록 이끌지 않는다. 이수야(爾殊也)에서의 이(爾)의 사용은 특이하다. 대부분은 이(爾)를 여차(如此), '그리하여'로 해석한다. 왕인지의 『경전석사』(經傳釋詞)[5]를 보라. 혹자는 이수야(爾殊也)를 마치 맹자가 활기차게 젊은이들을 향해 말하는 것 같은 것으로 보아 고유대명사의 의미로 간주하여 '너희들은 하늘이 부여한 능력과 다르지 않다'로 해석한다. 연(然)은 '그래서'로 특히 자기 방기를 가리킨다.

---

5) (역주) 2권 상 2장 28절 각주 참조바람.

2. 'There now is barley.—Let it be sown and covered up; the ground being the same, and the time of sowing likewise the same, it grows rapidly up, and, when the full time is come, it is all found to be ripe. Although there may be inequalities *of produce*, that is owing to the *difference of the* soil, as rich or poor, to the *unequal* nourishment afforded by the rains and dews, and to the different ways in which man has performed his business *in reference to it.*

2. 麰麥 go together = 'barley.' 播種(3rd tone, the noun), 'sow the seeds.' 耰,—properly, 'a kind of harrow.' 日至, not 'the solstice,' but 'the days (i. e. the time, harvest time) are come.'

2절

今夫麰麥, 播種而耰之, 其地同, 樹之時又同, 浡然而生, 至於
日至之時, 皆熟矣, 雖有不同, 則地有肥磽, 雨露之養, 人事之
不齊也.

여기 보리가 있다. 보리의 종자를 뿌리고 덮어둔다고 하자. 땅이 동일하고
씨를 뿌리는 시기도 같으면 보리는 빠른 속도로 자라서 적절한 시간이 되
면 모두 익게 된다. 물론 [수확물이] 같지 않을 수도 있다. 그러나 그것은
토양이 비옥하고 척박한 [차이] 때문이고, 비와 이슬이 주는 영양분이 [같
지 않은] 차이 때문이고, [그것과 관련해서] 사람이 일하는 방식의 차이
때문이다.

2절 각주

모맥(麰麥)은 한 단어로 '보리'를 뜻한다. 파종(播種, 3성조, 명사)은 '씨를
뿌리다'이다. 우(耰)는 원래 '써레의 한 종류'이다. 일지(日至)는 '동지'가 아
니라 '날(즉 시간, 수확기)이 왔다'라는 의미이다.

3. 'Thus all things which are the same in kind are like to one another;—why should we doubt in regard to man, as if he were a solitary exception to this? The sage and we are the same in kind.

   3. 擧=皆 , 'all.' 何獨, 云云,—'why only come to man and doubt it?'

4. 'In accordance with this the scholar Lung said, "If a man make hempen sandals without knowing *the size of people's feet, yet* I know that he will not make *them like* baskets." Sandals are all like one another, because all men's feet are like one another.

   4. 故, illustrating, not inferring. So, below; except perhaps in the last instance of its use. Of the Lung who is quoted nothing seems to be known;—see Bk. III. Pt. I. vi. 1.

3절

故凡同類者, 舉相似也, 何獨至於人而疑之, 聖人與我同類者.

그래서 동일 종류에 속하면 모든 것들은 서로 같다. 그런데 어찌하여 인간만 예외인 것처럼 의심해야 하는가? 성인도 우리와 같은 인간이다.

3절 각주

거(擧)는 개(皆) 즉 '모두'이다. '하독, 운운(何獨, 云云)'은 '왜 인간에게만 오면 그것을 의심하는가?'이다.

4절

故龍子曰, 不知足而爲屨, 我知其不爲蕢也, 屨之相似, 天下之足同也.

이에 따라 용자는 '어떤 사람이 [사람들의 발의 크기를] 모르고 짚신을 만든다고 해도, 나는 그가 만드는 [짚신이] 바구니[처럼]은 안 되리라는 것을 안다.'라고 말했다. 모든 인간의 발이 서로 비슷하므로 모든 짚신은 비슷하다.

4절 각주

고(故)는 유추가 아니라 예증을 의미한다. 마지막 예의 사용을 제외하면 아래에서도 '예증'의 의미로 사용된다. 여기서 인용된 용자(龍子)에 대해서는 알려진 바가 전혀 없는 것 같다. 제3권 제1편 제3장 제7절을 보라. 구(屨)는 제3권 제1편 제4장 제1절을 보라.

5. 'So with the mouth and flavours;—all mouths have the same relishes. *Yî-yâ only* apprehended before me what my mouth relishes. Suppose that his mouth in its relish for flavours differed from that of other men, as is the case with dogs or horses which are not the same in kind with us, why should all men be found following Yî-yâ in their relishes? In the matter of tastes all the people model themselves after Yî-yâ; that is, the mouths of all men are like one another.

5. 耆=嗜. 口之於味, 有同耆也,—literally, 'The relation of mouths to tastes is that they have the same relishes.' Yî-yâ was the cook of the famous duke Hwan of Ch'î (B.C. 684-642), a worthless man, but great in his art. 先得, 云云 is better translated 'apprehended before me,' than 'was the first to apprehend,' &c., and *only* is *evidently* to be supplied, 如使口之於味,—the 口 here is to be understood with reference to Yî-yâ. 其性, 'its nature,' i. e. its likings and dislikings in the matter of tastes. 天下期於易牙,—期, 'to fit a limit,' or 'to aim at.'

5절

口之於味, 有同耆也, 易牙, 先得我口之所耆者也, 如使口之於味也, 其性與人殊, 若犬馬之與我不同類也, 則天下何耆, 皆從易牙之於味也, 至於味, 天下期於易牙, 是天下之口相似也.

입과 맛도 마찬가지이다. 모든 입은 동일한 맛을 즐긴다. 역아[만]이 나에 앞서 나의 입이 즐기는 것을 이해했다. 역아의 입맛이 우리와 종이 다른 개나 말처럼 다른 사람들과 다르다고 가정하면, 왜 모든 사람이 맛을 즐기는 데 있어 역아를 따르는 것일까? 맛의 문제에서 모든 사람은 스스로 역아를 모델로 삼는다. 즉, 모든 사람의 입은 서로 같다.

5절 각주,

기(耆)는 嗜(기)이다. '구지어미, 유동기야(口之於味, 有同耆也)'는 문자 그대로, '입과 맛의 관계에서 입은 동일한 맛을 즐긴다'이다. 역아(易牙)는 제나라의 환공(B.C.684~642)의 요리사로 별 볼이 없는 사람이었지만, 요리 솜씨가 뛰어났다. '선득, 운운(先得, 云云)'은 '이해한 최초의 사람이었다'라는 뜻이기보다는 '내 전에 이해하였다'로 번역하는 것이 좋고, [단지를 보충해야 한다. 여사구지어미(如使口之於味)에서 구(口)는 역아와 관련해서 이해해야 한다. 기성(其性)은 '그것의 본성'으로 취향과 관련해서 그것의 호불호이다. 천하기어역아(天下期於易牙)의 기(期)는 '한계를 정하다' 또는 '~를 목표로 하다'이다.

6. 'And so also it is with the ear. In the matter of sounds, the whole people model themselves after the music-master K'wang; that is, the ears of all men are like one another.

6. 惟耳亦然,一惟 is here in the sense of our *but*, from *botan*, the connective particle, though it often corresponds to our other *but*, a disjunctive, or exceptive, = 'only.' 師曠, see Bk. IV. Pt. I. i. 1.

7. 'And so also it is with the eye. In the case of Tsze-tû, there is no man but would recognise that he was beautiful. Any one who would not recognise the beauty of Tsze-tû must have no eyes.

7. Tsze-tû was the designation of Kung-sun O(公孫閼), an officer of Chăng about B. C. 700, distinguished for his beauty. See his villainy and death in the 7th chapter of the 'History of the Several States.'

6절

惟耳亦然, 至於聲, 天下期於師曠, 是天下之耳相似也.

귀도 마찬가지이다. 소리와 관련해서 대부분의 사람은 음악의 대가인 사광을 모델로 삼는다. 즉 모든 사람의 귀는 서로 같다.

6절 각주

유이역연(惟耳亦然)의 유(惟)는 여기서 'botan'에서 유래한 영어의 연결사인 'but'의 의미이다. 유(惟)가 영어의 이접사인 'but'의 의미와 제외사인 'only'의 의미로 사용될 때도 있다. 그러나 사광(師曠)은 제4권 제1편 제1장 제1절을 보라.

7절

惟目亦然, 至於子都, 天下莫不知其姣也, 不知子都之姣者, 無目者也.

눈도 마찬가지이다. 자도를 아름답다고 인지하지 않을 사람은 아무도 없다. 자도의 아름다움을 인지하지 않으려는 사람은 틀림없이 눈이 없는 자일 것이다."

7절 각주

자도(子都)는 공손알(公孫閼)6)의 자이다. 그는 매우 아름다운 사람으로 기원전 700년경의 정나라의 관리였다. 『열국지』(列國志)』 제7장에서 그의 악행과 죽음을 보라.

---

6) (역주) 공손알(公孫閼)은 춘추 시대 정나라 환공의 손자였다. 그는 전쟁터에서 공로를 탐하여 영고숙이라는 장군을 활로 쏘아 죽였다. 『열국지』에는 이 일로 정나라 장공이 분노하여 그를 저주해 죽였다는 기록이 있다.

8. 'Therefore I say,—*Men's* mouths agree in having the same relishes; their ears agree in enjoying the same sounds; their eyes agree in recognising the same beauty:—shall their minds alone be without that which the similarly approve? What is it then of which they similarly approve? It is, I say, the principles *of our nature,* and the determinations of righteousness. The sages only apprehended before me that of which my mind approves along with other men. Therefore the principles of our nature and the determinations of righteousness are agreeable to my mind, just as the flesh of grass and grain-fed animals is agreeable to my mouth.'

8. 無所同然乎,一然 is to be taken as a verb, 'to approve.' 謂 merely indicates the answers to the preceding question. It is not so much as 'I say' in the translation. 理 = 心之體, 'the mental constitution,' 'the moral nature, and 義 = 心之用, 'that constitution or nature, acting outwardly.' 芻, 'hay,' 'fodder,' used for 'grass-fed animals,' such as sheep and oxen. 豢= 'corn or rice-fed animals,' such as dogs and pigs.

8절

故曰, 口之於味也, 有同耆焉, 耳之於聲也, 有同聽焉, 目之於色也, 有同美焉, 至於心, 獨無所同然乎, 心之所同然者, 何也, 謂理也義也, 聖人先得我心之所同然耳, 故理義之悅我心, 猶芻豢之悅我口.

그래서 나는 말한다. 사람들의 입은 동일한 맛을 즐기는 데 있어 일치한다. 그들의 귀는 동일한 음을 즐기는 데 있어 일치한다. 그들의 눈은 동일한 미를 인지하는 데 있어 일치한다. 그들의 정신만이 그들이 유사하게 인정하는 것이 없겠는가? 그러면 그들이 유사하게 인정하는 그것이 무엇일까? 나는 그것이 [우리 본성의] 원리이고, 의의 결단이라고 말한다. 성인들은 단지 내 전에 나의 정신이 다른 사람들과 함께 인정하는 것을 이해했다. 우리 본성의 원리와 의의 결단이 나의 정신에 잘 맞는 것은 풀과 곡물을 먹는 동물의 고기가 내 입에 잘 맞는 것과 같다."

8절 각주

무소동연호(無所同然乎)의 연(然)은 '인정하다'인 동사로 보아야 한다. 위(謂)는 단지 앞선 질문의 대답을 암시하지만 '나는 말한다' 정도로 번역한다. 리(理)는 심지체(心之體), 즉 '정신적 구성체'로 도덕적 본성이고, 의(義)는 심지용(心之用), 즉 밖으로 작동하는 정신적 구성체 또는 본성이다. 추(芻)는 '건초'나 '여물'로 양과 소와 같은 초식동물의 먹이로 사용된다. 환(豢)은 '옥수수 또는 쌀을 먹이는 동물로 예를 들면 개와 돼지가 있다.

CHAPTER VIII

CH. 8. HOW IT IS THAT THE NATURE PROPERLY GOOD COMES TO APPEAR AS IF IT WERE NOT SO;—FROM NOT RECEIVING ITS PROPER NOURISHMENT.

1. Mencius said, 'The trees of the Niû mountain were once beautiful. Being situated, however, in the borders of a large State, they were hewn down with axes and bills;—and could they retain their beauty? Still through the activity of the vegetative life day and night, and the nourishing influence of the rain and dew, they were not without buds and sprouts springing forth, but then came the cattle and goats and browsed upon them. To these things is owing the bare and stripped appearance *of the mountain*, and when people now see it, they think it was never finely wooded. But is this the nature of the mountain?

1. The New Mountain was in the south-east of Ch'î. It is referred to the present district of Liû-tsze(臨淄) in the department of Ch'ing-châu. 以其郊於大國 = 以其所生之郊在于大國. 可以爲美乎,—'could they be beautiful?' i.e., 'could they retain their beauty? 是其日夜之所息, — the 是 is difficult; 'there is what they grow day night,' the 息 referring to the 氣化生物, what we may call 'vegetative life.' The use of 濯濯 here is peculiar. 材 = 材木, 'trees of materials, fine trees.'

제8장

원래 선한 본성이 어찌하여 선하지 않는 것처럼 보이게 되었는가. 그것은 적절한 자양분을 받지 않았기 때문이다.

1절

孟子曰, 牛山之木, 嘗美矣, 以其郊於大國也, 斧斤, 伐之, 可以爲美乎, 是其日夜之所息, 雨露之所潤, 非無萌蘗之生焉, 牛羊, 又從而牧之, 是以, 若彼濯濯也, 人見其濯濯也, 以爲未嘗有材焉, 此豈山之性也哉.

맹자가 말했다. "우산의 숲은 한때 아름다웠다. 그러나 대제후국의 국경에 있는 그 숲의 나무를 도끼와 낫으로 벤다면 나무의 아름다움이 남아있을 수 있겠는가? 그럼에도 식물의 밤낮 생장 활동과 비와 이슬이 주는 자양분 덕분에, 꽃봉오리와 줄기가 나오지 않는 것은 아니었다. 그런데 그때 소와 염소가 와서 나무를 다 먹어치웠다. [산의] 모습이 헐벗고 껍질이 벗겨진 것은 이들 때문이었는데 [이제] 사람들은 우산을 볼 때 우산이 우거진 적이 한 번도 없다고 생각한다. 그런데 이것이 산의 본성인가?

1절 각주

우산(牛山)은 제나라의 남동쪽에 있었다. 현재 청주부(淸州府)부의 임치(臨淄)현에 해당된다. 이기교어대국(以其郊於大國)은 이기소생지교재우대국(以其所生之郊在于大國)이다. 가이위미호(可以爲美乎)의 호(乎)는 '아름다울 수 있었겠는가?' 즉 '산의 아름다움을 유지할 수 있었겠는가라는 의미이다. 시기일야지소식(是其日夜之所息)의 시(是)는 명확하지 않지만 '밤낮으로 그들이 자라는 곳이 있다'라는 의미이다. 식(息)은 기화생물(氣化生物), 즉 우리가 '식물의 생장'이라고 부를 수 있는 것을 가리킨다. 탁탁(濯濯)의 사용은 여기서 독특하다. 재(材)는 재목(材木) 즉 '재료가 되는 나무', 좋은 나무를 의미한다.

2. 'And so *also of* what properly belongs to man;—shall it be said that the mind *of any man* was without benevolence and righteousness? The way in which a man loses his proper goodness of mind is like the way in which the trees are denuded by axes and bills. Hewn down day after day, can it—*the mind*—retain its beauty? But there is a development of its life day and night, and in the *calm* air of the morning, just between night and day, the mind feels in a degree those desires and aversions which are proper to humanity, but the feeling is not strong, and it is fettered and destroyed by what takes place during the day. This fettering taking place again and again, the restorative influence of the night is not sufficient to preserve *the proper goodness of the mind*; and when this proves insufficient for that purpose, the nature becomes not much different from that of the irrational animals, and when people now see it, they think that it never had those powers *which I assert*. But does this condition represent the feelings proper to humanity?

2절

雖存乎人者, 豈無仁義之心哉, 其所以放其良心者, 亦猶斧斤
之於木也, 旦旦而伐之, 可以爲美乎, 其日夜之所息, 平旦之氣,
其好惡與人相近也者, 幾希, 則其旦晝之所爲, 有梏亡之矣, 梏
之反覆, 則其夜氣不足以存, 夜氣不足以存, 則其違禽獸不遠
矣, 人見其禽獸也, 而以爲未嘗有才焉者, 是豈人之情也哉.

인간에게 고유한 것[도] 마찬가지이다. [어떤 사람의] 정신에 인과 의가 없
었다고 말할 수 있을까? 사람이 정신의 고유한 선함을 상실하는 방식이
숲이 도끼와 낫로 민둥산이 되는 방식과 유사하다. 날마다 베어버린다면,
그것이 즉 [정신이] 아름다움을 유지할 수 있겠는가? 그러나 밤낮으로 정
신의 생장이 이루어지고 밤낮의 잠깐 사이인 [고요한] 대기의 아침에 정신
은 어느 정도 인간에 고유한 그런 바람과 혐오를 느낀다. 그러나 그 감정
은 강하지 않고 낮에 발생한 것이 그 감정을 구속하고 파괴한다. 이러한
족쇄가 반복해서 발생하면 밤의 재생력으로는 [정신의 고유한 선함을] 유
지하기에 부족하다. 이것이 목적을 달성하는데 부족할 때, 본성은 비이성
적인 동물과 별반 차이가 없게 된다. [오늘날] 사람들이 보게 되면 인간의
본성이 [내가 주장하는] 그러한 힘을 결코 가진 적이 없었다고 생각한다.
그러나 이 상황이 인간의 고유한 감정을 대변하는가?

2. The connexion indicated by 雖, 'although,' may be thus traced:—'Not only is such the case of the New Mountain. Although we speak of what properly belongs to man (存=在), we shall find that the same thing obtains.' The next clause is to be translated in the past tense, the question having reference to a mind or nature, which has been allowed to run to waste. 其, 'he,' = 'a man.' 放=失. 良心,—'the good mental constitution or nature.' 平, 'even,' indicates the time that lies *evenly* between the night and day. It is difficult to catch the exact idea conveyed by 氣, in this clause, and where it occurs below, the calm of the air, the corresponding calm of the spirit, and the moral invigoration from the repose of the night, being blended in it. The next clause is difficult. Châo Ch'î makes it:—'The mind is not far removed in its likings and dislikings(好, 惡, both 4th tone) from those which are proper to humanity.' The more common interpretation is that which I have given. 幾希,—see Bk. IV. Pt. II. xix. 1. 旦晝=日間.

2절 각주

수(雖) 즉 '비록'이 가리키는 것은 다음과 같이 추적할 수 있다. 즉 '우산의 경우만 그런 것이 아니다. 비록 우리가 인간에게 고유하게 속한 것(存=在)에 대해 말하고 있지만, 우리는 우산의 예와 같은 것이 성립됨을 알게 될 것이다.' 그다음 구절은 질문이 이미 버려져 버린 마음 혹은 본성을 가리키기 때문에 과거 시제로 번역해야 한다. 기(其) 즉 '그'는 '사람'과 같다. 방(放)은 실(失)이다. 양심(良心)은 '선한 정신적 구성체 또는 본성'이다. 평(平) 즉 '고른'은 밤과 낮 사이에 [고르게] 놓인 시간을 가리킨다. 이 어절의 기(氣)와 그 아래의 대기의 고요함, 상응하는 혼의 고요함, 그리고 밤의 휴식으로부터 도덕적 활기가 혼재되어 있다고 한 부분에서 전달하는 정확한 관념을 포착하기 어렵다. 조기는 '정신이 선호하고 불호하는 것은 인간성에 고유한 선호와 불호[호(好)와 오(惡)는 각각 4성죄와 크게 다르지 않다'라고 해석한다. 더욱 일반적인 해석은 내가 제시한 것이다. 기희(幾希)는 제4권 제2편 제19장 제1절을 보라. 단주(旦晝)는 일간(日間)이다.

3. 'Therefore, if it receive its proper nourishment, there is nothing which will not grow. If it lose its proper nourishment, there is nothing which will not decay away.

3. 無物,一物 embraces both things in nature, and the nature of man.

3절

故苟得其養, 無物不長, 苟失其養, 無物不消.

그러므로 그것이 적당한 자양분을 받는다면, 자라지 않을 것이 아무것도 없다. 그것이 적당한 자양분을 상실한다면 소멸하지 않을 것이 아무것도 없다.

3절 각주

무물(無物)의 물(物)은 자연의 사물과 인간의 본성을 모두 포함한다.

4. 'Confucius said, "Hold it fast, and it remains with you. Let it go, and you lose it. Its outgoing and incoming cannot be defined as to time or place." It is the mind of which this is said!'

4. This is a remark of Confucius for which we are indebted to Mencius. 舍=捨. 出入, 云云,—'its outgoings and incomings have no *set* time; no one knows its dissection.' 與, 2nd tone, = 'is it not?' or an exclamation. This paragraph is thus expanded by Chû Hsî:—Confucius said of the mind, 'If you hold it fast, it is here; if you let it go, it is lost and gone; so without determinate time is its outgoing and incoming and also without determinate place. Mencius quoted his words to illustrate the unfathomableness of the spiritual and intelligent mind, how easy it is to have it or to lose it, and how difficult to preserve and keep it, and how it may not be left unnourished for an instant. Learners ought constantly to be exerting their strength to insure the pureness of it spirit, and the settledness of its passion nature, as in the calm of the morning, then will the mind always be preserved, and everywhere and in all circumstances its manifestations will be those of benevolence and righteousness.'

4절

孔子曰, 操則存, 舍則亡, 出入無時, 莫知其鄕, 惟心之謂與.

공자께서는 '꼭 붙들고 있으면 그것은 너와 함께 남을 것이다. 놓으면, 너는 그것을 잃을 것이다. 그것이 들어오고 나가는 시간과 장소를 확정할 수 없다'라고 말씀하셨다. 이것이 바로 정신을 두고 한 말이다!"

4절 각주

이것은 공자가 한 말이다. 우리는 맹자 덕분에 공자의 이 말을 듣게 되었다. 사(舍)는 사(捨)이다. '출입, 운운(出入, 云云)'은 '그것이 나가고 들어오는 것은 [정해진] 시간이 없어 누구도 그 방향을 모른다.'라는 의미이다. 여(與)는 2성조로 '그렇지 않은가?' 또는 감탄문이다. 주희는 이 절을 확장하여 이렇게 말했다. "공자가 정신에 대해, '만약 네가 그것을 꽉 잡고 있다면 여기에 있고, 그것을 가게 하면 손실되고 사라진다. 즉 나가고 들어오는 것에 확정된 시간이 없는 것처럼 확정된 장소도 없다.'라고 했다. 맹자는 불가해성, 영적이고 지적인 정신, 정신을 가지거나 잃어버리는 것이 얼마나 쉬운 일인지, 정신을 보존하고 유지하는 것이 얼마나 어려운 일인가를 예증하기 위해 공자를 인용했다. 학생들은 계속해서 아침의 고요처럼, 영혼의 순수성과 열정-본성(氣)의 정착을 확실히 하기 위해 힘을 다해야 한다. 그러면 정신은 항상 보존될 것이고, 모든 곳에서 모든 상황에서 정신의 현시는 인과 의의 현시가 될 것이다."

CHAPTER IX

CH. 9. ILLUSTRATING THE LAST CHAPTER.—HOW THE KING
OF Ch'î'S WANT OF WISDOM WAS OWING TO NEGLECT AND
BAD ASSOCIATIONS.

1. Mencius said, 'It is not to be wondered at that the king is not wise!

1. 或 is used for 惑, 'to be perplexed.' 乎 is an exclamation. The king is
understood to be the king Hsüan of Ch'î; see I, ii.

제9장

이 장은 앞 장을 예증한다. 제나라의 왕이 지혜가 부족한 것은 태만하고 나쁜 이들과 교제하기 때문이다.

1절

孟子曰, 無或乎王之不智也.

맹자가 말했다. "왕이 현명하지 않다는 것은 놀랄 말한 일이 아니다.

1절 각주

혹(或)은 혹(惑, '당황하다') 대신 사용된다. 호(乎)는 감탄이다. 왕은 제나라의 선왕으로 보아야 한다. 제1장 제2절을 보라.

2. 'Suppose the case of the most easily growing thing in the world;—if you let it have one day's genial heat, and then expose it for ten days to cold, it will not be able to grow. It is but seldom that I have an audience of the king, and when I retire, there come all those who act upon him like the cold. Though I succeed in bringing out some buds *of goodness*, of what avail is it?

2. 暴,—*pû*, often written 曝, 'to dry in the sun,' here=溫, 'to warm genially.' 未有, 云云,—the 未, 'not yet,' 'never,' puts the general truth as an inference from the past. 見,—the 4th tone, *hsien*. Chû Hsî points the last clause—吾, 如有萌焉, 何哉, 'though there may be sprouts of goodness, what can I do ?' In this way, 吾 and 何哉 are connected, and there is the intermediate clause between them, which is an unusual thing in Chinese. Feeling this difficulty, Châo Ch'î makes 吾 the nominative to 有萌 and interprets,—'Although I wish to encourage the sprouting of his goodness, how can I do so?' I have followed this construction, taking the force of the terms, however, differently.

2절

雖有天下易生之物也, 一日暴之, 十日寒之, 未有能生者也, 吾見, 亦罕矣, 吾退而寒之者至矣, 吾如有萌焉, 何哉.

세상에서 가장 잘 자라는 식물이 있다고 치자. 하루 동안 따뜻한 열을 주고 그다음 10일 동안 추위에 노출하면 자랄 수 없을 것이다. 나는 왕을 만난 적이 드물다. 내가 물러날 때 왕에게는 추위와 같은 영향을 미치는 [모든] 사람들이 다가간다. 내가 [선함의] 몇몇 싹을 틔우는 데 성공한다고 해도 그것이 무슨 소용이 있겠는가?

2절 각주

폭(暴)은 [폭]으로 읽히고, 때로 폭(曝) 즉 '햇볕에 말리다'는 의미로 사용된다. 여기서는 온(溫) 즉 '온화하게 데우다'와 같다. '미유, 운운(未有, 云云)'의 미(未)는 '아직 아니다'와 '결코 ~이 아니다라는 의미로 과거로부터 일반적인 진리를 추론하는 것이다. 견(見)은 4성조로 [현]으로 읽힌다. 주희는 마지막 어절인 '오여유맹언, 하재(吾如有萌焉 何哉)'를 '비록 선의 싹이 있을 수 있지만, 내가 무엇을 할 수 있을까?'로 해석한다. 이 방식으로 오(吾)와 하재(何哉)는 연결되고, 이 사이에 중간 어절이 있는데 중국어에서는 흔하지 않은 구문이다. 조기는 이 어려움을 느끼고 오(吾)를 유맹(有萌)의 주격으로 보아 '비록 내가 그의 선의 싹이 나도록 장려하기를 원한다고 하더라도, 내가 어떻게 그렇게 할 수 있겠는가?'로 해석한다. 나는 조기의 구문을 따랐지만 글자들의 의미를 다르게 받아들여 번역하였다.

3. 'Now chess-playing is but a small art, but without his whole mind being given, and his will bent, to it, a man cannot succeed at it. Chess Ch'iû is the best chess-player in all the kingdom. Suppose that he is teaching two men to play.—The one gives to the subject his whole mind and bends to it all his will, doing nothing but listening to Chess Ch'iû. The other, although *he seems to be* listening to him, has his whole mind running on a swan which he thinks is approaching, and wishes to bend his bow, adjust the string to the arrow, and shoot it. Although he is learning along with the other, he does not come up to him. Why?— because his intelligence is not equal? Not so.'

3. 今夫(2nd tone), 云云, 'now the character of chess-playing as an art, is that it is a small art.' 奕秋,—Ch'iû was the man's name and he was called *chess* Ch'û from his skill at the game. 鴻鵠, 'a great *ku*' which is also called 'the heavenly goose' = the swan, 繳(*cho*)而射(shih)之;—see Analects, VII. xxvi. 爲(4th tone)是其智弗若與(2nd tone),—'Is it because of this, the inferiority of his (natural) intelligence?' 是 and the following words being in apposition.

3절

今夫奕之爲數, 小數也, 不專心致志, 則不得也, 奕秋, 通國之
善奕者也, 使奕秋, 誨二人奕, 其一人, 專心致志, 惟奕秋之爲
聽, 一人, 雖聽之, 一心, 以爲有鴻鵠將至, 思援弓繳而射之,
雖與之俱學, 弗若之矣, 爲是其智弗若與, 曰, 非然也.

오늘날 바둑은 사소한 기술에 불과하지만 온 마음과 의지를 바치지 않는
다면 바둑에서조차 이길 수 없다. 혁추는 천하에서 최고의 바둑 선수이다.
그가 두 사람에게 바둑을 가르친다고 가정해보자. 한 사람은 바둑에 온
마음과 의지를 바치며 아무것도 하지 않고 오로지 혁추의 말에만 귀를 기
울인다. 다른 사람은 혁추의 말에 귀를 기울이는 [것처럼 보이지만] 그의
마음은 온통 다가오고 있는 백조에 가 있고 활을 당기고 화살을 줄에 매
어 백조를 쏘고 싶어 한다. 비록 그가 다른 한 사람과 같이 배우고 있지
만 다른 한 사람을 따라가지 못한다. 왜 그럴까? 그의 지능이 다른 한 사
람만 못하기 때문인가? 그렇지 않다."

3절 각주

'금부, 운운(今夫[2성조], 云云)'은 '지금 기술로서 바둑은 사소한 기술이다'
를 뜻한다. 혁추(奕秋)에서 추(秋)는 그 사람의 이름이고, 바둑 두는 기술
이 뛰어나 '혁[바둑]추'로 불린다. 홍곡(鴻鵠)은 '큰 고니'로, '천상의 거위'
즉 백조로도 불린다. 작이사지(繳而射之)는 『논어』 제7권 제26장을 보라.
'위시기지불약여(爲[4성조]是其智弗若與[2성조])'는 '그의 [타고난] 지력의
열등함, 이것 때문인가?'라는 뜻이다. 시(是)와 그다음 단어들은 동격이다.

CHAPTER X

CH. 10. THAT IT IS PROPER TO MAN'S NATURE TO LOVE RIGHTEOUSNESS MORE THAN LIFE, AND HOW IT IS THAT MANY ACT AS IF IT WERE NOT SO.

1. Mencius said, 'I like fish, and I also like bear's paws. If I cannot have the two together, I will let the fish go, and take the bear's paws. So, I like life, and I also like righteousness. If I cannot keep the two together, I will let life go, and choose righteousness.

1. 'Bear's palms' have been a delicacy in China from the earliest times. They require a long time, it seems, to cook them thoroughly. The king Ch'ăng of Ch'û, B.C. 625, being besieged in his palace, requested that he might have a dish of bear's palms before he was put to death,— hoping that help would come while they were being cooked.

제10장

생(生)보다 의(義)를 사랑하는 것이 인간의 고유한 본성인데 어찌하여 많은 사람이 그렇지 않은 것처럼 행동하는가?

1절

孟子曰, 魚, 我所欲也, 熊掌, 亦我所欲也, 二者, 不可得兼, 舍魚而取熊掌者也, 生, 亦我所欲也, 義, 亦我所欲也, 二者, 不可得兼, 舍生而取義者也.

맹자가 말했다. "나는 생선을 좋아하고 곰 발바닥도 좋아한다. 그 두 개를 함께 먹을 수 없으면, 나는 생선을 내버려 두고 곰 발바닥을 먹는다. 나는 생(生)을 좋아하고 의(義)도 좋아한다. 그 둘을 함께 유지할 수 없다면, 나는 생을 내버려 두고 의를 선택할 것이다.

1절 각주
'곰 발바닥'은 고대로부터 중국의 별미이었다. 곰 발바닥을 제대로 요리하기 위해서는 장시간이 걸린다. 기원전 625년 정나라의 장왕은 궁이 포위되자 사형을 당하기 전에 곰 발바닥 요리를 먹을 수 있게 해 달라 요청했다. 그 이유는 곰 발바닥이 요리되는 동안 구조대가 오기를 기대했기 때문이다.

2. 'I like life indeed, but there is that which I like more than life, and therefore, I will not seek to possess it by any improper ways. I dislike death indeed, but there is that which I dislike more than death, and therefore there are occasions when I will not avoid danger.

2. 生亦我所欲,一the 亦 is retained from the preceding paragraph. We may render it by 'indeed.' 所欲, 云云, is to be translated indicatively. It is explanatory of the conclusion of the last paragraph,一舍生而取義. 不爲(emphatic)苟得, 'I won't do improper getting,' i. e. of life. The paraphrasts mostly say 一不爲苟且以得生, 'I will not act improperly to get life.' 患, 'sorrow,' 'calamity' = danger of death. 辟=避. It seems better to construe as 1 have done making 患 governed by 辟, than to make 患= a clause by itself, and suppose 死 as the object of 辟.

2절

生亦我所欲, 所欲, 有甚於生者, 故不爲苟得也, 死亦我所惡, 所惡, 有甚於死者, 故患有所不辟也.

나는 정말로 생을 좋아하지만 생보다 더 좋아하는 것이 있기에 부적절한 방식으로 생을 소유하고자 하지 않을 것이다. 나는 정말로 죽음을 싫어하지만 죽음보다 더 싫어하는 것이 있기에 위험을 피하지 않을 때가 있다.

2절 각주

생역아소욕(生亦我所欲)의 역(亦)은 앞 절로부터 이어진다. 우리는 그것을 '정말로'(indeed)로 표현할 수 있다. '소욕, 운운(所欲, 云云)'은 제1절의 마지막 부분에 있는 사생이취의(舍生而取義)를 지시하는 것으로 해석하고 번역해야 한다. 불위구득(不爲[강조]苟得)은 '나는 부적절한 소유를 하지 않을 것이다'로 생을 가리킨다. 주석가들은 대부분 불위구차이득생(不爲苟且以得生) 즉 '나는 생을 얻기 위해 부적절하게 행동하지 않을 것이다'라고 말한다. 환(患)은 '슬픔'이나 '재앙'으로 죽음의 위험과 같다. 벽(辟)은 피(避)이다. 환(患) 그 자체를 어절로 만드는 것보다 나처럼 피(辟)의 수식을 받는 것으로 만드는 것이 낫다. 그리고 사(死)를 피(辟)의 목적어로 보는 것이 좋다.

3. 'If among the things which man likes there were nothing which he liked more than life, why should he not use every means by which he could preserve it? If among the things which man dislikes there were nothing which he disliked more than death, why should he not do everything by which he could avoid danger?

4. 'There are cases when men by a certain course might preserve life, and they do not employ it; when by certain things they might avoid danger, and they will not do them.

4. I translate here differently both from Châo Ch'î and Chû Hsî. They take 由是 to be = 'From this righteousness-loving nature so displayed,' as if the paragraph were merely an inference from the two preceding. I understand the paragraph to be a repetition of the two preceding, and introductory to the one which follows. 由是則生, 'by this course (any particular course) there is life.' 而有不用, 'and yet in cases it is not used.' This gives a much easier and more legitimate construction.

3절

如使人之所欲, 莫甚於生, 則凡可以得生者, 何不用也, 使人之所惡, 莫甚於死者, 則凡可以辟患者, 何不爲也.

사람이 좋아하는 것들 가운데서 생보다 좋아하는 것이 없다면 왜 모든 수단을 써 생을 유지하지 않는가? 사람들이 싫어하는 것들 가운데서 죽음보다 싫어하는 것이 없다면 왜 위험을 피하고자 할 수 있는 모든 일을 하지 않는가?

4절

由是則生, 而有不用也, 由是則可以辟患, 而有不爲也.

사람들이 어떤 과정으로 생을 유지할 수 있는 경우에도 그것을 사용하지 않고, 어떤 사물들을 이용하여 위험을 피할 수 있는데도 그렇게 하지 않는다.

4절 각주

이 절에서 나의 번역은 조기와 주희와 다르다. 그들은 유시(由是)를 '이로부터 의를 사랑하는 본성이 그렇게 나타난다.'라고 해석하는데, 그러면 이절이 단지 앞의 두 절의 유추처럼 보이게 된다. 나는 이 절이 앞의 두 절의 반복이고, 그다음 절의 도입부라고 생각한다. 유시즉생(由是則生)은 '이 과정에 의해(어떤 특정 과정이라도) 생이 있다'를 뜻한다. 이유불용(而有不用)은 '그러나 그것이 사용되지 않는 경우에'이다. 이렇게 해야 훨씬 쉽고 합리적인 구문이 된다.

5. 'Therefore, men have that which they like more than life, and that which they dislike more than death. They are not men of distinguished talents and virtue only who have this mental nature. All men have it; what belongs to such men is simply that they do not lose it.

5. 能勿喪(4th tone),一stress must not be laid on the 能. 勿 is simply negative, not prohibitive.

5절

是故, 所欲, 有甚於生者, 所惡, 有甚於死者, 非獨賢者有是心
也, 人皆有之, 賢者能勿喪耳.

그러므로 사람들이 생보다 더 좋아하는 것이 있고 죽음보다 더 싫어하는
것이 있다. 뛰어난 재주와 덕을 지닌 사람들만이 이 정신의 본성을 가진
것이 아니다. 모든 사람이 그것을 가지고 있다. 현자들은 그것을 잃어버리
지 않을 뿐이다.

5절 각주

능물상(能勿喪[4성조])은 능(能)에 강조점이 주어져서는 안 된다. 물(勿)은
단순 부정으로 금지가 아니다.

6. 'Here are a small basket of rice and a platter of soup, and the case is one in which the getting them will preserve life, and the want of them will be death;—if they are offered with an insulting voice, even a tramper will not receive them, or if you first tread upon them, even a beggar will not stoop to take them.

6. 嘑, 4th tone. 嘑爾 is explained 呧啐之貌, 'the appearance of reproachful clamor,' but the 蹴爾 shows that more than the idea of 'appearance,' or demonstration is intended. 行道之人 = 乞人, below, and not simply 'any ordinary man upon the way,' as Chû Hsî makes it. 不屑, see Bk. II. Pt. I. ix. 1.—This paragraph is intended to illustrate the 人皆有之 of the preceding. Even in the poorest and most distressed of men, the 羞惡之心 will show itself.

6절

一簞食, 一豆羹, 得之則生, 弗得則死, 嘑爾而與之, 行道之人, 弗受, 蹴爾而與之, 乞人, 不屑也.

여기에 작은 쌀 바구니와 국그릇이 있다. 이것들을 얻으면 생을 유지하는 것이고 얻지 못하면 죽게 되는 경우가 있다 해도, 욕하는 목소리로 주면 심지어 부랑자도 받으려고 하지 않을 것이고, 네가 먼저 그것을 짓밟고 주면 거지도 얻기 위해 몸을 숙이지 않을 것이다.

6절 각주

호(嘑)는 4성조이다. 호이(嘑爾)는 돌쵀지모(咄啐之貌) 즉 '요란하게 비난하는 모습'으로 설명되지만, 축이(蹴爾)는 '모습'에 대한 생각 그 이상을 나타내고 의도하는 바는 시위이다. 행도지인(行道之人)은 다음에 나오는 걸인(乞人)으로 주희의 해석처럼 단순히 '길 위에 있는 보통 사람이라고 하더라도'가 아니다. 불설(不屑)은 제2권 제1편 제9장 제1절을 보라. 이 절은 앞 절의 인개유지(人皆有之)를 예증하려고 한다. 심지어 가장 가난하고 비참한 사람들에게서도 수오지심(羞惡之心)이 드러난다.

7. '*And yet* a man will accept of ten thousand chung, without any consideration of propriety or righteousness. What can the ten thousand chung add to him? *When he takes them*, is it not that he may obtain beautiful mansions, that he may secure the services of wives and concubines, or that the poor and needy of his acquaintance may be helped by him?

7. 萬鍾,一see Bk. II. Pt. II. x. 3. 萬鍾於我何加焉,一'what do they add to me?' There is here a contrast with the case in the former paragraph, which was one of life or death. The large emolument was not an absolute necessity. But also there is the lofty, and true, idea, that a man's personality is something independent of, and higher than, all external advantages. The meaning is better brought out in English by exchanging the person from the first to the third. 爲妻妾之奉,一because of the services of wives an. I concubines.' 妻 is plural as well as 妾, though according to the law of China there could be only one *wife*, however many concubines there might be. 所識窮乏者得我 = 所知識窮乏者感我之惠, 'that the poor of his acquaintance may be grateful for his kindness.' A gloss in the 四書味根錄 says: 'The thinking of the poor would seem to be a thought of kindly feeling, but the true nature of it is shown in the 得我, *may get* ME. The idea is not of benevolence, but selfishness.'

7절

萬鍾則不辨禮義而受之, 萬鍾於我何加焉, 爲宮室之美, 妻妾
之奉, 所識窮乏者得我與.

[그러나] 어떤 사람은 예와 의를 전혀 생각하지 않고 만종의 봉급을 받으
려고 한다. 만종의 봉급이 그에게 무엇을 더해 줄 수 있는가? [그가 만종
의 봉급을 받을 때], 아름다운 저택을 얻을 수 있고, 아내들과 첩들의 봉
사를 확보할 수 있고, 가난하고 어려움에 부닥친 지인들에게 도움을 줄
수 있기 때문이 아닌가?

7절 각주

만종(萬鍾)은 제2권 제2편 제10장 제3절을 보라. 만종어아하가언(萬鍾於我
何加焉)은 '그것들이 나에게 무엇을 더해 주는가?'이다. 이것은 삶과 죽음
을 다룬 앞의 절의 경우와 대비된다. 많은 녹봉이 절대적으로 필요한 것
은 아니다. 그러나 여기에는 또한 사람의 인간성(personality)이 모든 외적
인 이점들보다 더 높고 독립된 어떤 것이라는 고상하고 진실한 관념이 있
다. 그 의미는 영어 번역에서 인칭을 1인칭에서 3인칭으로 바꾸면 더 잘
전달된다. 위처첩지봉(爲妻妾之奉)은 '아내들과 첩들의 봉사 때문에'라는
뜻이다. 처(妻)는 첩(妾)과 마찬가지로 복수이다. 그러나 중국의 법에 따르
면 첩이 아무리 많아도 [아내]는 한 명뿐이다. 소식궁핍자득아(所識窮乏者
得我)=소지식궁핍자감아지혜(所知識窮乏者感我之惠), 즉 '그의 지인 가운
데 가난한 사람들이 그의 친절에 감사할 수 있다'라는 의미이다. 『사서미
근록』(四書味根錄)에서는 이를 이렇게 해석했다. '가난한 사람들을 생각하
는 것은 친절한 감정인 것 같지만, 그 진정한 본질은 득아(得我), [나를 얻
을 수 있다]에서 나타난다. 그 관념은 인이 아닌 이기심과 관련된다.'

8. 'In the former case *the offered bounty* was not received, though it would have saved from death, and now *the emolument* is taken for the sake of beautiful mansions. *The bounty* that would have preserved from death was not received, and *the emolument* is taken to get the service of wives and concubines. *The bounty* that would have saved from death was not received, and *the emolument* is taken that one's poor and needy acquaintance may be helped by him. Was it then not possible likewise to decline this? This is a case of what is called—"Losing the proper nature of one's mind."'

8. 鄉, the 4th tone, =向. 爲(4th tone)身死,—'for the body dying,' i. e. to save from dying. 是亦不可以已乎,—是 is emphatic, = this large emolument, taken for such purposes.—For an example in point to illustrate par. 6, see the Lî-chî, II, Sect. II, iii, 17.

8절

鄕爲身, 死而不受, 今爲宮室之美, 爲之, 鄕爲身, 死而不受,
今爲妻妾之奉, 爲之, 鄕爲身, 死而不受, 今爲所識窮乏者得我
而爲之, 是亦不可以已乎, 此之謂失其本心.

이전 경우에는 죽음에서 구해주었을 [은혜]는 받지 않았는데 지금은 아름
다운 저택들을 위해 [녹봉을] 받아들인다. 죽음으로부터 지켜주었을 [은혜]
는 받지 않지만, 아내들과 첩들의 봉사를 받기 위해 [녹봉을] 받아들인다.
죽음에서 구해주었을 [은혜]는 받지 않았는데 그가 아는 가난한 사람과 어
려운 사람을 도울 수 있는 [녹봉]을 받아들인다. 이것을 거절하는 것이 마
찬가지로 가능하지 않았을까? 이것이 소위 말하는 '정신의 고유한 본성을
잃어버리는 것'에 해당한다."

8절 각주

향(鄕, 4성조)은 向(향)과 같다. 위신사(爲[4성조]身死)는 '죽어가는 몸을 위
하여' 즉 죽음으로부터 살아남는다는 의미이다. 시역불가이이호(是亦不可
以已乎)에서 시(是)는 강조로 그런 목적으로 받은 그 많은 녹봉을 의미한
다. 적절한 예는 제6절과 『예기』「단궁(檀弓)」하 제3장 제17절을 보라.

CHAPTER XI

CH.11. HOW MEN HAVING LOST THE PROPER QUALITIES OF THEIR NATURE SHOULD SEEK TO RECOVER THEM.

1. Mencius said, 'Benevolence is man's mind, and righteousness is man's path.

1. 'Benevolence is man's mind, or heart,' i. e. it is the proper and universal characteristic of man's nature, as the 正義 on Châo Ch'î says, 一人人有之, 'all men have it.' 'Benevolence' would seem to include here all the other moral qualities of humanity. Châo Hsî says 仁者心之德; yet we have the usual Mencian specification of 'righteousness' along with it.

제11장

본성의 고유한 자질을 잃어버린 인간들은 그것을 되찾기 위해 어떻게 해야 하는가.

1절

孟子曰, 仁, 人心也, 義, 人路也.

맹자가 말했다. "인은 사람의 마음이고, 의는 사람의 길이다.

1절 각주

'인은 사람의 마음 혹은 가슴이다'라는 말은 인이 인간 본성의 고유한 보편적인 특징이라는 것이다. 『정의』(正義)에서 조기가 인인유지(人人有之), 즉 '모든 사람이 그것을 가진다'라고 말한 것과 같다. '인'은 여기서 인간성의 다른 모든 도덕적 자질을 포함하는 것 같다. 주희는 인자심지덕(仁者心之德)이라 말하지만, 그러나 우리는 맹자가 인과 함께 '의'를 나름대로 구체화한 것을 보게 된다.

2. 'How lamentable is it to neglect the path and not pursue it, to lose this mind and not know to seek it again!

3. 'When men's fowls and dogs are lost, they know to seek for them again, but they lose their mind, and do not know to seek for it.

2절

舍其路而不由, 放其心而不知求, 哀哉.

그 길을 무시하고 추구하지 않고 이 정신을 잃어버리고 다시 구하는 법을 알지 못하는 것, 이 얼마나 한탄스러운 일인가!

3절

人有鷄犬放, 則知求之, 有放心而不知求.

사람들은 닭과 개를 잃을 때는 다시 찾는 법을 알지만, 정신은 잃어버리고도 다시 찾는 법을 모른다.

4. 'The great end of learning is nothing else but to seek for the lost mind.'

4. 學問之道,一道 =切要, 'that which is most important in.' The Chinese sages always end with the recovery of 'the old heart'; the idea of 'a new heart' is unknown to them. One of the Ch'ăng says:—'The thousand words and ten thousand sayings of the sages and worthies are simply designed to lead men to get hold of their lost minds, and make them again enter their bodies. This accomplished, 'they can push their inquiries upwards, and from the lowest studies acquire the highest knowledge.'

4절

學問之道, 無他, 求其放心而已矣.

학문의 큰 목적은 다른 어떤 것도 아니고 단지 잃어버린 정신을 찾는 것일 뿐이다."

4절 각주

학문지도(學問之道)의 도(道)는 절요(切要), 즉 '~안에 가장 중요한 것'이다. 중국 성인들은 항상 '옛 정신'을 회복하는 것에 그치고 '새로운 정신'에 대해서는 모른다. 정자(程子)학파의 한 학자가 이렇게 말한다. '성인과 현인의 천 개의 말과 만 개의 격언은 인간이 잃어버린 정신을 꽉 잡아 다시 몸에 넣도록 만들고자 하는 단순한 목적을 가진다. 이것이 이루어지면, 그들은 이에서 나아가 위를 향해 탐구할 수 있고, 가장 낮은 학문으로부터 가장 높은 지식을 얻을 수 있다.'

CHAPTER XII

CH. 12. HOW MEN ARE SENSIBLE OF BODILY, AND NOT OF MENTAL OR MORAL, DEFECTS

1. Mencius said, 'Here is *a man whose* fourth finger is bent and cannot be stretched out straight. It is not painful, nor does it incommode his business, and yet if there be any one who can make it straight, he will not think the way from Ch'in to Ch'û far *to go to him*; because his finger is not like the finger of other people.

1. 無名之指, 'the nameless finger,' i. e. the fourth, reckoning from the thumb as the first. It is so styled, as of less use than the others, and less needing a name. 信,一read as, and with the meaning of 伸(*shin*). 不遠秦楚之路 = 雖越秦楚相去之路, 不以爲遠, 'though he should pass over all the way between Ch'in and Ch'û, he will not think it far.'

제12장

어찌하여 인간들은 신체의 결함은 알고 정신 또는 도덕의 결함은 알지 못하는가?

1절
孟子曰, 今有無名之指, 屈而不信, 非疾痛害事也, 如有能信之者, 則不遠秦楚之路, 爲指之不若人也.

맹자가 말했다. "여기에 네 번째 손가락이 구부러져 곧게 뻗을 수 없는 [한 사람]이 있다. 그것은 고통스럽지 않고 업무를 불편하게 하지도 않는다. 그럼에도 그 손가락을 곧게 펴줄 수 있는 어떤 이가 있다면, [그에게 가기 위해서] 진나라에서 초나라까지 가는 먼길도 개의치 않을 것이다. 그 이유는 그의 손가락이 다른 사람들의 손가락과 같지 않기 때문이다.

1절 각주
무명지지(無名之指)는 '이름 없는 손가락' 즉 엄지를 첫 번째 손가락으로 보았을 때 네 번째 손가락에 해당한다. 무명지로 불리게 된 것은 다른 손가락들보다 덜 사용되어 이름을 붙일 필요성이 떨어지기 때문이다. 신(信)은 [신, 伸처럼 읽히고 그 의미가 같다. 불원진초지로(不遠秦楚之路)는 '수월진초상거지로, 불이위원(雖越秦楚相去之路, 不以爲遠)' 즉 '비록 진나라에서 초나라로 가는 모든 길을 지나가야 하지만 그는 그것을 멀다고 생각하지 않을 것이다'라는 의미이다.

2. 'When a man's finger is not like those of other people, he knows to feel dissatisfied, but if his mind be not like that of other people, he does not know to feel dissatisfaction. This is called—"Ignorance of the relative *importance of things.*"'

2. 不知類,—'not knowing kinds,' or degrees. 類 = 等.

2절

指不若人, 則知惡之, 心不若人, 則不知惡, 此之謂不知類也.

어떤 사람의 손가락이 다른 사람의 손가락과 같지 않을 때 불만족을 느낄 줄 알지만, 정신이 다른 사람과 같지 않을 때는 불만족을 느낄 줄 모른다. 이것을 '[상황의] 상대적 [중요성]을 모르는 무지'라고 할 수 있다."

2절 각주

부지류(不知類)는 '종류를 모르는 것' 혹은 정도를 모르는 것이다. 류(類)는 등(等)이다.

CHAPTER XIII

CH. 13. MEN'S EXTREME WANT OF THOUGHT IN REGARD TO THE CULTIVATION OF THEMSELVES.

Mencius said, 'Anybody who wishes to cultivate the *t'ung* or the *tsze*, which may be grasped with both hands, perhaps with one, knows by what means to nourish them. In the case of their own persons, men do not know by what means to nourish them. Is it to be supposed that their regard of their own persons is inferior to their regard for a *t'ung* or *tsze*? Their want of reflection is extreme.'

The *t'ung* and *tsze* resemble each other. The latter is called by the Chinese 'the king of trees,' and its wood is well adapted for their block engraving. Of the *t'ung* there are various arrangements, some making three kinds of it, some four, and some seven. The wood of the first kind, or white *t'ung*(白桐) is the best for making musical instruments like the lute. Both the *t'ung* and the *tsze* belong probably to the euphorbia: 至於身,一身, 'the body,' but hero 'the person,' the whole human being. 豈~哉 = 'is it to be supposed?' A supplementary note in the 備旨 says that 'by nourishing the 身 here is intended the ruling of the mind, to nourish our inner man, and paying careful attention to the body, to nourish our outer man.'

제13장

인간은 자기 수양에 관해 지나칠 정도로 적게 생각한다.

孟子曰, 拱把之桐梓, 人苟欲生之, 皆知所以養之者, 至於身, 而不知所以養之者, 豈愛身, 不若桐梓哉, 弗思甚也.

맹자가 말했다. "양손[이나] 한 손으로 쥘 수 있는 '동나무'나 '재나무'를 기르고자 하는 사람은 그 누구라도 어떤 방법으로 나무를 키워야 하는지를 안다. 그러나 인간들은 자기 자신의 인격을 어떤 방식으로 길러야 할지 모른다. 자기 자신의 인격에 대한 배려가 동나무나 재나무에 대한 배려보다 부족하다고 가정해야 하는가? 그들의 성찰 부족은 심하다."

13장 각주

동(桐)나무와 재(梓)나무는 유사하다. 재나무를 중국인들은 '나무의 왕'으로 부른다. 재나무의 목재는 한 덩어리로 새기기에 매우 적합하다. 동나무는 배열이 다양하여 3종류, 4종류, 7종류로 만들 수 있다. 첫 번째 종류인 백동(白桐)나무는 현악기 등을 만들 때 최고의 재목이다. 브레트슈나이더(Bretschneider)[7]는 동나무를 오동(paulownia)나무라고 한다. 재나무는 카밀라 모과나무(rottlera Japonica) 또는 개오동나무(catalpa)라고 한다. 지어신(至於身)에서 신(身)은 '몸(body)'이지만 여기서는 '그 사람', 전인적 존재를 의미한다. '가~재(豈~哉)'는 '그렇게 생각해야 하는가?'이다. 『비지』(備旨)의 보충 각주에 따르면, 몸(身)을 기름이라는 말은 여기서 우리가 마음을 다스림으로써 우리의 내면의 사람을 기르고 신체에 주의 깊은 관심을 기울임으로써 우리의 외부의 사람을 기르는 것을 의도한 것이라고 했다.

---

7) (역주) 브레트슈나이더(E.V. Bretschneider, 1833~1901)는 러시아의 중국학자이다. 라트비아에서 태어나 1866년부터 1883년까지 주중 러시아사관에서 의사로 일했으며 신학과 중국식물학을 전공했다. 1887년에 『동아시아 사료에 근거한 중세기 연구』를 출판했으며, 중세기 동서 교통사와 서역의 역사지리 연구에 큰 공헌을 했다.

CHAPTER XIV

CH. 14. THE ATTENTION GIVEN BY MEN TO THE NOURISHMENT OF THE DIFFERENT PARTS OF THEIR NATURE MUST BE REGULATED BY THE RELATIVE IMPORTANCE OF THOSE PARTS.

1. Mencius said, 'There is no part of himself which a man does not love, and as he loves all, so he must nourish all. There is not an inch of skin which he does not love, and so there is not an inch of skin which he will not nourish. For examining whether *his way of nourishing* be good or not, what other rule is there but this, that he determine by *reflecting on* himself where it should be applied?

1. 身,—as in the last chapter, but with more special reference to the body. 兼所愛,—'unites what he loves.' i. e. loves all 尺寸,—' a cubit *or* an inch,' but the meaning is—the least bit of, =our 'an inch.' 所以考,云云, requires to be supplemented a good deal in translating. The meaning is plain:—A man is to determine for himself, by reflection on his constitution, what parts are more important and should have the greater attention paid to them. Compare the two last paragraphs of Analects, VI. xxviii.

제14장

사람들이 수양에 쏟는 관심은 본성의 부분들이 가지는 상대적 중요성에 따라 달리해야 한다.

1절

孟子曰, 人之於身也, 兼所愛, 兼所愛, 則兼所養也, 無尺寸之膚不愛焉, 則無尺寸之膚不養也, 所以考其善不善者, 豈有他哉, 於己, 取之而已矣.

맹자가 말했다. "사람이 자신의 부분 가운데서 사랑하지 않는 부분은 없다. 사람이 모두 부분을 사랑하는 것처럼 모든 부분을 길러야 한다. 그가 사랑하지 않는 피부가 한 치도 없기에 기르지 않을 한 치의 피부도 없다. [그가 기르는 방식이] 좋은 것인지 아닌지 살피기 위해 가장 좋은 방법은 이것뿐이다. 즉 그는 자신을 [성찰함으로써] 그것을 어디에 적용해야 할지 결정한다.

1절 각주

신(身)은 제13장에서와 같지만, 보다 구체적으로 몸을 가리킨다. 겸소애(兼所愛)는 '그가 사랑하는 것을 합치다' 즉 '모두를 사랑하다'이다. 척촌(尺寸)은, '일 큐빗 또는 일 인치'로, 작게는 영어의 '일 인치'와 같다. '소이고, 운운(所以考, 云云)'은 번역처럼 의미를 많이 보충해야 한다. 그 의미는 평이하다. 즉 인간은 자기 자신의 구성체를 살핌으로써 어떤 부분이 더 중요하고 어떤 부분에 더 관심을 가져야 하는지를 스스로 결정해야 한다는 것이다. 『논어』 제6권 제28장 제2~3절과 비교하라.

2. 'Some parts of the body are noble, and some ignoble; some great, and some small. The great must not be injured for the small, nor the noble for the ignoble. He who nourishes the little belonging to him is a little man, and he who nourishes the great is a great man.

   2. 體,—'the members of the body,' but the character, like 身, is to be understood with a tacit reference to the mental part of our constitution as well.

2절

體有貴賤, 有大小, 無以小害大, 無以賤害貴, 養其小者爲小人,
養其大者爲大人.

몸의 어떤 부분은 고귀하고 어떤 것은 비천하고, 어떤 것은 크고 어떤 것
은 작다. 작은 것이 큰 것을 해쳐서는 안 되고 비천한 것이 고귀한 것을
해쳐서도 안 된다. 자기에게 속한 작은 것을 기르는 자는 소인이고, 큰 것
을 기르는 자는 대인이다.

2절 각주

체(體)는 '몸의 구성 부분들'이지만 그 글자는 신(身)과 마찬가지로 또한
우리 구성체의 정신적 부분도 암시하는 것으로 보아야 한다.

3. 'Here is a plantation-keeper, who neglects his *wû* and *chiâ*, and cultivates his sour jujube-trees;—he is a poor plantation-keeper.

    3. The 場人 was an officer under the Châu dynasty, who had the superintendence of the sovereign's plantations and orchards. See the Châu Lî, II. Pt. XVI. xxiii. 1. The wû(the *sterculia platunifolia*, according to Bretschneider) and the *chiâ* are the *t'ung* and the *t2sze* of the last chapter; or, as some make out, the *sterculia platanifolia* and the *catalpa Japonica*. Two valuable trees are evidently intended by them. 樲棘 go together, 樲 indicating the species. 棘 is generally used with the general meaning of thorns;—but it here indicates a kind of small wild date-tree. The date-tree proper is 棗: this wild tree, 棘; the different forms indicating the *high* tree and the *low bushy* shrub respectively. See the 集證 *in loc.*

3절

今有場師, 舍其梧檟, 養其樲棘, 則爲賤場師焉.

여기 한 농장지기가 있다고 하자. 그가 오동나무와 가래나무를 내버려 두고 신맛 나는 대추나무를 기른다면 그는 형편없는 농장지기이다.

3절 각주

장인(場人)은 주 왕조의 관리로 군주의 농장과 과수원을 감독했다. 『주례』(周禮) 제2권 제16편 제23장 제1절을 보라. [오, 梧](브레트슈나이더에 따르면 벽오동 개모시풀 종[sterculia platanifolia]이다)와 [가, 檟]는 제13장의 [동, 桐]과 [재, 梓]처럼 사용된다. 또는 어떤 사람이 밝혔듯이 벽오동나무(sterculia platanifolia)와 개오동나무(catalpa Japonica)처럼 사용된다. 이 두 귀중한 나무를 언급한 이유가 있다. 이극(樲棘)은 함께 사용되는데, 이(樲)는 대추나무의 종류를 나타낸다. 극(棘)은 일반적으로 가시라는 의미가 있지만 여기서는 작은 야생 대추나무의 종류를 가리킨다. 본래의 대추나무는 조(棗)이고, 야생의 대추나무는 극(棘)이다. 또한, 전자는 [키 큰] 나무를, 후자는 [작은 관목] 수풀을 암시한다. 『집증』(集證)을 보라.

4. 'He who nourishes one of his fingers, neglecting his shoulders or his back, without knowing *that he is doing so*, is a man *who resembles* a hurried wolf.

4. 失 =遺. 狼疾, 一'a wolf hurried,' i. e. chased, and so unable to exercise the quick sight for which it is famous.

5. 'A man who *only* eats and drinks is counted mean by others;—because he nourishes what is little to the neglect of what is great.

4절

養其一指, 而失其肩背而不知也, 則爲狼疾人也.

[자신이 그렇게 하고 있다는 것을] 모른 채, 어깨나 등은 내버려 두고 손가락 하나를 아끼는 사람은 쫓기는 늑대를 [닮은] 사람이다.

4절 각주

실(失)은 유(遺)이다. 낭질(狼疾)은 '쫓기는 늑대' 즉 추적을 당하여 늑대의 주 무기인 재빠르게 보는 능력을 쓸 수 없는 상태의 늑대를 가리킨다.

5절

飮食之人, 則人賤之矣, 爲其養小以失大也.

사람들은 먹고 마시기[만 하는] 사람을 [하찮은 사람으로] 간주한다. 그것은 그가 큰 것을 간과하고 작은 것을 아끼기 때문이다.

6. 'If a man, *fond of his* eating and drinking, were not to neglect *what is of more importance*, how should his mouth and belly be considered as no more than an inch of skin?'

6. The meaning is that the parts considered small and ignoble may have their due share of attention, if the more important parts are first cared for, as they ought to be.

6절

飲食之人, 無有失也, 則口腹, 豈適爲尺寸之膚哉.

어떤 사람이 먹고 마시기를 [좋아하더라도] [더욱 중요한 것을] 간과하지 않는다면, 어떻게 그가 자신의 입과 배를 단지 일 인치의 피부로 간주하 겠는가?"

6절 각주

제6절의 의미는 만약 더 중요한 부분이 마땅히 먼저 관심을 받는다면, 사소하고 비천하다고 간주하는 부분들도 마땅한 몫의 관심을 받을 수 있다 는 것이다.

CHAPTER XV

CH. 15. HOW SOME ARE GREAT MEN, LORDS OF REASON, AND SOME ARE LITTLE MEN, SLAVES OF SENSE.

1. The disciple Kung-tû said, 'All are equally men, but some are great men, and some are little men;—how is this?' Mencius replied, 'Those who follow that part of themselves which is great are great men; those who follow that part which is little are little men.'

   1. 鈞 = 均, 'all equally.' 體,—'the members,' but here, more evidently than in the last chapter, it is spoken of our whole constitution, mental as well as physical.

제15장

어찌하여 어떤 사람은 대인과 이성의 지배자가 되고 어떤 사람은 소인과 감각의 노예가 되는가.

1절
公都子問曰, 鈞是人也, 或爲大人, 或爲小人, 何也. 孟子曰, 從其大體爲大人, 從其小體爲小人.

공도자가 물었다. "모두 똑같은 사람인데, 어떤 이는 대인이고, 어떤 이는 소인입니다. 어째서입니까?" 맹자가 대답했다. "자신의 큰 부분을 따르는 자는 대인이고, 자신의 작은 부분을 따르는 이는 소인이다."

1절 각주
균(鈞)은 균(均), 즉 '모두 동등하다'는 뜻이다. 체(體)는 '신체의 일부들'이지만 여기서는 제14장보다 더 명백하게 우리의 육체뿐만 아니라 정신의 전반적 구성체를 말한다.

2. Kung-tû pursued, 'All are equally men, but some follow that part of themselves which is great, and some follow that part which is little;— how is this?' Mencius answered, 'The senses of hearing and seeing do not think, and are obscured by external things. When one thing comes into contact with another, as a matter of course it leads it away. To the mind belongs the office of thinking. By thinking, it gets *the right view of things*; by neglecting to think, it fails to do this. These—*the senses and the mind*—are what Heaven has given to us. Let a man first stand fast in *the supremacy of* the nobler part of his constitution, and the inferior part will not be able to take it from him. It is simply this which makes the great man.'

2절

曰, 鈞是人也, 或從其大體, 或從其小體, 何也, 曰, 耳目之官,
不思而蔽於物, 物交物, 則引之而已矣, 心之官則思, 思則得之,
不思則不得也, 此天之所與我者, 先立乎其大者, 則其小者不
能奪也, 此爲大人而已矣.

공도자가 계속 물었다. "모두 똑같은 사람인데 어떤 이는 자신의 큰 부분
을 따르고, 어떤 이는 작은 부분을 따릅니다. 이것은 또 어째서입니까?"
맹자가 대답했다. "듣고 보는 감각은 생각하지 못해서 [외부의] 사물에 가
려진다. 사물이 다른 사물과 접촉하면 하나가 다른 하나를 이끄는 것은
당연하다. 마음에 속한 것은 생각하는 일을 한다. 생각함으로써, 마음은
[사물에 대한 올바른 견해를] 얻고, 생각하기를 게을리함으로써 마음은 그
렇게 하지 못한다. 감각과 정신, 이것들은 하늘이 우리에게 준 것이다. 사
람이 먼저 자신의 구성체의 고귀한 부분[의 우위성]에 확고하게 서 있으
면, 열등한 부분이 그것을 빼앗을 수 없을 것이다. 대인이 되는 것은 이
방법뿐이다."

2. 耳目之官,—'the offices of the ears and eyes.' We might suppose that the senses are so styled, as being conceived to be subject to the control of the ruling mind. We have below, however, the expression 心之官, and 官 is to be taken in both cases, as = 'prerogative,' 'business.' Châo Ch'î and his glossarist do not take 耳目之官 as the subject of 思 in 不思, but interpret thus: 'The senses, if there be not the exercise of thought by the mind, are obscured by external things.' But the view of Chû Hsî, as in the translation, is preferable. It is very evident how 心 indicates our whole mental constitution. 物交物,—the first 物 is the external objects, what is heard and seen; the second denotes the senses themselves, which are only things. 引之而已,—而已= 'as a matter of course.' 得之,—之=事物之理, 'the mind apprehends the true nature of the objects of sense,' and of course can guard against their deluding influence. 其大者,—'his what is great,' the nobler part of his constitution, i. e. the mind.—Kung-tû might have gone on to inquire,—'All are equally men. Some stand fast in the nobler part of their constitution, and some allow its supremacy to be snatched away by the inferior part. How is this?' and Mencius would have tried to carry the difficulty a step farther back, and after all have left it where it originally was. His saying that the nature of man is good may be reconciled with the doctrines of evangelical Christianity, but his views of human nature as a whole are open to the three objections stated in the note to the twenty-first chapter of the *Chung Yung.*

2절 각주

이목지관(耳目之官)은 '귀와 눈의 일'이다. 우리의 감각은 매우 양식화되어 있어 지배적인 마음의 통제를 받는 것으로 가정할 수 있다. 그러나 우리는 심지관(心之官)이라는 표현에서 관(官)은 두 경우 모두 '특권' '일'로 해석해야 한다. 조기와 그의 학자는 이목지관(耳目之官)을 불사(不思)의 사(思)의 주어로 생각하지 않고 '정신이 사고하는 일을 하지 않는다면, 외부의 사물이 감각을 흐린다.'로 해석한다. 그러나 나의 번역은 주희의 견해를 따랐다. 심(心)이 우리의 전반적인 정신적 구성체를 암시한다는 것은 명백하다. 물교물(物交物)에서 첫 번째 물(物)은 외부의 물체로 이것은 들리고 보인다. 두 번째 물(物)은 감각 그 자체를 의미하고 이것은 단지 사물이다. 인지이이(引之而已)의 이이(而已)는 '당연히'이다. 득지(得之)의 지(之)는 사물지리(事物之理) 즉 '마음은 감각적 대상의 진정한 본성을 파악하다'는 의미로 당연히 대상의 현혹하는 힘을 막을 수 있다. 기대자(其大者)는 '그의 위대한 것'이나 그의 구성체의 더 고귀한 부분, 즉 정신을 의미한다. 공도자는 계속해서 이렇게 물었을 것이다. "모두 동등한 사람들입니다. 어떤 사람은 그들 구성체의 더 고귀한 부분에 확고하게 서 있고 어떤 사람은 열등한 부분이 고귀함의 우위성을 가로채는 것을 허용합니다. 이것은 어째서입니까?" 그러면 맹자가 그 어려움을 한 걸음 더 뒤로 옮겨 놓으려고 했을 것이고, 결국 그것을 원래 있던 곳에 두었을 것이다. 인간의 본성은 선하다고 한 맹자의 말이 복음주의 기독교의 교리와 일치하는 부분이 있을 수 있지만, 전체로서의 인간 본성에 대한 그의 견해는 세 가지 점에서 반대할 수 있다. 이는 『중용』 제21장에 대한 나의 각주에 진술되어 있다.

CHAPTER XVI

CH. 16. THERE IS A NOBILITY THAT IS OF HEAVEN, AND A NOBILITY THAT IS OF MAN. THE NEGLECT OF THE FORMER LEADS TO THE LOSS OF THE LATTER.

1. Mencius said, 'There is a nobility of Heaven, and there is a nobility of man. Benevolence, righteousness, self-consecration, and fidelity, with unwearied joy in *these* virtues;—these constitute the nobility of Heaven. To be a kung, a ch'ing, or a tâ-fû;—this constitutes the nobility of man.

   1. 忠 is the *heart* true in itself, loyal to benevolence and righteousness, and 信 is the *conduct* true to them. 公, 卿, 大夫,—see Bk. V. Pt. II. ii. 3-7.

2. 'The men of antiquity cultivated their nobility of Heaven, and the nobility of man came to them in its train.

제16장

하늘에 속하는 고키함이 있고, 인간에 속하는 고키함이 있다. 전자를 내버려 두면 후자는 상실된다.

1절
孟子曰, 有天爵者, 有人爵者, 仁義忠信, 樂善不倦, 此天爵也,
公卿大夫, 此人爵也.

맹자가 말하였다. "하늘의 존귀함이 있고 인간의 존귀함이 있다. 인, 의, 충, 신의 [이러한] 미덕들을 지치지 않고 즐기는 것은 하늘의 존귀함에 속한다. 공(公)과 경(卿), 또는 대부(大夫)가 되는 것은 인간의 존귀함에 속한다.

1절 각주
충(忠)은 그 자체로 참된 [마음]이며, 인과 의에 충실하고, 신(信)은 인과 의에 진실한 [행동]이다. 공(公), 경(卿), 대부(大夫)는 제5권 제2편 제2절 제3~7절을 보라.

2절
古之人, 修其天爵而人爵從之.

옛사람들은 하늘의 존귀함을 길렀고, 인간의 존귀함은 그 결과로 따라 왔다.

3. 'The men of the present day cultivate their nobility of Heaven in order to seek for the nobility of man, and when they have obtained that, they throw away the other:—their delusion is extreme. The issue is simply this, that they must lose *that nobility of man* as well.'

3. 要, the first tone, =求, 'their delusion is extreme,'—this is well set forth in the 日講;—夫修天爵以要人爵, 是修之之日, 原先有棄之之心, 已不免於惑矣, 至得人爵而棄天爵, 是得之之後, 並不及要之之時, 則惑之甚者也, 'NOW when the nobility of Heaven is cultivated in order to seek for the nobility of man, at the very time it is cultivated, there is a previous mind to throw it away;—showing the existence of delusion. Then when the nobility of man has been got, to throw away the nobility of Heaven, exhibits conduct after attainment not equal to that in the time of search, so that the delusion is extreme.' 終亦必亡而已矣,—亡 has reference to the nobility of man, and is best translated as an active verb, to which the 亦 also points.—Many commentators observe that facts may be referred to, apparently inconsistent with the assertions in this chapter, and then go on to say that such inconsistency is but a lucky accident; the issue *should* always be as Mencius says. Yes; but all moral teachings must be imperfect where the thoughts are bounded by what is seen and temporal.

3절

今之人, 修其天爵, 以要人爵, 旣得人爵, 而棄其天爵, 則或之
甚者也, 終亦必亡而已矣.

오늘날의 사람들이 인간의 존귀함을 추구하기 위해서 하늘의 존귀함을 기른다. 그들이 인간의 존귀함을 얻었을 때 하늘의 존귀함을 내던지기 때문에 그들의 미혹함이 심하다. 문제는 그들이 [인간의 존귀함 마저] 반드시 잃어버린다는 것이다."

3절 각주

요(要)는 1성조로 구(求)와 같다. '그들의 미혹함이 심하다'에 대해 『일강』(日講)에서 다음과 같이 적절하게 설명한다. "오늘날 하늘의 존귀함을 기르는 것이 인간의 존귀함을 추구하기 위해서 일 때, 하늘의 존귀함이 길러진 바로 그 순간에 그 존귀함을 내던지고자 하는 이전의 마음이 있다. 이것이 미혹이 존재한다는 것을 보여준다. 그런 후 인간의 존귀함을 얻었을 때 하늘의 존귀함을 내던지는 것은 인간의 존귀함을 얻은 이후의 행동이 하늘의 존귀함을 추구할 당시의 행동과 같지 않다는 것을 드러낸다. 그래서 미혹이 극심하다(夫修天爵以要人爵, 是修之之日, 原先有棄之之心, 已不免於惑矣, 至得人爵而棄天爵, 是得之之後, 並不及要之之時, 則惑之甚者也)." 종역필망이이의(終亦必亡而已矣)의 망(亡)은 인간의 존귀함을 가리키고, 능동사로 번역하는 것이 최선이다. 역(亦) 또한 인간의 존귀함을 의미한다. 여러 주석가들은 여기에서의 주장과 명백하게 일치하지 않는 사실들에 주목하여 그와 같은 불일치는 단지 우연한 행운의 결과일 뿐이라고 말한다. 그 문제는 항상 맹자가 말한 대로 [되게 되어 있다.] 그렇긴 하다. 그러나 사상이 가시적인 것과 일시적인 것에 한정될 때 모든 도덕적 가르침은 완벽하지 않음이 틀림없다.

CHAPTER XVII

CH. 17. THE TRUE HONOUR WHICH MEN SHOULD DESIRE.

1. Mencius said, 'To desire to be honoured is the common mind of men. And all men have in themselves that which is *truly* honourable. Only they do not think of it.

1. 爵 in the last chapter is the material dignity; 貴 in this is the honour, such as springs from such dignity.

제17장

인간이 원해야 할 진정한 영예는 무엇인가.

1절
孟子曰, 欲貴者, 人之同心也, 人人, 有貴於己者, 弗思耳.

맹자가 말했다. "명예를 원하는 것은 사람들의 일반적인 마음이다. 그리고 모든 사람은 [참으로] 귀한 것을 자기 안에 가지고 있다. 단지 그들은 그것에 대해 생각하지 않을 뿐이다.

1절 각주
제16장의 작(爵)은 물질적인 작위이고, 이 장의 귀(貴)는 그와 같은 작위에서 나오는 명예이다.

2. 'The honour which men confer is not good honour. Those whom Châo the Great ennobles he can make mean *again*.

2. 人之所貴,一人 here and in the next paragraph, refers to those who confer dignities. It is not to be understood—'what men consider honour.' 趙孟, 'Châo, the chief.' This title was borne by four ministers of the family of Châo, who at different times held the chief sway in Tsin. They were a sort of 'king-making Warwicks.' In the time of Mencius, the title had become associated with the name of the house.

2절

人之所貴者, 非良貴也, 趙孟之所貴, 趙孟能賤之.

사람들이 부여하는 명예는 좋은 명예가 아니다. 조맹(趙孟)은 그가 귀하게
만든 자들을 [다시] 비천하게 만들 수 있다.

2절 각주

인지소귀(人之所貴)의 인(人)은 이 절과 다음 절에서 작위를 부여하는 자
들을 가리킨다. '사람들이 명예로 간주하는 것'으로 이해해서는 안 된다.
조맹(趙孟)은 '조, 수장'을 의미한다. 조씨 가문 출신의 4명의 재상이 이
칭호를 받았다. 그들은 다른 시기에 진나라에서 주요한 영향력을 행사했
다. 그들은 일종의 '왕을 만드는 워릭(Warwicks)'8)이었다. 맹자의 시대에,
그 칭호는 그 가문의 이름과 연결되었다.

---

8) (역주) 워릭(Warwicks)은 장미전쟁 때 킹메이커로 유명한 리차드 네빌(Richard Nevill
e, 1428~1471)이 속한 워릭 백작 가문을 가리킨다.

3. 'It is said in the Book of Poetry,

> "He has filled us with his wine,
> He has satiated us with his goodness."

"*Satiated us with his goodness,*" that is, satiated us with benevolence and righteousness, and he who is so satiated, consequently, does not wish for the fat meat and fine millet of men. A good reputation and far-reaching praise fall to him, and he does not desire the elegant embroidered garments of men.'

3. 詩云,—see the Shih-ching, III. ii. Ode III. st. 1. The ode is one responsive from 'his fathers and brethren' to the sovereign who has entertained them. Mencius's application here is a mere accommodation.

3절

詩云, 既醉以酒, 既飽以德, 言飽乎仁義也, 所以不願人之膏粱
之味也, 令聞廣譽施於身, 所以不願人之文繡也.

『시경』에서 이렇게 노래했다.

> '그는 술로 우리를 채웠네.
> 그는 선함으로 우리를 배부르게 했네.'

'[그는 선함으로 우리를 배부르게 했다]'는 것은 즉 그는 인과 의로 우리
를 배부르게 했다는 것이다. 그리고 그렇게 배가 부른 자는 결과적으로
인간들의 기름진 고기와 좋은 곡식을 원하지 않는다. 좋은 명성과 널리
퍼진 칭찬을 얻으면 그는 사람들의 우아한 자수 옷을 원하지 않는다."

3절 각주

시운(詩云)은 『시경』「대아(大雅)·생민지십(生民之什)·기취(既醉)」제1연을 보
라. 시는 '그의 아버지들과 형제들'이 그들을 대접했던 군주에게 바치는
답시이다. 맹자는 이 시를 편의상 이용했을 뿐이다.

CHAPTER XVIII

CH. 18. IT IS NECESSARY TO PRACTICE BENEVOLENCE WITH ALL ONE'S MIGHT. THIS ONLY WILL PRESERVE IT.

1. Mencius said, 'Benevolence subdues its opposite just as water subdues fire. Those, however, who now-a-days practise benevolence *do it* as if with one cup of water they could save a whole waggon-load of fuel which was on fire, and when the flames were not extinguished, were to say that water cannot subdue fire. This conduct, moreover, greatly encourages those who are not benevolent.

 1. 不熄, 則謂之,一謂之 = 'were to say of it.' 與 is said by Chû Hsî to = 助, 'to aid.' The 甚 is joined to 與 and not to 不仁. Bad men seeing the ineffectiveness of feeble endeavors to do good are only encouraged in their own course. This meaning of 與 is found elsewhere. Châo Ch'î interprets:—'This also is worse than the case of those who practice what is not benevolent.' But both the sentiment and construction of this are more difficult than the other.

제18장

모든 힘을 다해 인을 실천하는 것만이 인을 보존하는 길이다.

1절

孟子曰, 仁之勝不仁也, 猶水勝火, 今之爲仁者, 猶以一杯水, 救一車薪之火也, 不熄, 則謂之水不勝火, 此又與於不仁之甚者也.

맹자가 말했다. "인이 인의 반대인 불인을 진압하는 것은 물이 불을 진압하는 것과 같다. 그러나 요즘 인을 행하는 자들은 마치 한 잔의 물로 연료가 가득한 마차에 붙은 불을 끌 수 있는 것처럼 한다. 불이 꺼지지 않았을 때 물은 불을 진압할 수 없다고 말하려고 한다. 게다가 이러한 행동은 어질지 않은 사람들을 크게 자극한다.

1절 각주

'불식, 즉위지(不熄, 則謂之)'에서 위지(謂之)는 '그것에 대해 말하려고 했다라는 뜻이다. 여(與)를 주희는 조(助), 돕다로 해석한다. 심(甚)은 여(與)와 연결되지만, 불인(不仁)과는 연결되지 않는다. 미미한 노력의 무익함을 본 나쁜 사람들은 그들 자신의 행동에 더욱 정당성을 찾게 된다. 여(與)의 이 의미는 다른 곳에서 발견된다. 조기는 '이것 또한 인이 아닌 것을 행하는 자들의 사례보다 더 심하다라고 말한다. 그러나 이것의 의미와 구문 모두 다른 곳보다 파악하기 더 어렵다.

2. 'The final issue will simply be this—the loss of *that small amount of benevolence.*'

2. Compare chapter xvi, 3.

2절

亦終必亡而已矣.

마지막 문제는 바로 이것 즉 [그 얼마 안 되는 인]의 상실일 것이다."

2절 각주
제16장 제3절과 비교하라.

CHAPTER XIX

CH. 19. BENEVOLENCE MUST BE MATURED.

Mencius said, 'Of all seeds the best are the five kinds of grain, yet if they be not ripe, they are not equal to the t'î or the *pâi*. So, the value of benevolence depends entirely on its being brought to maturity.'

'The five kinds of grain;'—see Bk. III. Pt. I. iv. 7. The *t'î* and *pái* are two plants closely resembling one another. They are a kind of spurious grain, 'yielding a rice-like seed, but small. They are to be found at all times, in wet situations and dry, and when crushed and roasted, may satisfy the hunger in a time of famine.' Mencius's vivacity of mind and readiness at illustration lead him at times to broad unguarded statements, of which this seems to be one.

제19장

인은 성숙하여야 한다.

孟子曰, 五穀者, 種之美者也, 苟爲不熟, 不如荑稗, 夫仁, 亦
在乎熟之而已矣.

맹자가 말했다. "모든 종자 가운데서 가장 좋은 종자는 오곡이지만, 만약
그 종자가 여물지 않는다면 비름이나 피만도 못하다. 그래서 인의 가치는
전적으로 인이 성숙해지는 것의 여하에 달려 있다.

> '오곡'은 제3권 제1편 제4장 제7절을 보라. [비름]과 [피]는 구별하기 어려
> 울 정도로 비슷해 보이는 식물이다. 두 식물은 별 쓸모가 없는 알갱이로
> '그 씨는 작고 볍씨처럼 보인다. 축축한 곳과 마른 곳에서 내내 볼 수 있
> 다. 이 알갱이를 빻아서 불을 가하면 기근 때 배고픔을 달랠 수도 있다.'
> 맹자는 이러한 예시로 마음과 성급함의 관계를 매우 쾌활하게 보여주지만
> 때로 이 때문에 무리한 진술을 하기도 하는데 이 예가 여기에 속하는 것
> 같다.

CHAPTER XX

CH. 20. LEARNING MUST NOT BE BY HALVES.

1. Mencius said, 'Î, in teaching men to shoot, made it a rule to draw the bow to the full, and his pupils also did the same.

1. Î,—see Bk. IV. Pt. II. xxiv. 1. 志,—used as 期 in chap. vii. 5. 必志,—'found it necessary to,' or simply the past tense emphatic. So, in the next paragraph.

제20장

학문은 결코 어중간해서는 안 된다.

1절

孟子曰, 羿之敎人射, 必志於彀, 學者, 亦必志於彀.

맹자가 말했다. "예는 사람들에게 활 쏘는 법을 가르칠 때 반드시 활을 최대한 당기도록 하였고, 그의 학생들도 마찬가지로 활을 최대한 당겨 쏘았다.

1절 각주

예(羿)는 제4권 제2편 제24장 제1절을 보라. 지(志)는 제7장 제5절에서의 기(期)처럼 사용된다. 필지(必志)는 '그것이 필요하다는 것을 발견했다' 즉 단순히 과거 시제의 강조이다. 다음 절도 마찬가지이다.

2. 'A master-workman, in teaching others, uses the compass and square, and his pupils do the same.'

2. 大匠 ー工師, 'a master workman.' Chû Hsî says:ー'This chapter shows that affairs must be proceeded with according to their laws, and then they can be completed. But if a master neglect these, he cannot teach, and if a pupil neglect these, he cannot learn. In small arts it is so:ー how much more with the principles of the sages!'

2절

大匠, 誨人, 必以規矩, 學者, 亦必規矩.

위대한 장인은 다른 사람을 가르칠 때 컴퍼스와 곡척을 사용하고 그의 학생도 똑같이 한다."

2절 각주

대장(大匠)은 공사(工師) 즉 '위대한 장인'이다. 주희는 "이 장은 일이 일의 법에 따라 진행되어야 하고 그다음에야 그 일이 완성될 수 있다는 것을 보여준다. 그러나 만약 대가가 이러한 법을 무시하면, 그는 가르칠 수 없고, 만약 학생이 이것을 간과하면 배울 수가 없다. 사소한 기술에서도 그러한데, 하물며 성인의 원리에 대해서는 말해 무엇 하겠는가!"라고 말한다.

告子章句・下

고자장구・하

BOOK VI

KAO TSZE

PART II

제6권

고자장구(告子章句)

하(下)

CHAPTER 1

CH. 1. THE IMPORTANCE OF OBSERVING THE RULES OF PROPRIETY, AND, WHEN THEY MAY BE DISREGARDED, THE EXCEPTION WILL BE FOUND TO PROVE THE RULE. EXTREME CASES MAY NOT BE PRESSED TO INVALIDATE THE PRINCIPLE.

1. A man of Zan asked the disciple Wû-lû, saying, 'Is *an observance of* the rules of propriety *in regard to eating*, or eating *merely*, the more important?' The answer was, '*The observance of* the rules of propriety is the more important.'

1. 任(in 2nd tone) was a small State, referred to the present Tsî-ning(濟 甯) chau, of the department Yen-châu, in Shantung. It was not far from Mencius's native State of Tsâu, the distance being only between twenty and thirty *li*. The disciple Wû-lû, who is said to have published books on the doctrines of Lâo-tsze, was a native of the State of Tsin. His name was Lien(連). His questions are not to be understood of propriety in the abstract, but of the rules of propriety understood to regulate the other things which he mentions,

제1장

예법을 준수하는 것이 중요하다. 예법이 무시될 때 해당 예법을 입증할 수 있는 예외가 발견될 것이다. 극단적인 예가 있다고 해도 예법의 원리를 무효화해서는 안 된다.

1절

任人, 有問屋廬子曰, 禮與食, 孰重. 曰, 禮重.

임나라 사람이 옥려자에게 물었다. "[먹는 것에 관한] 예법의 [준수]와 [먹는 것] 그 자체 중 어느 것이 더 중요한가?" 옥려자가 대답했다. "예법의 [준수]가 더 중요하다."

1절 각주

임(任, 2성조)은 작은 나라로 현재 산동성 연주(兗州)부 제녕(濟寧)에 있었다. 이곳과 맹자의 고국인 추(鄒)나라의 거리는 고작 20~30리 정도로 가깝다. 옥려자(屋廬子)는 진나라 사람으로 노자의 교의를 담은 저서를 남긴 것으로 알려져 있다. 그의 이름은 련(連)이다. 그의 질문은 추상적인 예가 아닌 예법에 관한 것으로, 식사 등을 규율하기 위한 예법을 의미한다.

2. 'Is *the gratifying* the appetite of sex, or *the doing so only* according to the rules of propriety, the more important?' The answer again was, 'The observance of the rules of propriety *in the matter* is the more important.'

   2. 色 is to be understood as in the translation, and this is its common signification in Mencius. I include the 曰, 禮重, in this paragraph.

3. *The man* pursued, 'If the result of eating only according to the rules of propriety will be death by starvation, while by disregarding those rules we may get food, must they *still* be observed *in such a case*? If according to the rule that he shall go in person to meet his wife a man cannot get married, while by disregarding that rule he may get married, must he *still* observe the rule *in such a case*?'

   3. 以禮食,—see the Lî Chî, XXVII, 26, *et al.* 親迎(4th tone), see the Lî Chî, XXVII. 38.

2절

色與禮, 孰重. 曰, 禮重.

성의 욕구를 [만족시키는 것]과 예법에 따라 [단지 그렇게 하는 것] 중 어느 것이 더 중요한가?" 옥려자가 [다시] 대답했다. "[그 문제에서] 예법의 [준수]가 더 중요하다."

2절 각주
색(色)은 번역처럼 이해해야 하는데, 이것이 맹자 시대의 일반적인 의미이다. 나는 '왈, 예중(曰, 禮重)'을 이 절에 포함했다.

3절

曰, 以禮食, 則飢而死, 不以禮食, 則得食, 必以禮乎, 親迎, 則不得妻, 不親迎, 則得妻, 必親迎乎.

[그 사람이] 계속 물었다. "예법에 따라서만 먹으면 굶어 죽게 될 것이고 그러한 예법을 무시하면 음식을 얻을 수 있는데도 예법을 지켜야 하는가? 남자가 아내를 맞이하기 위해 몸소 가야 하는 법을 따르면 결혼할 수 없지만, 그 예법을 무시하면 결혼을 할 수 있는데도 [여전히] [그런 경우에도] 그 법을 준수해야 하는가?"

3절 각주
이예식(以禮食)은 『예기』「방기(坊記)」제26장 등을 보라. 친영(親迎[4성조])은 『예기』「방기」제38절을 보라.

4. Wû-lû was unable to reply to *these questions*, and the next day he went to Tsâu, and told them to Mencius. Mencius said, 'What difficulty is there in answering these inquiries?'

4. 之鄒,－之＝往. Châo Ch'î reads 於 as 烏(wu, 1st tone), making it an exclamation－'oh!'

5. 'If you do not adjust them at their lower extremities, but only put their tops on a level, a piece of wood an inch square may be made to be higher than the pointed peak of a high building.

5. 揣, 'to measure, or feel with the hand.' 本 and 末 are used for 下 and 上. 岑((ch'ǎn), 'a high and pointed small hill.' Châo Ch'î takes 岑樓 together as meaning 'a peaked ridge of a hill,' and the dictionary gives this signification to the phrase. The view of Chû Hsî, which I have followed, is better.

4절

屋廬子不能對, 明日, 之鄒, 以告孟子, 孟子曰, 於答是也, 何
有.

옥려자는 [이러한 질문에] 대답하지 못했고, 그다음 날 추(鄒)나라로 가서
맹자에게 이에 대해 말했다. 맹자가 말했다. "그 질문에 답하는 것이 뭐가
어려우냐?

4절 각주

지추(之鄒)의 지(之)는 왕(往)이다. 조기는 어(於)를 오(烏, 1성조)로 읽어
감탄사 '오(oh)'가 되도록 한다.

5절

不揣其本而齊其末, 方寸之木, 可使高於岑樓.

네가 그것들을 가장 밑바닥에서 맞추지 않고 맨 꼭대기에 나란히 둔다면,
일 인치 평방의 나무토막이 높은 건물의 뾰쪽한 꼭대기보다 더 높아질 수
있다.

5절 각주

췌(揣)는 '측정하다, 또는 손으로 만지다'이다. 본(本)과 말(末)은 하(下)와
상(上)으로 사용된다. 잠(岑)은 '높고 뾰쪽한 작은 언덕'이다. 조기는 잠루
(岑樓)를 하나로 보아 '언덕의 뾰쪽한 산마루'로 해석했는데, 사전의 의미
도 동일하다. 그러나 주희의 해석이 더 나으므로 그 해석으로 번역한다.

6. 'Gold is heavier than feathers;—but does that saying have reference, on the one hand, to a single clasp of gold, and, on the other, to a waggon-load of feathers?

6. 金~者,—者 indicates the clause to be a common saying, and carries us on to some explanation of it. 豈謂~之謂,—'How does it say (mean) the saying (meaning) of the gold of one hook, and the feathers of one wagon?' Compare Bk. I. Pt. I. vii. 10.

6절

金重於羽者, 豈謂一鉤金與一輿羽之謂哉.

금이 깃털보다 더 무겁다고 하지만 그 말이 한주먹의 금과 한 수레 가득 실린 깃털을 가리키겠느냐?

6절 각주

'금~자(金~者)'에서의 자(者)는 그 구절이 일반적인 격언임을 암시하고 이어서 우리에게 격언에 대해 약간 설명한다. '기위~지위(豈謂~之謂)'는 '한 고리의 금과 한 마차의 깃털의 격언(의미)에 대해 그것은 어떻게 말하는가(의미하는가)?'이다. 제1권 제1편 제7장 제10절과 비교하라.

7. 'If you take a case where the eating is of the utmost importance and the observing the rules of propriety is of little importance, and compare the things together, why stop with saying merely that the eating is more important? *So*, taking the case where the gratifying the appetite of sex is of the utmost importance and the observing the rules of propriety is of little importance, why stop with merely saying that the gratifying the appetite is the more important?

7. 奚翅(=啻)=何但.

7절

取食之重者, 與禮之輕者, 而比之, 奚翅食重, 取色之重者, 與
禮之輕者, 而比之, 奚翅色重.

먹는 것이 가장 중요하고 예법을 준수하는 것이 별로 중요하지 않은 사례
를 들어 같이 비교한다면, 겨우 먹는 것이 더 중요하다고 말하는 것에 그
치겠느냐? [그래서] 성의 욕구를 만족시키는 것이 가장 중요하고 예법을
준수하는 것이 별로 중요하지 않은 사례를 들었다면, 겨우 성의 욕구를
만족시키는 것이 더 중요하다고 말하는 것에 그치겠느냐?

7절 각주
'해시=시(奚翅=啻)'는 하단(何但, 어찌 단지~)이다.

8. 'Go and answer him thus, "If, by twisting your elder brother's arm, and snatching from him what he is eating, you can get food for yourself, while, if you do not do so, you will not get anything to eat, will you so twist his arm ? If by getting over your neighbour's wall, and dragging away his virgin daughter, you can get a wife, while if you do not do so, you will not be able to get a wife, will you so drag her away?"'

8. 紾(read *ch'ǎn* 3rd tone), both by Châo Ch'î and Chû Hsî, is explained by 戾 'to bend.' I prefer the first meaning of the character given in the dictionary,—that of 轉, 'to turn,' here = 'to twist.' 而奪之食,—here 奪 is followed by two objectives, 之 being = 'from him.' Julien errs strangely in rendering 'Si, *rumpens Jratris majoris bra⁻chium, xapias illud comedendum.*' 東家牆, 'the wall of the house on the east,' i. e., a neighbour's wall. 東家 is a common designation for the master of a house; and I do not know of any instance of its use by a writer earlier than Mencius. 處(3rd tone)子,—'a virgin daughter,' one *dwelling* in the harem. 子, as sometimes elsewhere, is feminine.

8절

往應之曰, 紾兄之臂, 而奪之食, 則得食, 不紾, 則不得食, 則
將紾之乎, 踰東家牆, 而摟其處子, 則得妻, 不摟, 則不得妻,
則將摟之乎.

가서 그에게 '만약 형의 팔을 비틀어서 먹는 것을 가로채면 너 자신을 위
해서 음식을 얻을 수 있고, 반면에 그렇게 하지 않으면 음식을 조금도 얻
지 못한다면, 너는 형의 팔을 그렇게 비틀겠느냐? 만약 이웃 사람의 담장
을 넘어 그의 처녀 딸을 끌고 갈 수 있으면 너는 아내를 얻을 수 있고,
반면에 그렇게 하지 않는다면 아내를 얻을 수 없다면, 너는 그 딸을 그렇
게 끌고 가겠느냐?"라고 말하라."

8절 각주

진(紾, 3성조)에 대해 조기와 주희 모두 이 글자를 려(戾) 즉 '구부리다'로
해석한다. 나는 사전에서 주어진 제1 의미인 전(轉) 즉 '돌리다'로 보고 여
기서는 '비틀다'로 번역한다. 이탈지식(而奪之食)에서 지(之)는 '그로부터'이
기 때문에 탈(奪) 뒤에 두 개의 목적어가 이어진다. 줄리앙은 이탈지식(而
奪之食)을 [형의 팔을 부러뜨리려면 그 먹을 것을 움켜쥐어라]로 해석하는
이상한 실수를 범했다. 동가장(東家牆)은 '동쪽 집의 담장'으로 즉 이웃집
의 담장이다. 동가(東家)는 흔히 집주인을 가리킨다. 나는 맹자 이전 시대
에 그렇게 사용된 사례는 잘 모르겠다. 처자(處[3성조]子)는 '처녀 딸' 즉
안채에 [거주하는] 사람이다. 자(子)는 다른 곳에서도 가끔 그러하듯이 여
성을 나타낸다.

CHAPTER II

CH. 2. ALL MAY BECOME YAOS AND SHUNS, AND TO BECOME SO, THEY HAVE ONLY SINCERELY, AND IN THEMSELVES, TO CULTIVATE YAO AND SHUN'S PRINCIPLES AND WAYS.

1. Chiâo of Tsâo asked *Mencius*, saying, '*It is said*, "All men may be Yâos and Shuns;"—is it so?' Mencius replied, It is.'

1. Châo Ch'î says that Chiao was a brother of the prince of Ts'âo, but the principality of Ts'âo had been extinguished before the time of Mencius. The descendants of the ruling house had probably taken their surname from their ancient patrimony. Ts'âo is referred to the present district of Ting-t'âo(定陶) in the department of Tsâo-châu, in Shan-tung. 有諸,—compare Bk. I. Pt. II. ii. 1, *et al.*

제2장

모든 사람이 성심만 있으면 요와 순이 될 수 있다. 스스로 요와 순의 원리와 방식을 기르려고 해야 한다.

1절
曹交問曰, 人皆可以爲堯舜, 有諸. 孟子曰, 然.

조교가 [맹자에게] 물었다. "모든 사람이 요과 순이 될 수 있다고 [하던데], 그렇습니까?" 맹자가 대답했다. "그렇다."

1절 각주
조기는 조교(曹交)는 조(曹)나라 제후의 동생이지만 조나라는 맹자 시대 이전에 사라졌다고 말한다. 그 제후 가문의 후손들은 아마도 그 성을 옛날의 부계에서 이어받았을 것이다. 조나라는 현대 산동성 도구(陶丘)의 정도(定陶) 지역을 가리킨다. '유저'(有諸)는 제1권 제2편 제2장 제1절 등과 비교하라.

2. *Chiâo went on,* 'I have heard that king Wǎn was ten cubits *high*, and T'ang nine. Now I am nine cubits four inches in height. But I can do nothing but eat *my* millet. What am I to do to realize that saying?'

2. On the heights mentioned here, see Analects, VIII. vi. 以長,一'for my height.' The 以, however, may be taken as simply euphonic. Chiâo's idea is, that physically he was between Wǎn and T'ang, who might be considered as having become Yâos or Shuns, and therefore lie also might become such, if he were shown the right way.

2절

交聞文王十尺, 湯九尺, 今交九尺四寸以長, 食粟而已, 如何則可.

[조교가 계속 물었다.] "문왕은 [키가] 10자이고 탕왕은 9자이라고 합니다. 지금 저는 키가 9자 4촌입니다. [하지만] [저는] 수수만 먹을 줄 압니다. 요순처럼 되려면 어떻게 해야 합니까?"

2절 각주

여기서 언급된 키는 『논어』 제8권 제6장을 보라. 이장(以長)은 '나의 키 때문에'이다. 그러나 이(以)는 단순히 음조로 볼 수 있다. 조교의 생각은 자신의 신체적 키는 요순으로 볼 수 있는 문왕과 탕왕 사이에 있으므로 만약 그에게 바른길이 제시된다면 그 또한 요순처럼 될 수 있다는 것이다.

3. *Mencius* answered him, 'What has this—*the question of size*— to do with the matter? It all lies simply in acting as such. Here is a man, whose strength was not equal to lift a duckling:—he was *then* a man of no strength. But to-day he says, "I can lift 3,000 catties' weight," and he is a man of strength. And so, he who can lift the weight which Wû Hwo lifted is just another Wû Hwo. Why should a man make a want of ability the subject of his grief? It is only that he will not do the thing.

3. 於是,一是 referring to the height, or body generally. 爲之,一之 referring to Yâo and Shun. 匹 is said to be an abbreviation for 鳴, =鶩, 'a wild duck.' I do not see why it should not be taken simply us a numeral or classfier, and (一匹雛= 'a chicken.' Wû Hwo was a man noted for his strength. He is mentioned in connexion with the king Wû of Ts'in (B. C. 309-306). Accounts go that he made light of 30,000 catties!

3절

曰, 奚有於是, 亦爲之而已矣, 有人於此, 力不能勝一匹雛, 則爲無力人矣, 今曰, 擧百鈞, 則爲有力人矣, 然則擧烏獲之任, 是亦爲烏獲而已矣, 夫人, 豈以不勝爲患哉, 弗爲耳.

[맹자가] 그에게 말했다. "이것 즉 [키]가 이 문제와 무슨 상관이 있는가? 모든 것은 오로지 행동에 달려 있다. 여기 오리 한 마리를 들 힘도 없었던 사람이 있다. [그 당시] 그는 아무런 힘이 없는 사람이었다. 그러나 지금 그는 '나는 3천 근의 무게를 들 수 있어'라고 말하니 힘이 센 사람이다. 그래서 오확이 들었던 무게를 들 수 있는 사람으로 다른 오확일 뿐이다. 어째서 능력의 부족을 슬픔의 근거로 내세우느냐? 그 일을 하지 않는 것이 문제일 뿐이다.

3절 각주

어시(於是)에서 시(是)는 키 또는 일반적인 몸을 가리킨다. 위지(爲之)의 지(之)는 요와 순을 가리킨다. 필(匹)은 필(鴄)의 축약어로 목(鶩), 즉 '야생 오리'인 것으로 말해진다. 나는 필(匹)을 단순히 숫자 혹은 분류사로 간주해도 무방하다고 생각한다. 그래서 일필추(一匹雛)는 '한 마리의 병아리'로 해석할 수 있다. 오확(烏獲)은 힘이 센 것으로 유명하다. 그는 기원전 309~기원전 306년 진(秦)나라의 무왕(武王)과 관련되어 언급된다. 그는 3만 근을 가볍게 들었다고 한다.

4. 'To walk slowly, keeping behind his elders, is to perform the part of a younger. To walk quickly and precede his elders, is to violate the duty of a younger brother. Now, is it what a man cannot do—to walk slowly? It is what he does not do. The course of Yâo and Shun was simply that of filial piety and fraternal duty.

4. 後 and 先(4th tone) are verbs. 弟 = 悌. Chû Hsî here quotes from the commentator Ch'ǎn(陳氏);—'Filial piety and fraternal duty are the natural outgoings of the nature, of which men have an intuitive knowledge, and for which they have an intuitive ability(良知良能). Yâo and Shun showed the perfection of the human relations, but yet they simply acted in accordance with this nature. How could they add a hair's point to it ?" He also quotes another (楊氏)[9], who says: 'The way of Yâo and Shun was great, but the pursuit of it lay simply in the rapidity or slowness of their walking and stopping, mid not in things that were very high and difficult. It is present to the common people in their daily usages, but they do not know it.'

---

9) (역주) 레게의 역주 원문에는 '陽氏'로 되어 있어 '楊氏'로 수정했다.

4절

徐行後長者, 謂之弟, 疾行先長者, 謂之不弟, 夫徐行者, 豈人
所不能哉, 所不爲也, 堯舜之道, 孝弟而已矣.

어른의 뒤를 천천히 따라 걸어가는 것이 젊은이가 해야 할 역할이다. 빠
르게 걸어서 형을 앞지르는 것은 동생의 의무를 위반하는 것이다. 오늘날,
천천히 걷는 것, 사람이 그것을 못 하는 걸까? 그가 하지 않는 것이다. 요
순이 간 길은 단지 자식으로서의 공경심과 형제로서의 의무였다.

4절 각주

후(後)와 선(先, 4성조)은 동사이다. 제(弟)는 悌(제)이다. 여기서 주희는 다
음과 같이 주석가 진씨(陳氏)10)를 인용한다. '자식으로서의 공경심과 형제
로서의 의무는 본성의 자연스러운 표현으로 사람들은 이에 대해 직관적인
지식을 가지고 있고 이를 위해 사람들은 직관적인 능력(良知良能)을 가진
다. 요와 순은 인간관계의 이상을 보여주었지만, 그들은 단지 이 본성에
따라 행동하였을 뿐이었다. 그들이 그것에 무엇을 조금이라도 더할 수 있
었겠는가?' 주희는 또한 다음과 같이 양씨(楊氏)11)를 인용한다. '요와 순의
방식은 위대하지만, 그것을 추구하는 것은 단순히 걷고 멈추는 것의 빠름
혹은 느림에 있지 매우 높고 어려운 것에 있지 않다. 일반 백성의 일상적
인 행동에 존재하지만, 일반 백성은 그것을 알지 못한다.'

---

10) (역주) 진씨(陳氏)는 맹자의 주석가인 신안(新安) 진씨(陳氏) 즉 진력(陳櫟, 1252~
1335)을 말한다. 그는 송말 원초 때의 학자로, 자가 수옹(壽翁), 만년의 호가 동부노
인(東阜老人)이며 안휘성 휴녕(休寧)사람이다. 주희(朱熹)의 학문을 숭상했으며, 송
나라가 망하자 은거하면서 저술에 전념했다. 『정우집』(定宇集) 16권과 『별집』 1권을
남겼다.

11) (역주) 양씨(楊氏)는 양시(楊時, 1053~1135)로 자는 중립(中立)이고 호는 구산(龜
山)이다. 그는 북송말의 유학자로 주희의 학문에 영향을 미쳤다.

5. 'Wear the clothes of Yâo, repeat the words of Yâo, and do the actions of Yâo, and you will just be a Yâo. And, if you wear the clothes of Chieh, repeat the words of Chieh, and do the actions of Chieh, you will just be a Chieh.'

5. The meaning is simply—Imitate the men, do what they did, and you will be such as they were.

6. Chiâo said, 'I shall be having an interview with the prince of Tsâu, and can ask him to let me have a house to lodge in. I wish to remain here, and receive instruction at your gate.'

6. 交得見(4th tone), it is better not to translate this conditionally, as it shows how Chiao was presuming on his nobility.

5절

子服堯之服, 誦堯之言, 行堯之行, 是堯而已矣, 子服桀之服, 誦桀之言, 行桀之行, 是桀而已矣.

요의 옷을 입고 요의 말을 반복하고 요의 행동을 하면, 그대는 바로 요와 같이 될 것이다. 그러나 그대가 걸왕의 옷을 입고 걸왕의 말을 반복하고 걸왕의 행동을 한다면, 바로 걸왕과 같이 될 것입니다."

5절 각주

이 절은 단순히 '사람들을 모방하라, 그들이 하는 것을 하라, 그러면 너는 그들처럼 될 것이다'를 뜻한다.

6절

曰, 交得見於鄒君, 可以假館, 願留而受業於門.

조교가 말했다. "저는 추나라의 제후를 만날 겁니다. 그에게 살 집을 달라고 요청할 수 있습니다. 여기에 머물며 문하에서 가르침을 받고 싶습니다."

6절 각주

교득현(交得見[4성조])은 조교가 자신의 관직을 어떻게 여기고 있는지를 보여주기 때문에, 이것을 조건절로 해석하지 않는 것이 좋다.

7. Mencius replied, 'The way of truth is like a great road. It is not difficult to know it. The evil is only that men will not seek it. Do you go home and search for it, and you will have abundance of teachers.'

7. 夫道,一'Now, the way' i. e., the way of Yâo and Shun, or generally 'of truth.'

7절

曰, 夫道, 若大路然, 豈難知哉, 人病不求耳, 子歸而求之, 有
餘師.

맹자가 대답했다. "진리의 길은 대로와 같다. 그것을 아는 것은 어렵지 않
다. 악은 단지 사람들이 그 진리를 구하지 않는 것이다. 그대가 집으로 가
서 그 진리를 찾는다면 그대에게 수많은 스승이 있을 것이다."

7절 각주

부도(夫道)는 '이제, 그 길' 즉 요순의 길, 또는 일반적으로 '진리'의 길이다.

CHAPTER III

CH. 3. EXPLANATION OF THE ODES HSIAO P'AN AND K'AE FANG. DISSATISFACTION WITH A PARENT IS NOT NECESSARILY UNFILIAL.

1. Kung-sun Ch'âu asked *about an opinion of the scholar Kâo,* saying, 'Kâo observed, "The Hsiâo P'ân is the ode of a little man."' Mencius asked, 'Why did he say so?' 'Because of the murmuring *which it expresses,*' was the reply.

1. Kâo appears to have been a disciple of Tsze-hsiâ, and lived to Mencius's time. From the expression 高叟 in par. 2, it is plain, he is not to be confounded with Mencius's own disciple of the same surname, mentioned Bk. II. Pt. II. xii. 2. 小弁, 一see the Shih-ching, II. v. Ode III. 3. The ode is commonly understood to have been written by the master of î-ch'iû(宜臼); the son and heir-apparent of the sovereign Yü (B.C. 780~770). Led away by the arts of a mistress, the sovereign degraded î-ch'iû and his mother, and the ode expresses the sorrow and dissatisfaction which the son could not but feel in such circumstances. Châo Ch'î, however, assigns it another authorship, but on this and other questions, connected with it, see the Shih-ching, *in loc.*

제3장

맹자는『시경』의「소반(小弁)」과「개풍(凱風)」을 설명하며 부모에게 불만이 있다고 해서 그것이 반드시 불효를 의미하는 것은 아니라고 말한다.

1절
公孫丑問曰, 高子曰, 小弁, 小人之詩也, 孟子曰, 何以言之, 曰怨.

공손추가 [고자의 견해에 대해] 물었다. "고자는 '「소반」이 소인의 시이다'라고 했습니다." 맹자가 물었다. "고자가 어째서 그렇게 말했느냐?" 공손추가 대답했다. "[시에서 표현된] 불평 때문입니다."

1절 각주
고자는 자하(子夏)의 제자로 맹자 시대의 사람이었다. 이 장 제2절의 고수(高叟)라는 표현으로 보아 고자를 제2권 제2편 제12장 제2절에 언급된 동일한 성을 가진 맹자의 제자인 고자와 혼동해서는 안 된다는 것이 명백하다. 「소반(小弁)」은 『시경』「소아(小雅)·소민지십(小民之什)·소반(小弁)」제2연을 보라. 이 시는 일반적으로 기원전 780~기원전 770년의 유왕(幽王)의 아들이자 후계자인 의구(宜臼)라는 대가가 쓴 것으로 알려져 있다. 유왕은 첩의 계교에 넘어가 의구와 그의 모친을 강등하였다. 이 시는 아들인 의구가 그런 상황에서 느낄 수밖에 없었던 슬픔과 불만을 표현한다. 그러나 조기는 이 시의 작가는 다른 사람이라고 본다. 이 시와 관련된 의문점은 『시경』을 참고하라.

2. *Mencius* answered, 'How stupid was that old Kâo in dealing with the ode! There is a man here, and a native of Yüeh bends his bow to shoot him. I will advise him *not to do so*, but speaking calmly and smilingly; —for no other reason but that he is not related to me. *But* if my own brother be bending his bow to shoot the man, then I will advise him not to do so, weeping and crying the while;—for no other reason than that he is related to me. The dissatisfaction expressed in the Hsiâo P'ân is the working of relative affection, and that affection shows benevolence. Stupid indeed was old Kâo's criticism on the ode.'

2. 固 is explained by Châo Ch'î by 陋, 'narrow,' and by Chû Hsî by 執滯不通, ' bigoted and not penetrating.' 爲詩) =治詩. 有人~戚之,—here 己 is to be understood of the speaker or beholder, and 其兄 of his—the speaker's—brother. In 道(=言, the verb) 之, 疏之, 戚之, 之 refers to the shooter. 關, read wan,= 彎. The paraphrast of Châo Ch'î point, however, and understands differently 'Here is a man of Yüeh, who is about to be shot by another man. I see it and advise the man not to shoot, but coolly and smilingly, because 1 am not related to the man of Yüeh. But if my brother is about to be shot, etc.' This is ingenious, but not so apt to the subject of the Hsiâo P'ân. When native scholars can construe a passage so differently, we may be sure it is not very definitely expressed.

2절

曰, 固哉, 高叟之爲詩也, 有人於此, 越人, 關弓而射之,
則己談笑而道之, 無他, 疏之也, 其兄關弓而射之, 己垂
涕泣而道之, 無他, 戚之也, 小弁之怨, 親親也, 親親仁
也, 固矣夫, 高叟之爲詩也.

[맹자가 대답했다.] "나이든 고자가 그 시를 다루는 방식이 참으로 어리석구나! 여기에 어떤 사람이 있는데, 월나라 사람이 활을 당겨 그 사람을 쏘려고 한다. 나는 월나라 사람에게 [그렇게 하지 않도록] 조언할 것이지만, 조용하게 웃으며 말할 것이다. 다른 이유가 있어서가 아니라 그는 나와 상관없는 사람이기 때문이다. [그러나] 만약 나의 형이 활을 당겨 그 사람을 쏘려고 한다면 나는 형에게 한동안 울며불며 그렇게 하지 말라고 조언할 것이다. 다른 이유가 있어서가 아니라 그가 나와 관련이 있기 때문이다. 「소반」에 표현된 불만은 부자 관계의 애정이 작동한 것이고 그 애정은 인을 보여준다. 나이든 고자의 그 시에 대한 비평이 참으로 어리석구나."

2절 각주

고(固)를 조기는 누(陋) 즉 '협소한'으로 설명하고 주희는 집체불통(執滯不通) 즉 '편협하고 꿰뚫지 못하는'으로 해석한다. 위시(爲詩)는 치시(治詩)이다. '유인~척지(有人~戚之)'에서 기(己)는 화자 또는 보는 사람으로 이해해야 하고, 기형(其兄)은 그의 즉 화자의 형으로 보아야 한다. 도지(道[=言, 동사]之), 소지(疏之), 척지(戚之)에서의 지(之)는 활을 쏘는 사람을 가리킨다. 관(關)은 '만'으로 읽히고, 만(彎)과 같다. 그러나 조기의 해석가는 다음과 같이 다르게 이해한다. "여기 다른 사람의 화살을 맞을 처지에 놓인 월나라 사람이 있다. 나는 그것을 보고 그 사람에게 쏘지 말라고 냉정하게 웃으면서 말했다. 왜냐하면, 나는 월나라 사람과 관련이 없기 때문이다. 그러나 나의 형이 화살을 맞을 지경이면, 등등." 이것은 기발한 해석이지만 소반의 주제에 그렇게 적절하지 않다. 중국인 학자들이 이 시구를 매우 다르게 해석할 수 있는 것으로 보아 우리는 이 시가 그다지 명확하게 표현되지 않았다는 것을 확신할 수 있다.

3. *Ch'âu then said,* 'How is it that there is no dissatisfaction expressed in the K'âi Fang?'

3. 凱風,—see the Shih-ching, I, iii, Ode VII. The ode is supposed to be the production of seven sons, bewailing the conduct of their widowed mother, who could not live quietly and chastely at home, but they take all the blame to themselves, and express no dissatisfaction with her.

3절

曰, 凱風, 何以不怨.

[공손추가 물었다.] "「개풍」에 불만이 전혀 표현되어 있지 않은 것은 어째서입니까?"

3절 각주

「개풍(凱風)」은 『시경』「패풍(邶風)·개풍(凱風)」을 보라. 이 시는 7명의 아들이 지은 것으로 추정되는데, 어머니가 과부로 집에서 조용하고 정숙하게 살 수 없자 그 모든 것을 자신들의 탓으로 돌리고 어머니에 대해서는 전혀 불평하지 않는다.

4. Mencius replied, 'The parent's fault referred to in the K'âi Fang is small; that referred to in the Hsiâo P'ân is great. Where the parent's fault was great, not to have murmured on account of it would have increased the want of natural affection. Where the parent's fault was small, to have murmured on account of it would have been to act like water which frets and foams about a stone that interrupts its course. To increase the want of natural affection would have been unfilial, and to fret and foam in such a manner would also have been unfilial.

4. We must think there was room enough for dissatisfaction in both cases. And indeed, many commentators say that the received account of the subject of the K'àe Fáng must be wrong, or that Mencius's decision on it is absurd. But here again, see the Shih-ching, *in loc.* 愈疏,一 'mores'(if we had such a verb), 'the distance.' The father's act was unkind; if the son responded to it with indifference, that would increase the distance and alienation between them. 是不可磯也, the three characters 不可磯 are to be taken together. The mother is compared to a rock or stone in a stream, and the sons to the water fretting about it. But the case in the text is one where the children's affections should flow on undisturbed.

4절

曰, 凱風, 親之過小者也, 小弁, 親之過大者也, 親之過大而不怨, 是愈疏也, 親之過小而怨, 是不可磯也, 愈疏, 不孝也, 不可磯, 亦不孝也.

맹자가 대답했다. "「개풍」에 언급된 부모의 허물은 사소하지만, 「소반」에 언급된 부모의 허물은 크다. 부모의 허물이 클 때, 그것을 불평하지 않는다면, 자연스러운 애정의 결핍이 심해질 것이다. 부모의 허물이 작을 때, 그것에 대해 불평한다면, 그것은 물을 가로막는 돌 주위에 거품을 내거나 조바심을 내는 것처럼 될 것이다. 자연스러운 애정의 결핍을 심하게 하는 것도 불효가 될 것이고, 조바심이 나서 거품을 일으키는 것 또한 불효가 될 것이다.

4절 각주

두 가지 경우에 모두 불평을 할 여지가 많다고 보아야 한다. 사실상 여러 주석가들은 「개풍」의 소재에 대한 공인된 설명이 잘못되었거나 아니면 「개풍」에 대한 맹자의 판단이 분명 말이 되지 않는다고 생각한다. 그러나 여기서 다시 『시경』을 보라. 유소(愈疏)는 '관습'[영어에 해당하는 동사가 없으므로], '거리'이다. 아버지의 행동은 매정하고, 아들이 이에 대해 무심하게 반응한다면 그것은 부자 사이의 거리와 단절을 심화시킬 것이다. 시불가기야(是不可磯也)에서의 불가기(不可磯)는 하나의 의미로 보아야 한다. 어머니는 개울의 바위나 돌에, 아들들은 그 옆에서 조바심을 내는 물에 비유된다. 그러나 본문의 사례는 자식들의 애정이 방해받지 않고 흘러야 할 사례이다.

5. 'Confucius said, "Shun was indeed perfectly filial! *And yet*, when he was fifty, he was full of longing desire about his parents."'

5. Compare Bk. V. Pt. I. i.

5절

孔子曰, 舜其至孝矣, 五十而慕.

공자께서 '순은 진실로 완벽한 효자이었구나! 50세가 되었어도 [여전히] 부모에 대한 갈망과 바람으로 가득했다'라고 하셨다."

5절 각주

제5권 제1편 제1장과 비교하라.

CHAPTER IV

CH. 4. MENCIUS'S WARNINGS TO SUNG K'ANG ON THE ERROR AND HANGER OF COUNSELING THE PRINCES FROM THE GROUND OF PROFIT, THE PROPER GROUND BEING THAT OF BENEVOLENCE AND RIGHTEOUSNESS.

Compare. Bk. I. Pt. I. i; *et al.*

1. Sung K'ang being about to go to Ch'û, Mencius met him in Shih-ch'iû.

   1. K'ang was one of the traveling scholars of the times, who went from State to State, making it their business to counsel(說, shiu, 4th tone) the princes, with a view for the most part, though not apparently with him, to exalt themselves. Shih-ch'iû was in the State of Sung. Here, and also in the next paragraph, 之 is the verb.

제4장

맹자는 송경(宋牼)에게 올바른 근거인 인의가 아닌 이익에 근거해서 제후에게 조언할 때 일어날 수 있는 잘못과 위험을 경고한다.

제1권 제1편 제1절 등과 비교하라.

1절
宋牼, 將之楚, 孟子遇於石丘.

송경은 초나라로 가는 길이었고, 맹자는 그를 석구에서 만났다.

1절 각주
송경(宋牼)은 그 시대의 종횡가로 이 나라 저 나라로 다니면서 제후에게 조언(說[세], 4성조)하는 것을 업으로 삼았다. 송경의 경우는 확실하지 않지만, 대부분 종횡가는 자신의 가치를 높이기 위해 그렇게 했다. 석구(石丘)는 송나라에 있었다. 이 절과 다음 절에서 지(之)는 동사이다.

2. 'Master, where are you going?' asked *Mencius*.

3. *K'ang* replied, 'I have heard that Ch'in and Ch'û are fighting together, and I am going to see the king of Ch'û and persuade him to cease hostilities. If he shall not be pleased *with my advice*, I shall go to see the king of Ch'in, and persuade him in the same way. Of the two kings I shall *surely* find that I can succeed with one of them.'

3. 構(=戰)兵,= 'battling weapons." 罷之,一'make an end of it.' 所遇, see Bk. I. Pt. II. xv. 3.

2절

曰, 先生, 將何之.

[맹자가] 물었다. "선생께서는 어디로 가십니까?"

3절

曰, 吾聞秦楚構兵, 我將見楚王, 說而罷之, 楚王不悅, 我將見秦王, 說而罷之, 二王, 我將有所遇焉.

[송경이] 대답했다. "진(秦)나라와 초(楚)나라가 싸우고 있어 초왕에게 싸움을 중단하도록 설득하려 초로 갑니다. 초왕이 [나의 조언을] 반기지 않는다면, 진왕에게 가서 같은 방식으로 그를 설득할 것입니다. 그중 한 명은 [분명히] 설득할 수 있을 것이라 자신합니다."

3절 각주

구병(構[=戰]兵)은 '전쟁 무기'이다. 파지(罷之)는 '그것을 끝내다'이다. 소우(所遇)는 제1권 제2편 제15장 제3절을 보라.

4. *Mencius* said, 'I will not venture to ask about the particulars, but I should like to hear the scope of your plan. What course will you take to try to persuade them?' *K'ang* answered, 'I will tell them how unprofitable their course is to them.' 'Master,' said Mencius, 'your aim is great, but your argument is not good.

4. 請 = our 'if you'll allow me.' Then follows—'not asking the particulars, I should like,' etc 其不利, 其 refers to the two States, 號,—I take the word 'argument' from Julien. The gloss in the 備旨 is—號是不利之名號, 號 is the name and title of *unprofitable*.'

4절

曰, 軻也, 請無問其詳, 願聞其指, 說之將如何, 曰, 我將言其
不利也, 曰, 先生之志則大矣, 先生之號則不可.

[맹자가] 말했다. "세세한 것은 감히 묻지 않겠습니다만 선생의 계획에 대
해 듣고 싶습니다. 어떤 방식을 택하여 그들을 설득하려고 합니까?" [송경
이] 대답했다. "그들의 방식이 그들에게 전혀 이익이 되지 않는다는 것을
말할 것입니다." 맹자가 대답했다. "선생님의 목표는 거대하지만, 그 논법
은 별로입니다.

4절 각주

청(請)은 영어의 '당신이 나를 허락한다면'이다. 그다음 이어지는 것은 '특
정한 것들을 묻지 않고, 나는 ~하고 싶습니다'이다. 기불리(其不利)의 기
(其)는 두 제후국을 가리킨다. 내가 호(號)를 '논법(argument)'으로 해석한것
은 줄리앙 덕분이다. 『비지』(備旨)는 호(號)를 호시불리지명호(號是不利之
名號), '호(號)는 [무익함]을 가리키는 이름과 직함이다'로 풀이한다.

5. 'If you, starting from the point of profit, offer your persuasive counsels to the kings of Ch'in and Ch'û, and if those kings are pleased with the consideration of profit so as to stop the movements of their armies, then all belonging to those armies will rejoice in the cessation *of war*, and find their pleasure in *the pursuit of* profit. Ministers will serve their sovereign for the profit of which they cherish the thought; sons will serve their fathers, and younger brothers will serve their elder brothers, from the same consideration:—and the issue will be, that, abandoning benevolence and righteousness, sovereign and minister, father and son, younger brother and elder, will carry on all their intercourse with this thought of profit cherished in their breasts. But never has there been such a state *of society*, without ruin being the result of it.

5. 三軍之師, 'the multitudes of the three armies'; See Analects, VII. x. 士 embraces both 'officers and soldiers.'

5절

先生, 以利, 說秦楚之王, 秦楚之王, 悅於利, 以罷三軍之師,
是, 三軍之士, 樂罷而悅於利也, 爲人臣者, 懷利以事其君, 爲
人子者, 懷利以事其父, 爲人弟者, 懷利以事其兄, 是, 君臣父
子兄弟, 終去仁義, 懷利以相接, 然而不亡者, 未之有也.

선생이 이익의 관점에서 시작하여 진과 초의 왕에게 설득력 있는 조언을
제시하고, 그 왕들이 기뻐하며 이익을 고려하여 그들의 군대의 움직임을
멈춘다면, 군대에 속하는 모든 이들은 [전쟁의] 중지에 기뻐할 것이고 이
익의 [추구]에서 기쁨을 발견할 것입니다. 재상들은 자기들이 소중하게 생
각하는 이익 때문에 군주를 섬길 것이고, 아들은 아버지를, 동생은 형을
같은 이유로 섬길 것입니다. 즉 문제는 군주와 재상, 아버지와 아들, 동생
과 형은 인과 의를 버리고 각각 소중하게 생각하는 이익에 따라 모든 교
제를 이어나간다는 것입니다. 그러나 그러한 이익을 따르는 사회가 망하지
않았던 적은 지금까지 한 번도 없었습니다.

5절 각주

'삼군지사(三軍之師)는 '세 군대의 뭇사람들'로 『논어』 제7권 제10장을 보
라. 사(士)는 '장군과 병사'를 모두 포함한다.

6. 'If you, starting from the ground of benevolence and righteousness, offer your counsels to the kings of Ch'in and Ch'û, and if those kings are pleased with the consideration of benevolence and righteousness so as to stop the operations of their armies, then all belonging to those armies will rejoice in the stopping *from war*, and find their pleasure in benevolence and righteousness. Ministers will serve their sovereign, cherishing the principles of benevolence and righteousness; sons will serve their fathers, and younger brothers will serve their elder brothers, in the same way:─and so, sovereign and minister, father and son, elder brother and younger, abandoning *the thought of* profit, will cherish the principles of benevolence and righteousness, and carry on all their intercourse upon them. But never has there been such a state *of society*, without the State where it prevailed rising to the royal sway. Why must you use that word "profit."'

6.　然而不王(4 tone)者未之有),─here the translation needs to be supplemented considerably.

6절

先生, 以仁義, 說秦楚之王, 秦楚之王, 悅於仁義, 而罷三軍之師, 是, 三軍之士, 樂罷而悅於仁義也, 爲人臣者, 懷仁義以事其君, 爲人子者, 懷仁義以事其父, 爲人弟者, 懷仁義以事其兄, 是, 君臣父子兄弟, 去利, 懷仁義以相接也, 然而不王者, 未之有也, 何必曰利.

만약 선생께서 처음부터 인과 의에 근거해서 진과 초의 왕에게 조언하고, 왕들이 기뻐하며 인과 의를 고려하여 군대의 움직임을 멈춘다면, 군대에 속하는 모든 이들은 [전쟁의] 중지에 기뻐할 것이고 인과 의에서 기쁨을 발견할 것입니다. 재상들은 인과 의의 원리를 소중하게 생각하여 군주를 섬길 것이고, 아들은 아버지를, 동생은 형을 같은 방식으로 섬길 것입니다. 즉 군주와 재상, 아버지와 아들, 형과 동생은 이익[에 대한 생각]을 버리고 인과 의의 원리를 소중하게 생각하며 모든 교제를 인과 의에 근거하여 진행할 것입니다. 그러나 인과 의가 팽배했던 나라가 천하를 지배하지 않았던 적이 한 번도 없습니다. 그런데 어째서 선생은 '이익'이라는 단어를 사용하십니까?"

6절 각주

'연이불왕자미지유'(然而不王[4성조]者未之有)를 번역하기 위해 상당한 문구를 보완해야 했다.

CHAPTER V

CH. 5. HOW MENCIUS REGULATED HIMSELF IN DIFFERENTLY ACKNOWLEDGING FAVOURS WHICH HE RECEIVED.

1. When Mencius was residing in Tsâu, the younger brother of the chief of Zan, who was guardian of Zan at the time, paid his respects to him by a *present of* silks, which Mencius received, not going to acknowledge it. When he was sojourning in P'ing-lû, Ch'û, who was prime minister of the State, sent him a similar present, which he received in the same way.

1. 季任, and 季子below, look much as if the former were the surname and name of the individual spoken of, yet Châo Ch'î's explanation of the terms, which is that followed in the translation, is no doubt correct. 任, —see chap. i. 以幣交,—see Bk. V. Pt. II. iv. 不報 = 不往報. 平陸,—see Bk. II. Pt. II. vi. 1.

제5장

맹자는 호의에 대해 감사 표시를 다르게 한 이유를 설명한다.

1절

孟子居鄒, 季任, 爲任處守, 以幣交, 受之而不報, 處於平陸,
儲子爲相, 以幣交, 受之而不報.

맹자가 추나라에 거주할 때, 임나라의 수장의 남동생이자 당시 임나라의
후견인이 맹자에게 비단을 [선물로 주며] 공경을 표했다. 맹자는 그것을
받았지만, 감사를 표하지 않았다. 맹자가 평륙에 체류할 때, 그 나라의 최
고 재상이었던 저자가 맹자에게 비슷한 선물을 보냈고 맹자는 동일한 방
식으로 받았다.

1절 각주

계임(季任), 그리고 제2절의 계자(季子)에서 '계(季)'가 성이고 '임(任)'과
'자(子)'가 이름인 것처럼 보일 가능성이 크다. 그러나 이 단어들에 대한
조기의 설명이 더 적절하므로 번역은 조기의 해석을 따른다. 임(任)은 제1
장을 보라. '이폐교'(以幣交)는 제5권 제2편 제4장을 보라. 불보(不報)는 불
왕보(不往報)이다. 평륙(平陸)은 제2권 제2편 제6장 제1절을 보라.

2. Subsequently, going from Tsâu to Zan, he visited the guardian; but when he went from Ping-lû to *the capital of* Ch'î, he did not visit the minister Ch'û. The disciple Wû-lû was glad, and said, 'I have got an opportunity *to obtain some instruction*.'

2. The two 之 here, and in next paragraph = 往. 以幣交之. 之齊, 'went to Ch'î,' i. e. to the capital of the Sate, as Ping-lû was in Ch'î. 間,— *chien*, 3rd tone. 連(Wû-lû's name)得間 = 連得其間隙而問. 'I have got an opportunity (literally, crevice) 'to ask.'

2절

他日, 由鄒之任, 見季子, 由平陸之齊, 不見儲子, 屋廬子喜曰,
連, 得間矣.

후에, 맹자가 추나라에서 임나라로 갈 때 임나라의 후견인을 방문했지만,
평륙에서 제나라 [수도]로 갈 때 재상인 저자를 방문하지 않았다. 옥려자
가 "[가르침을 얻을] 기회를 잡았다"라고 말하며 기뻐했다.

2절 각주

여기서 2번의 지(之)와 제3절의 지(之)는 왕(往, 가다)이다. 평륙이 제나라
에 있으므로 지제(之齊)는 '제나라에 갔다' 즉 제나라의 수도로 갔다는 의
미이다. 간(間)은 [간]으로 읽히고 3성조이다. 련득간(連[옥려자의 이름]得
間)은 련득기간극이문(連得其間隙而問), '물을 기회(문자 그대로, 틈)가 나
에게 있다'라는 의미이다.

3. He asked *accordingly*, 'Master, when you went to Zan, you visited the chief's brother; and when you went to Ch'î, you did not visit Ch'û. Was it not because he is *only* the minister?'

4. *Mencius* replied, 'No. It is said in the Book of History, "In presenting an offering to a superior, most depends on the demonstrations of respect. If those demonstrations are not equal to the things offered, we say there is no offering, that is, there is no act of the will presenting the offering."

4. 書曰,—see the Shoo-ching, V, xii, 12, but in the classic the last clause 惟不役志于享 is not explanatory of the preceding, but is itself the first clause of a new sentence. See the Shû-ching, *in loc.*

3절

問曰. 夫子之任見季子, 之齊不見儲子, 爲其爲相與.

옥려자가 [이에] 물었다. "선생님께서 임나라로 갔었을 때 수장의 남동생을 만났지만, 제나라에 갔을 때는 저자(儲子)를 방문하지 않았습니다. 그가 재상에 [불과하기] 때문입니까?"

4절

曰, 非也, 書曰, 享, 多儀, 儀不及物, 曰, 不享, 惟不役志于享.

[맹자가] 대답했다. "아니다. 『서경』에 이르길, '군자에게 선물을 줄 때 대부분 공경의 표시가 중요하다. 공경의 표시가 선물과 어울리지 않을 때 우리는 선물은 없다 즉 선물을 주는 마음의 행동이 아니다라고 한다.

4절 각주

서왈(書曰)은 『서경』「주서(周書)·소고(召誥)」제12절을 보라.[12] 그러나 『서경』에서 마지막 구절인 유불역지우향(惟不役志于享)은 앞엣것을 설명하지 않고 그 자체가 새로운 문장의 첫 번째 구절이다. 『서경』을 보라.

---

12) (역주) 『주서(周書)·소고(召誥)』제12절(V. xii. 12)은 『주서(周書)·낙고(洛誥)』제12절(V. x. 12)의 오기이다.

5. '*This is* because the things so offered do not constitute an offering to a superior.'

5. This is Mencius's explanation of the passage quoted.

6. Wû-lû was pleased, and when some one asked him *what Mencius meant*, he said, 'The younger of Zan could not go to Tsâu, but the minister Ch'û might have gone to P'ing-lû.'

6. The guardian of a State could not leave it to pay a visit in another. There was no reason, however, why Ch'û should not have paid his respects to Mencius in person.

5절

爲其不成享也.

[이것은] 그런 식으로 제공된 물건을 군자는 선물로 인식하지 않기 때문이다.”

5절 각주

이 절은 인용된 구절에 대한 맹자의 설명이다.

6절

屋廬子悅, 或問之, 屋廬子曰, 季子, 不得之鄒, 儲子, 得之平陸.

옥려자는 기뻐하였고 어떤 사람이 그에게 [맹자의 뜻이 무엇이었는지] 물었다. 이에 옥려자가 말했다. “임나라의 수장의 동생은 추나라에 갈 수 없었지만, 재상 저자는 평륙에 갈 수 있었다.”

6절 각주

임나라의 후견인은 다른 나라에 있는 맹자를 방문하기 위해 자기 나라를 떠날 수 없었다. 그러나 저자는 맹자를 직접 찾아가 공경을 표하지 않을 이유가 없었다.

CHAPTER VI

CH. 6. How MENCIUS REPLIED TO THE INSINUATIONS OF SHUN-YU K'WAN, CONDEMNING HIM FOR LEAVING OFFICE WITHOUT ACCOMPLISHING ANYTHING.

1. Shun-yü K'wan said, 'He who makes fame and meritorious services his first objects, acts with a regard to others. He who makes them only secondary objects, acts with a regard to himself. You, master, were ranked among the three chief ministers *of the State*, but before your fame and services had reached either to the prince or the people, you have left your place. Is this indeed the way of the benevolent?'

1. Shun-yü K'wăn, see Bk. IV. Pt. I. xvii. That chapter and the notes should be read along with this. 名 and 實 are not here opposed to each other, as often, 'name' and 'reality.' The 'name' here is the fame of the 'reality.' 爲人, —'with a regard to others,' i. e. such a man's motive in public life is to benefit others, 自爲=爲己, 'with a regard to himself,' i. e. such a man's motive is to cultivate his own good and excellence. 上 refers to the prince; 下 refers to the people. 仁者,—it is assumed that the fact of Mencius being among the high ministers of the State took him out of the category of those who made themselves their aim in life, and the 仁者 therefore is a hit of the questioner. Throughout the chapter, 仁 has perhaps more the idea of perfect virtue, free from all selfishness, than of benevolence.

제6장

순우곤이 맹자가 관직에 있으면서 아무것도 이루지 않고 떠났던 것을 비꼬자 맹자가 이에 대해 답변한다.

1절
淳于髡曰, 先名實者, 爲人也, 後名實者, 自爲也, 夫子在三卿之中, 名實, 未加於上下而去之, 仁者, 固如此乎.

순우곤이 말했다. "명성과 업적을 제일의 목적으로 삼는 사람은 다른 사람들을 배려하여 행동합니다. 명성과 업적을 단지 부차적인 목적으로 삼는 사람은 그 자신을 배려하여 행동합니다. 선생은 [그 제후국의] 세 명의 재상 가운데 한 명이지만, 명성과 업적이 제후나 백성들에게 영향을 미치기도 전에 그 자리를 떠났습니다. 이것이 진정 어진 사람이 하는 방식입니까?"

1절 각주
순우곤(淳于髡)은 제4권 제1편 제18장을 보라. 제18장과 각주를 이 절과 같이 읽어야 한다. 명(名)과 실(實)이 때로 '이름'과 '실제'로 상반된 의미가 있지만 여기서는 그렇지 않다. 위인(爲人)은 '타인에 대한 배려로' 즉 그와 같은 사람의 공직 생활의 동기는 타인에게 혜택을 주는 것이다. 자위(自爲)는 위기(爲己) 즉 '자신에 대한 배려로' 그와 같은 사람의 동기는 자기 자신의 선과 우수함을 기르는 것이다. 상(上)은 제후를 가리키고, 하(下)는 백성들을 가리킨다. 인자(仁者)를 보면, 맹자가 나라의 높은 재상에 있다는 사실은 인생의 목적을 자신으로 삼는 사람들의 범주에서 나왔다는 것을 전제로 한다. 그러므로 질문자는 맹자를 공격하기 위해 이 인자(仁者)라는 단어를 사용한다. 전체 장에서 '仁'은 아마도 어짊보다는 모든 이기심에서 자유로운 완벽한 덕이라는 관념을 더 많이 포함한다.

2. Mencius replied, 'There was Po'î;—he abode in an inferior situation, and would not, with his virtue, serve a degenerate prince. There was Î Yin;—he five times went to T'ang, and five times went to Chieh. There was Hûi of Liû-hsiâ;—he did not disdain to serve a vile prince, nor did he decline a small office. The courses pursued by those three worthies were different, but their aim was one. And what was their one aim? We must answer—"To be perfectly virtuous." And so it is simply after this that superior men strive. Why must they all *pursue* the same *course?*'

2. Po-î, &c., see Bk. V. Pt. II. i, with the other references there given. That Î Yin went five times to T'ang, and five times to Chieh is only mentioned here, however. He went to T'ang, it is said, in consequence of the pressing urgency of his solicitations, and then T'ang sent him to the tyrant to warn and advise him. Nothing could be farther at first from the wish of them both than to dethrone Chieh. 趨,—'to run,' used figuratively, 4th tone.

2절

孟子曰, 居下位, 不以賢事不肖者, 伯夷也, 五就湯, 五就桀者, 伊尹也, 不惡汚君, 不辭小官者, 柳下惠也, 三子者不同道, 其趨一也, 一者, 何也, 曰, 仁也, 君子亦仁而已矣, 何必同.

맹자가 대답했다. "백이는 낮은 곳에 거하면서 그의 덕으로 타락한 제후를 섬기지 않으려고 했다. 이윤은 탕왕에게 다섯 번 갔고 걸에게 다섯 번 갔다. 유하혜라는 사람은 악질 제후를 섬기는 것을 경멸하지 않고 하찮은 관직을 거절하지 않았다. 이 세 명의 현인이 추구한 과정은 다르지만 그들의 목적은 하나였다. 그들의 단 하나의 목적은 무엇이겠는가? 우리는 대답해야 한다. 그것은 '완벽한 덕을 행하는 것이다.' 군자가 따르고자 하는 것은 단지 이것이다. 어째서 이들이 모두 같은 [과정]을 [따라야] 하는가?"

2절 각주

백이(伯夷) 등은 제5권 제2편 제1장을 같이 참고하라. 그러나 이윤(伊尹)이 탕(湯)왕에게 5번, 걸(桀)왕에게 5번 갔다는 언급은 여기에서만 있다. 이윤은 자기의 요청이 매우 시급하여 탕왕에게 갔고 그다음 탕왕은 그를 독재자 걸왕에게 보내 경고하고 충고했다. 두 사람이 처음에 희망했던 것과 달리 상황이 조금도 나아지지 않자 그들은 걸왕을 폐위하게 되었다. 추(趨)는 '달리다'로, 4성조이며 비유적으로 사용된다.

3. *K'wan* pursued, 'In the time of the duke Mû of Lû, the government was in the hands of Kung-î, while Tsze-liû and Tsze-sze were ministers. *And yet*, the dismemberment of Lû then increased exceedingly. Such was the case, a specimen how your men of virtue are of no advantage to a kingdom!'

3, In this paragraph, K'wăn advances in his condemnation of Mencius. At first he charged him with having left his office before he had accomplished anything. Here he insinuates that though he had remained, he would not have served the State. Tsze-liû is the Hsieh Liû of Bk. II. Pt. II. xi; compare that chapter with this. Kung-î (named 休) was prime minister of Lû, a man of merit and principle. Mencius might have denied the fact alleged by K'wăn, of the increased dismemberment of Lû under Duke Mû.

3절

曰, 魯繆公之時, 公儀子爲政, 子柳子思爲臣, 魯之削也滋甚, 若是乎賢者之無益於國也.

[순우곤이] 계속 말했다. "노나라의 목공 시대에 공의자가 조정을 장악하고 자류와 자사가 신하로 있었습니다. [그럼에도] 당시에 노나라는 영토가 더 많이 분할되었습니다. 이 경우의 예가 보여주듯이 당신처럼 덕을 지닌 사람들이 나라에 이익됨이 없지 않습니까!"

3절 각주

이 절에서 순우곤은 맹자에 대한 비판을 개진한다. 먼저 그는 맹자가 어떤 것을 이루기 전에 관직을 떠났던 것을 비판한다. 여기서 순우곤은 맹자가 관직에 남아있었더라도 나라에 도움이 되지 않았을 것이라며 넌지시 비꼰다. 자류(子柳)는 제2권 제2편 제11장의 설류(泄柳)인데 그 장을 이 절과 비교해 보라. 공의자(公儀子, 이름은 休)는 노나라의 최고 재상으로 공적과 원칙이 있는 사람이었다. 맹자는 목공 때 노나라의 영토 분할이 증가했다는 순우곤의 추정을 부인했을 수도 있다.

4. *Mencius* said, '*The prince* of Yü did not use Pâi-lî Hsi, and thereby lost his State. The duke Mû of Chin used him, and became chief of all the princes. Ruin is the consequence of not employing men of virtue and talents;—how can it rest with dismemberment *merely*?'

4. Pài-lî Hsî,—see Bk. V. Pt. I. ix. 用, 不用,—the 'using' means following the minister's counsels and plans. 削, 何可得與(2nd tone),—before 削, we must understand 求, 'If you seek for dismemberment merely, as the consequence," &c.

4절

曰, 虞不用百里奚而亡, 秦穆公用之而覇, 不用賢則亡, 削何可
得與.

[맹자가] 대답했다. "우나라의 [제후]는 백리해를 쓰지 않았기에 우나라를
잃었다. 진나라의 목공은 백리해를 썼기에 모든 제후의 수장이 되었다. 패
망한 것은 덕과 재주 있는 사람을 쓰지 않았기 때문인데, 겨우 영토 분할
에[만] 그치겠는가?"

4절 각주

백리해(百里奚)는 제5권 제1편 제9장을 보라. 용(用)과 불용(不用)에서 '사
용하는 것'의 의미는 신하의 조언과 기획을 따른다는 것이다. 삭하가득여
(削何可得與[2성조])에서 우리는 삭(削) 앞에 구(求)를 넣어, '당신이 단지
영토 분할을 추구한다면, 그 결과로서' 등으로 이해해야 한다.

5. *K'wan* urged *again*, 'Formerly, when Wang P'âo dwelt on the Ch'î, the people on the west of the *Yellow* River all became skilful at singing in *his* abrupt manner. When Mien Ch'ü lived in Kâo-t'ang, the people in the parts of Ch'î on the west became skilful at singing in *his* prolonged manner. The wives of Hwa Châu and Ch'î Liang bewailed their husbands so skilfully, that they changed the manners of the State. When there is *the gift* within, it manifests itself without. I have never seen the man who could do the deeds *of a worthy*, and did not realize the work of one. Therefore there are now no men of talents and virtue. If there were, I should know them.'

5. The individuals named here all belonged to Ch'î, excepting the first, who was of Wei. 歌 is the general name for singing, and 謳, a particular style, said to be 短聲, 'short,' 'abrupt.' 齊右, it is said, 概指齊 西鄙而言, i. e., 'The Right of Ch'î denotes all about the western borders of the state.' How Hwa(4th tone) Châu and Ch'î Liang were officers slain in battle, whose wives bewailed their loss in so pitiful a manner as to affect the whole state. Their cries, it is said, even rent the wall of the capital of Ch'î. See the 集證 and 四書拓餘說, *in loc*. The object of K'wăn is simply to insinuate that Mencius was a pretender, for that wherever ability was it was sure to come out.

5절

曰, 昔者, 王豹處於淇, 而河西善謳, 綿駒處於高唐, 而齊右善歌, 華周杞梁之妻, 善哭其夫, 而變國俗, 有諸內, 必形諸外, 爲其事而無其功者, 髡未嘗覩之也, 是故, 無賢者也, 有則髡必識之.

[순우곤이 재차] 주장했다. "예전에 왕표가 기(淇) 지역에 거주할 때, [황]하 서쪽의 백성들이 모두 [그의] 짧게 노래하는 방식을 잘하게 되었습니다. 면구가 고당에 살았을 때, 기 지역의 서쪽 지경의 백성들이 [그의] 길게 늘이며 노래하는 방식을 잘하게 되었습니다. 화주의 아내와 기량의 아내가 남편의 초상 때 곡을 매우 잘하여 제후국의 곡하는 방식이 바뀌었습니다. 내면에 [재주가] 있으면, 그것은 밖으로 저절로 현시됩니다. 나는 [현인의] 행위를 할 수 있는데 현인의 일을 실현하지 않는 자를 단 한 번도 본 적이 없습니다. 그래서 [오늘날] 재주와 덕을 지닌 사람들이 전혀 없습니다. 있다면 나는 그들을 알아보았을 것입니다."

5절 각주

여기서 언급된 사람들은 위나라 사람인 왕표(王豹)를 제외하곤 모두 제나라 사람들이었다. 가(歌)는 노래의 일반적인 이름이고 구(謳)는 특정 양식의 노래로 단성(短聲) 즉 '짧은' '갑작스러운' 소리이다. 제우(齊右)는 개지제서비이언(槪指齊西鄙而言)으로 '기(淇)의 오른쪽은 그 나라의 서쪽 국경에 대한 모든 것을 담고 있다라는 의미이다. 화주(華[4성조]周)와 기량(杞梁)은 전투에서 죽은 관리이다. 그들의 아내는 남편의 죽음을 슬퍼하며 너무도 구슬프게 잘 울어서 제후국 전체에 영향을 미치게 되었다. 그들의 울음으로 심지어 제나라의 수도의 성벽이 갈라지게 되었다고 한다. 『집중』(集證)과 『사서탁여설』(四書拓餘說)을 보라. 순우곤의 목적은 맹자가 사기꾼에 불과하다는 것을 넌지시 말하고자 함에 있다. 능력이 있으면 반드시 능력이 밖으로 드러난다고 생각하기 때문이다.

6. *Mencius* answered, 'When Confucius was chief minister of Justice in Lû, the prince came not to follow *his counsels*. Soon after there was the *solstitial* sacrifice, and when a part of the flesh presented in sacrifice was not sent to him, he went away even without taking off his cap of ceremony. Those who did not know him supposed it was on account of the flesh. Those who knew him supposed that it was on account *of the neglect* of the usual ceremony. The fact was, that Confucius wanted to go away on occasion of some small offence, not wishing to do so without some apparent cause. All men cannot be expected to understand the conduct of a superior man.'

6. Mencius shields himself behind Confucius, implying that he was beyond the knowledge of K'wăn.—The state of Ch'î, afraid of the influence of Confucius, who was acting as prime minister of Lû, sent to the duke a present of beautiful singing girls and horses. The duke accepted them, and abandoned himself to dissipation. Confucius determined to leave the state, but not wishing to expose the bad conduct of his prince, looked about for some other reason which he might assign for going away, and found it in the matter mentioned. The 祭 is the 郊祭. 稅 is used for 脫. 爲苟去,—'to do a disorderly going away.'

6절

曰, 孔子爲魯司寇, 不用, 從而祭, 燔肉不至, 不稅冕而行, 不
知者, 以爲爲肉也, 其知者, 以爲爲無禮也, 乃孔子則欲以微罪
行, 不欲爲苟去, 君子之所爲, 衆人, 固不識也.

[맹자가] 대답했다. "공자께서 노나라 사법부의 최고 직위인 사관에 있었
을 때, 제후가 [그의 조언을] 따르지 않았다. [동지] 제사가 있었던 직후에
그리고 제사에서 사용된 고기 일부분을 그에게 보내주지 않았을 때 공자
는 관모도 벗지 않고 멀리 가버렸다. 공자를 모르는 사람들은 그것이 고
기 때문이라고 추정했다. 공자를 아는 사람들은 그것이 일상적인 예법을
[무시]했기 때문이라고 추정했다. 사실 공자는 사소한 잘못이 있을 때 떠
나기를 원했고 명백한 이유 없이 떠나는 것을 원하지 않아서였다. 모든
사람이 군자의 행동을 이해할 것이라고 바라기 어렵다."

6절 각주

맹자는 공자의 뒤에 숨어서 자신을 방어한다. 맹자는 자신은 순우곤의 지
식 너머에 있음을 암시한다. 제나라는 노나라의 재상으로 활동하고 있었
던 공자의 영향을 두려워하여, 노나라의 제후에게 아름다운 처녀 가수와
말을 선물로 보냈다. 제후는 선물을 받은 후 방탕해졌다. 공자는 노나라를
떠나기로 결심했지만, 제후의 나쁜 행실을 폭로하는 것을 원치 않았다. 그
리하여 떠날 수 있는 다른 구실을 찾았고 언급된 그 일에서 떠날 이유를
발견했다. 제(祭)는 교제(郊祭)이다. 세(稅)는 탈(脫) 대신 사용된다. 위구거
(爲苟去)는 '경황없이 멀리 가는 것'이다.

CHAPTER VII

CH. 7. THE PROGRESS AND MANNER OF DEGENERACY FROM THE THREE KINGS TO THE FIVE CHIEFS OF THE PRINCES, AND FROM THE FIVE CHIEFS TO THE PRINCES AND OFFICERS OF MENCIUS'S TIME.

1. Mencius said, 'The five chiefs of the princes were sinners against the three kings. The princes of the present day are sinners against the five chiefs. The Great officers of the present day are sinners against the princes.

1. The 'three kings' are the founders of the three dynasties of Hsiâ, Shang, and Châu. The 'five chiefs of the princes' were the duke Hwan of Ch'î (B. C. 684-642), the duke Wăn of Tsin (635-627), the duke Mû of Ch'in (659-620, the duke Hsiang of Sung (651-636), and the king Chwang of Ch'û (613-590). There are two enumerations of the 'five leading princes,' one called 三代之五伯, or chiefs of the three dynasties, and the other 春秋之五伯, or chiefs of the Ch'un-ch'iû. Only Hwan of Ch'î and Wăn of Tsin are common to the two. But Mencius is speaking only of those included in the second enumeration, and though there is some difference of opinion in regard to some of the individuals in it, the above list is probably that which he held. 'Sinners against,' i. e. violating their principles and ways.

제7장

맹자는 삼왕(三王)부터 오패(五霸)에 이르기까지 그리고 오패부터 맹자 시대의 대부에 이르기까지 이들이 타락하는 과정과 방식을 논의한다.

1절
孟子曰, 五霸者, 三王之罪人也, 今之諸侯, 五霸之罪人也, 今之大夫, 今之諸侯之罪人也.

맹자가 말했다. "제후들의 5명의 우두머리 즉 오패(五霸)는 3명의 왕들 즉 삼왕(三王)에게 죄인이었다. 오늘날의 제후들은 오패에게 죄인이다. 오늘날의 대부들은 제후들에게 죄인이다.

1절 각주
삼왕(세 명의 왕)은 하나라와 상나라 그리고 주나라 세 왕조의 시조이다. 오패는 제나라의 환공(기원전 684~642년), 진(晉)나라의 문공(기원전 636~629년), 진(秦)나라의 목공(기원전 659~620년), 송나라의 양공(기원전 651~636년), 초나라의 장왕(기원전 613~591년)이다. 5명의 패왕을 열거하는 두 가지 방법이 있다. 하나는 삼대지오백(三代之五伯) 즉 '세 왕조의 다섯 명의 우두머리'이고, 다른 하나는 춘추지오백(春秋之五伯) 즉 '춘추 시대의 다섯 명의 우두머리'이다. 제나라의 환공과 진나라의 문공만이 두 개의 목록에 모두 포함된다. 그러나 맹자는 두 번째 목록에 포함된 이들 만을 말하고 있다. 몇몇 개별 인물에 대한 약간의 의견의 차이가 있지만, 위는 그가 주장했던 목록일 것이다. '~에게 죄인들은 즉 그들의 원리와 방식을 위반하는 것이다.

2. 'The sovereign visited the princes, which was called "A tour of Inspection." The princes attended at the court of the sovereign, which was called "Giving a report of office." It was a custom in the spring to examine the ploughing, and supply any deficiency *of seed*; and in autumn to examine the reaping, and assist where there was a deficiency of the crop. When *the sovereign* entered the boundaries of a State, if the new ground was being reclaimed, and the old fields well cultivated; if the old were nourished and the worthy honoured; and if men of distinguished talents were placed in office: then *the prince* was rewarded,—rewarded with an addition to his territory. *On the other hand*, if, on entering a State, the ground was found left wild or overrun with weeds; if the old were neglected and the worthy unhonoured; and if the offices were filled with hard taxgatherers: then *the prince* was reprimanded. If *a prince once* omitted his attendance at court, he was punished by degradation of rank; if he did so a second time, be was deprived of a portion of his territory; if he did so a third time, the royal forces *were set in motion*, and he was removed *from his government*. Thus the sovereign commanded the punishment, but did not himself inflict it, while the princes inflicted the punishment, but did not command it. The five chiefs, *however*, dragged the princes to punish other princes, and hence I say that they were sinners against the three kings

2절

天子適諸侯, 曰巡狩, 諸侯朝於天子, 曰述職, 春省耕而補不足, 秋省斂而助不給, 入其疆, 土地辟, 田野治, 養老尊賢, 俊傑在位, 則有慶, 慶以地, 入其疆, 土地荒蕪, 遺老失賢, 掊克在位, 則有讓, 一不朝則貶其爵, 再不朝則削其地, 三不朝則六師移之, 是故, 天子, 討而不伐, 諸侯, 伐而不討, 五覇者, 摟諸侯, 以伐諸侯者也, 故曰, 五覇者, 三王之罪人也.

천자가 제후들을 방문하는 것을 두고 순수(巡狩)라 한다. 제후들이 천자의 조정에 참석하는 것을 두고 술직(述職)이라 한다. 봄에 밭 갈기를 살피고, [씨앗이] 부족하면 채워주고, 가을에 수확을 살피고, 생산량이 부족한 곳을 도와주는 것이 관습이었다. [천자가] 한 공국의 접경에 들어섰을 때, 만약 [새로운] 땅을 개간하고 있고 [오래된] 밭을 잘 경작하고 있고 노인 봉양과 현인 공경을 잘하고, 재주가 뛰어난 사람들을 관직에 기용하고 있으면, [그 제후는] 보상으로 영토를 더 받는다. [반면에] 한 공국에 들어섰을 때, 땅이 황폐하고 풀로 덮여 있고, 노인을 무시하고 현인을 공경하지 않고, 세금을 과도하게 징수하는 자들이 관직을 채운다면, [그 제후는] 질책을 받았다. [제후가] 조정에 들어가는 것을 한 번 생략하면 관직을 강등당하는 벌을 받고, 두 번 생략하면 영토 일부분을 빼앗기고, 세 번 생략하면 천자의 군대가 [움직여] 그를 [조정에서] 제거한다. 천자는 처벌을 명령했지만 직접 그 벌을 가하지 않는다. 반면에 제후들은 벌을 주지만 처벌을 명령하지 않았다. 그러나 오패는 제후들을 끌어들여 다른 제후들을 벌한다. 이에 나는 오패가 삼왕에게 죄를 지은 죄인이었다고 말하는 것이다.

2. 天子~不給,一see Bk. I. Pt. II. iv. 5. 辟 = 闢; see Bk. I. Pt. I. vii. 16. 俊傑在位,一see Bk. II. Pt. I. v. 1. 慶 = 賞, 'to reward.' 掊克 = 聚斂臣, 'impost-collecting ministers'; literally, perhaps, 'grasping and able men.' Down to 讓 is explicatory of 巡狩. What follows belongs to 述職. 六師 (=軍),一see Analects, VII. x. 是故 = 'in harmony with these things,' all power being lodged with the sovereign, and the princes being dependent on him. 討 = 治, 'to superintend, or order, punishment'; 伐, 'to inflict the punishment.'

2절 각주

'천자~불합(天子~不給)'은 제1권 제2편 제4장 제5절을 보라. 벽(辟)은 벽(闢)으로 제1권 제1편 제7장 제16절을 보라. 준걸재위(俊傑在位)는 제2권 제1편 제5장 제1절을 보라. 경(慶)은 상(賞) 즉 '보상하다'이다. 부극(掊克)은 취렴신(聚斂臣) 즉 '세금을 거두는 관리'로, 문자 그대로 '욕심 많은 능숙한 사람들'이다. 양(讓) 이하는 순수(巡狩)를 설명한다. 그다음은 술직(述職)에 해당한다. 육사(六師[=軍])는 『논어』 제7권 제10장을 보라. 시고(是故)는 '이런 것들과 조화를 이루는' 것으로, 모든 힘이 천자에게 있고 제후들은 천자에 의존한다는 의미이다. 토(討)는 치(治), 즉 '처벌을 감독하다 또는 명령하다'이고 벌(伐)은 '처벌을 가하다'이다.

3. 'Of the five chiefs the most powerful was the duke Hwan. At the assembly of the princes in K'wei-ch'iû, he bound the victim and placed the writing upon it, but did not *slay it* to smear their mouths with the blood. The first injunction in their agreement was, ─ "Slay the unfilial; change not the son who has been appointed heir; exalt not a concubine to be the wife." The second was, ─ "Honour the worthy, and maintain the talented, to give distinction to the virtuous." The third was, ─ "Respect the old, and be kind to the young. Be not forgetful of strangers and travellers." The fourth was, "Let not offices be hereditary, nor let officers be pluralists. In the selection of officers let the object be to get the proper men. Let not a *ruler* take it on himself to put to death a Great officer." The fifth was, ─ "Follow no crooked policy in making embankments. Impose no restrictions on the sale of grain. Let there be no promotions without *first* announcing them *to the sovereign*." It was *then* said, "All we who have united in this agreement shall hereafter maintain amicable relations." The princes of the present day all violate these five prohibitions, and therefore I say that the princes of the present day are sinners against the five chiefs.

3절

五覇桓公爲盛, 葵丘之會諸侯, 束牲載書而不歃血, 初命曰, 誅
不孝, 無易樹子, 無以妾爲妻, 再命曰, 尊賢育才, 以彰有德,
三命曰, 敬老慈幼, 無忘賓旅, 四命曰, 士無世官, 官事無攝,
取士必得, 無專殺大夫, 五命曰, 無曲防, 無遏糴, 無有封而不
告, 曰, 凡我同盟之人, 旣盟之後, 言歸于好. 今之諸侯, 皆犯
此五禁, 故曰, 今之諸侯, 五覇之罪人也.

오패에서 환공의 세력이 가장 막강했다. 제후들이 모인 규구(葵丘)회합에
서 환공은 제물을 묶어 그 위에 글을 놓았지만, [제물을 죽여] 그 피를 제
후들의 입에 바르게 하지는 않았다. 합의문의 첫 번째 명령은 '불효자를
죽이고, 상속자로 지명된 아들을 바꾸지 않고, 첩을 높여 아내로 삼지 않
는다.'라는 것이었다. 두 번째 명령은 '현인을 공경하고, 재주 있는 자를
버리지 않고 덕 있는 자에게 상을 준다.'라는 것이었다. 세 번째 명령은
'노인을 공경하고, 젊은이에게 인자하고, 이방인과 여행객을 잊지 않는다.'
라는 것이었다. 네 번째 명령은 '관직을 세습하지 않고, 관리의 겸직을 금
하고, 관리를 뽑을 때 바른 사람을 기용하는 것을 목적에 두고, [통치자가]
직접 대부를 죽이지 못하게 한다.'라는 것이었다. 다섯 번째 명령은 '제방
을 쌓을 때 잘못된 정책을 따르지 말고, 곡물 판매에 제한을 두지 말고,
[먼저 천자에게] 알리고 승진시킨다.'라는 것이었다. [그다음] '우리는 모두
이 합의문으로 단결하여 지금부터 우호적인 관계를 유지할 것이다'라고
했다. 오늘날의 제후들은 모두 이 5개의 금지 사항을 위반하기에 나는 오
늘날의 제후들은 오패에게 죄를 지은 죄인이라고 말한 것이다.

3. The duke Hwan nine times brought together an assembly of the princes, the chief gathering being at K'wei-ch'iu, B. C. 650. At those meetings, the usual custom was first to dig a square pit, over which the victim was slain. Its left ear was cut oft, and its blood received in an ornamented vessel. The president then read the articles of agreement, with his face to the north, as in the presence of the spirits of the sun and moon, after which all the members of the meeting took the blood, and smeared the sides of their mouths with it. This was called 歃(*shâ*) 血. The victim was then placed in the pit, the articles of agreement placed upon it, and the whole covered up. This was called 載書. See the 集證, *in loc.* On the occasion in the text, Hwan dispensed with some of those ceremonies. 命 was the term appropriated to the articles of agreement at such solemn assemblies, indicating that they were enjoined by the sovereign. 樹子,一'the son who has been tree-ed,' i. e. set up. 賓,一'guests,' officers from other countries. 士無世官, 一'officers no hereditary offices'; see Bk. I. Pt. II. v. 3. 取士必得 = 必得其人. 無曲防, 'no crooked embankments.' 曲 has a moral application. No embankments must bo made selfishly to take the water from others, or to inundate them. 無遏糴,一'do not repress the sale of grain,' i. e. to other states in famine or distress. 封, 一'appointments,' to territory or to office.

3절 각주

환공은 제후들의 회합을 9회 가졌다. 가장 중요한 회합은 기원전 650년에 규구(葵丘)에서 열린 것이었다. 회맹의 일반적인 관습은 먼저 사각 구덩이를 파고 그 위에 제물을 죽이는 것이었다. 제물의 왼쪽 귀를 잘라서 그 피를 장식된 그릇에 받았다. 그럼 다음 대표자는 일월성신이 있는 것처럼 북쪽을 바라보며 합의 조항을 읽는다. 이 모든 일을 행한 후에 회맹의 모든 일원은 제물의 피로 입술의 양쪽을 문지른다. 이것을 삽혈(歃血)이라 한다. 그다음 제물을 구덩이에 넣고 합의 조항 문을 제물 위에 놓고 전체를 덮는다. 이것을 재서(載書)라 한다. 『집증』(集證)을 보라. 본문의 행사에서 환공은 이 예식 가운데 몇 가지를 없앴다. 명(命)은 그와 같은 엄숙한 모임에서 이루어진 합의 조항을 나타내기에 적절한 용어이고, 천자의 명으로 회맹이 이루어진 것을 암시한다. 수자(樹子)는 '나무처럼 심어진[세워진] 아들'이라는 뜻이다. 빈(賓)은 '손님들'로, 다른 공국들에서 온 관리들이다. 사무세관(士無世官)은 '세습되지 않은 관직의 관리들'이다. 제1권 제2편 제5장 제3절과 비교하라. 취사필득(取士必得)은 필득기인(必得其人)이다. 무곡방(無曲防)은 '비뚤어진 제방이 아니다'라는 뜻이다. 곡(曲)은 도덕에 적용된다. 어떠한 제방도 다른 사람들에게 물을 취하거나 그들을 범람시키기 위한 이기적인 목적으로 만들어서는 안 된다. 무알적(無遏糴)은 즉기아나 절망에 빠진 다른 제후국들에 '곡물을 판매하는 것을 막지 않는다'라는 의미이다. 봉(封)은 영토 혹은 관직에의 '임용'이다.

4. 'The crime of him who connives at, and aids, the wickedness of his prince is small, but the crime of him who anticipates and excites that *wickedness* is great. The officers of the present day all go to meet their sovereigns' wickedness, and therefore I say that the Great officers of the present day are sinners against the princes.'

4. 長君之惡,—'to lengthen the wickedness of the ruler,' i. e. to connive at and to aid it. 逢君之惡,—'to meet the wickedness of the ruler, i. e. to anticipate and excite it.

4절

長君之惡, 其罪小, 逢君之惡, 其罪大, 今之大夫, 皆逢君之惡,
故曰, 今之大夫, 今之諸侯之罪人也.

제후의 사악함을 묵인하고 돕는 자의 죄는 작지만, 사악함을 예상하여 부
추기는 자의 범죄는 크다. 오늘날의 관리들은 모두 가서 군주의 [사악함]
을 충족시키기에 나는 오늘날의 대부들은 제후에게 죄를 지은 죄인이라고
말하는 것이다."

4절 각주

'장군지악'(長君之惡)은 '지배자의 사악함을 확대하다', 즉 그것을 묵인하고
돕는다는 의미이다. '봉군지악'(逢君之惡)은 '지배자의 사악함을 충족시키
다' 즉 그것을 예상하여 부추긴다는 의미이다.

CHAPTER VIII

CH. 8. MENCIUS'S OPPOSITION TO THE WARLIKE AMBITION
OF THE PRINCE OF Lû AND HIS MINISTER Shăn Kû-Lî.

1. *The prince of* Lû wanted to make the minister Shan commander of his
army.

1. At this time Lû wanted to take advantage of difficulties in Ch'î and
get possession of Nan-yang. That was the name of the region on the
south of Mount T'ái, which had originally belonged to Lû. On the north
of the mountain was the territory of Ch'î. Between the two states there
had been frequent struggles for the district, which the duke P'ing of Lû
(平公) now hoped to recover. Shăn, below, calls himself Kû-lì, but some
say that that was the name of a Mohist under whom he had studied.
His proper name was Tao(到). He was a native of 趙, and not of Lû,
but having a reputation for military skill, the duke of Lû wished to
employ his services. 將軍, now the common term for general, appears to
have come into vogue, about Mencius's time. In the text it =
'commander-in-chief.'

제8장

맹자는 노나라의 제후와 그의 신하인 신골리의 호전적인 야심에 반대한다.

1절
魯欲使愼子, 爲將軍.

노나라[의 제후]는 신자를 군대의 지휘관으로 삼고 싶었다.

1절 각주
이때 노나라는 제나라의 어려움을 이용하여 낙양을 차지하기를 원했다. 낙양은 태산의 남쪽에 위치한 지역의 이름으로 원래 노나라의 것이었다. 태산의 북쪽에는 제나라의 영토가 있었다. 두 나라는 그 지역을 두고 빈번히 분쟁했고, 노나라의 평공(平公)은 그곳을 되찾기를 원했다. 신자는 자신을 골리(滑釐)라고 불렀지만, 혹자는 그의 스승이었던 한 묵가주의자의 이름이 골리였다고 말한다. 그의 원래 이름은 도(到)이다. 그는 노나라가 아닌 조(趙)나라의 사람이었지만 노나라의 제후가 병법에 뛰어난 그를 기용하기를 원했다. 장군(將軍)은 이제는 장군을 나타내는 일반적인 용어로, 맹자 시대 즈음에 유행하기 시작한 것처럼 보인다. 본문의 장군(將軍)은 '총사령관'을 의미한다.

2. Mencius said, 'To employ an uninstructed people *in war* may be said to be destroying the people. A destroyer of the people would not have been tolerated in the times of Yâo and Shun.

    2. Compare Analects, XIII. xxx.—We may infer from this paragraph, that Shăn had himself been the adviser of the projected enterprise.

3. 'Though by a single battle you should subdue Ch'î, and get possession of Nan-yang, the thing ought not to be done.'

2절

孟子曰, 不敎民而用之, 謂之殃民, 殃民者, 不容於堯舜之世.

맹자가 말했다. '교육받지 못한 백성을 [전쟁에] 쓰는 것은 백성을 망하게 하는 것이라고 합니다. 요순시대라면 백성을 파괴하는 자를 용납하지 않았을 것입니다.

2절 각주

『논어』 제13권 제30장과 비교하라. 우리는 이 절을 통해, 신자가 이 일의 기획을 조언했다는 것을 예상할 수 있다.

3절

一戰勝齊, 遂有南陽, 然且不可.

단 한 번의 전투로 제나라를 제압하고 남양을 얻는다고 해도 일 처리를 그렇게 해서는 안 됩니다."

4. Shan changed countenance, and said in displeasure, 'This is what I, Kû-lî, do not understand.'

5. *Mencius* said, 'I will lay the case plainly before you. The territory appropriated to the sovereign is 1,000 lî square. Without a thousand lî, he would not have sufficient for his entertainment of the princes. The territory appropriated to a Hâu is 100 lî square. Without 100 lî, he would not have sufficient wherewith to observe the statutes kept in his ancestral temple.

5. 宗廟之典籍,一'the statute-records of the ancestral temple.' Those records prescribed every thing to be observed in the public sacrifices, interviews with other princes, etc. and were kept in the temple.

4절

愼子, 勃然不悅曰, 此則滑釐所不識也.

신자가 안색을 바꾸며 불쾌해하며 말했다. "이것은 저 골리가 이해하지 못하는 바입니다."

5절

曰, 吾明告子, 天子之地, 方千里, 不千里, 不足以待諸侯, 諸侯之地, 方百里, 不百里, 不足以守宗廟之典籍.

[맹자가] 말했다. "그대에게 쉽게 설명하겠다. 천자에게 속한 영토는 사방 1천리이다. 1천리가 없다면 그는 제후들을 충분히 접대하지 못할 것이다. 제후에게 속한 영토는 사방 1백리이다. 1백리가 없다면 그는 종묘에 보관된 법령들을 충분히 준수하지 못할 것이다.

5절 각주

종묘지전적(宗廟之典籍)은 '조상을 모시는 사당과 관련된 문헌기록물이다. 공적인 제사, 다른 제후와의 면담 등 준수해야 할 모든 것을 규정하는 문헌기록물은 사당에 보관되었다.

6. 'When Châu-kung was invested with *the principality* of Lû, it was a hundred *lî* square. The territory was indeed enough, but it was not more than 100 *lî*. When T'âi-kung was invested with the principality of Ch'î, it was 100 *lî* square. The territory was indeed enough, but it was not more than 100 *lî*.

6. Compare Analects, VI. xxii. 儉,—'sparingly,' = only.

7. 'Now Lû is five times 100 lî square. If a *true* royal ruler were to arise, whether do you think that Lû would be diminished or increased by him?

6절

周公之封於魯, 爲方百里也, 地非不足, 而儉於百里, 太公之封
於齊也, 亦爲方百里也, 地非不足也, 而儉於百里.

주공이 노나라를 하사받았을 때 그 영토는 사방 1백리였다. 1백리에 불과
했지만, 영토는 사실상 충분했다. 태공이 제나라를 하사받았을 때 그 영토
는 사방 1백리였다. 1백리에 불과했지만, 영토는 사실상 충분했다.

6절 각주

『논어』 제6권 제22장과 비교하라. 검(儉)은 '인색하게' 즉 '단지'라는 의미
이다.

7절

今魯, 方百里者五, 子以爲有王者作, 則魯在所損乎, 在所益乎.

지금 노나라는 사방 1백리의 5배입니다. 왕국의 [진정한] 지배자가 나타난
다면, 그가 노나라를 줄이겠습니까? 아니면 늘리겠습니까?

8. 'If it were merely taking the place from the one *State* to give it to the other, a benevolent man would not do it;—how much less will he do so, when the end is to be sought by the slaughter of men!

8. 徒,—'merely, i. e. if there were no struggle and no slaughter in the matter.

9. 'The way in which a superior man serves his prince contemplates simply the leading him in the right path, and directing his mind to benevolence.'

9. 當道 here is quite different from the phrase, 當路, in Bk. II. Pt. I. i. 1.

8절

徒取諸彼, 以與此, 然且仁者, 不爲, 況於殺人以求之乎.

한 [나라]로부터 다른 나라로 주기 위해 그곳을 차지하는 것일 뿐이라고 해도, 어진 사람은 그렇게 하지 않을 것이다. 하물며 그 목적을 달성하기 위해 백성들을 도살해야 한다면 어진 사람이 그렇게 할 리가 있겠는가.

8절 각주

도(徒)는 '단지' 즉 그 일에서 투쟁과 도살이 전혀 없다고 해도라는 의미이다.

9절

君子之事君也, 務引其君以當道, 志於仁而已.

군자가 제후를 섬기는 방식은 그저 올바른 길로 이끌어 그의 마음이 인을 향하도록 하는 것이다."

9절 각주

당도(當道)는 여기서 제2권 제1편 제1장 제1절의 당로(當路)와 다르다.

CHAPTER IX

CH. 9. How THE MINISTERS OF MENCIUS'S TIME PANDERED TO THEIR SOVEREIGNS' THIRST FOR WEALTH AND POWER.

1. Mencius said, 'Those who now-a-days serve their sovereigns say, "We can for our sovereign enlarge the limits of the cultivated ground, and fill his treasuries and arsenals." Such persons are now-a-days called "Good ministers," but anciently they were called "Robbers of the people." If a sovereign follows not the right way, nor has his mind bent on benevolence, to seek to enrich him is to enrich a Chieh.

1. 辟(=闢)土地,—it is to be understood that this was to be done, at the expense of the people, taking their commons from them, and making them labour. Otherwise, it does not seem objectionable.—Châo Ch'î, however, gives the phrase another meaning' making it=侵小國, 'appropriate small states,' but this is contrary to analogous passages, and confounds this paragraph with the next; compare Bk. IV. Pt. I. xiv.

제9장

맹자는 그의 시대의 신하들이 부와 권력을 갈망하는 군주의 욕망에 어떤 식으로 영합하는지를 보여준다.

1절
孟子曰, 今之事君者曰, 我能爲君, 辟土地, 充府庫, 今之所謂 良臣, 古之所謂民賊也, 君不鄕道, 不志於仁, 而求富之, 是富 桀也.

맹자가 말했다. "요즘 군주를 섬기는 자들은, '우리는 군주를 위해 경작지의 경계를 확장할 수 있고 그의 보물창고와 무기고를 채울 수 있다.'라고 한다. 요즘에는 이런 사람들이 '좋은 신하'라 불리지만 옛날에는 '백성의 도둑'으로 불렸다. 만약 군주가 올바른 길을 가지 않고 그의 마음이 인을 향하지 않는데도 그를 부유하게 하고자 하는 것은 걸과 같은 이를 부유하게 하는 것이다.

1절 각주
벽토지(辟[=闢]土地)는 백성의 공동경작지를 빼앗고 그들을 일꾼으로 부렸기 때문에 백성의 희생을 대가로 이루어진 것이다. 그렇지 않다면, 혐오스러운 것이 아니었을 것이다. 그러나 조기는 이 어구를 다르게 해석하여 침소국(侵小國), 즉 '작은 제후국을 침략하다'로 본다. 그러나 조기의 이 해석은 유사한 문구들과 상반되고, 이 절과 다음 절의 의미에 혼동을 준다. 제4권 제1편 제14장과 비교하라.

2. '*Or they will say*, "We can for our sovereign form alliances with other States, so that our battles must be successful." Such persons are now-a-days called "Good ministers," but anciently they were called "Robbers of the people." If a sovereign follows not the right way, nor has his mind directed to benevolence, to seek to enrich him is to enrich a Chieh.

2. 約與國,—ally with *other* States.' Here Châo Ch'î differs again, making 約 = 期, 'to determine beforehand,' 'undertake,' and joining 與國戰, 'undertake in fighting with hostile countries to conquer.' This also is an inferior construction.

2절

我能爲君約與國, 戰必克, 今之所謂良臣, 古之所謂民賊也, 君不鄕道, 不志於仁, 而求爲之强戰, 是輔桀也.

[그들은 또] '우리는 군주를 위해 다른 나라와 협력체를 구성하여 전투를 승리로 이끌 것이다'라고 말한다. 요즘에는 이런 사람들이 '좋은 신하'로 불리지만 옛날에는 '백성의 도둑'으로 불렸다. 만약 군주가 올바른 길을 가지 않고 그의 마음이 인을 향하지 않는데도, 그를 위해 억지로 전쟁을 하는 것은 걸왕 같은 이를 도와주는 것이다.13)

2절 각주

약여국(約與國)은 '[다른] 제후국과의 연합'이다. 여기서 조기는 다시 다르게 해석하는데 그는 약(約)을 기(期) 즉 '미리 결정하다' '착수하다'로 해석한다. 조기는 이를 여국전(與國戰)과 결합하여, '적국과의 싸움에서 정복에 착수하다'로 해석한다. 이것 또한 빈약한 해석이다.

---

13) (역주) 레게는 제1절의 '而求富之, 是富桀也'와 제2절의 '而求爲之强戰, 是輔桀也'를 동일하게 'to seek to enrich him is to enrich a Chieh'로 번역하는 실수를 했다. 그래서 제2절 국역은 한문 원문을 토대로 하였다.

3. 'Although a prince, pursuing the path of the present day, and not changing its practices, were to have the throne given to him, he could not retain it for a single morning.'

  3. 朝居 = 朝居其位, 'occupy the position for a morning.'

3절

由今之道, 無變今之俗, 雖與之天下, 不能一朝居也.

제후가 오늘날과 같은 길을 쫓고 관행을 바꾸지 않음에도 불구하고 혹시
라도 왕위에 오른다고 해도 반나절도 그 자리를 유지할 수 없을 것이다."

3절 각주

조거(朝居)는 '조거기위'(朝居其位) 즉 '오전 동안 그 자리를 차지하다'라는
뜻이다.

CHAPTER X

CH. 10. AN ORDERED STATE CAN ONLY SUBSIST WITH A PROPER SYSTEM OP TAXATION, AND THAT ORIGINATING WITH Yâo AND SHUN is THE PROPER ONE FOR CHINA.

1. Pâi Kwei said, 'I want to take a twentieth *of the produce only as the tax*. What do you think of it?'

1. Pâi Kwei, styled Tan (see next chapter), was a man of Châu, ascetic in his own habits, and fond of innovations. Hence the suggestion in this chapter.—So, Châo Ch'î, and Chû Hsî has followed him. The author of the 四書拓餘說, however, contends that the Pâu Kwei, described as above, on the authority of the 'Historical Records,' 列傳, lxix, was not the same here introduced. See that Work, *in loc.*

제10장

나라의 안정은 올바른 세금 제도를 통해서만 지속될 수 있고 중국은 요순의 세금 제도를 본받는 것이 바람직하다.

1절
白圭曰, 吾欲二十而取一, 何如.

백규가 말했다. "저는 [수확량의] 20분의 1만 [세금으로] 거두고 싶습니다. 이것에 대해 어떻게 생각하십니까?"

1절 각주
백규(白圭)는 주나라 사람으로 자는 단(丹)(다음 장을 보라)이다. 그는 금욕적인 습관을 지니고 있었고 혁신을 좋아하여 이 장과 같이 제안했다고 한다. 조기와 주희도 이 설을 따랐다. 그러나 『사서탁여설』(四書拓餘說)의 저자는 『사기·열전(列傳)』 제69권의 권위에 기대어 기술된 백규는 본문의 백규와 동일인이 아니라고 주장한다.

2. Mencius said, 'Your way would be that of the Mo.

    2. 貉 or 貊 was a common name for the barbarous tribes on the north. They were a pastoral people, and the climate of their country was cold. No doubt their civilization was inferior to that of China, but Mencius's account of them must be taken with allowance.

3. 'In a country of ten thousand families, would it do to have *only* one potter?' *Kwei* replied, 'No. The vessels would not be enough to use.'

2절

孟子曰, 子之道, 貉道也.

맹자가 말했다. "그대의 방식은 맥(貉)의 방식이다.

2절 각주

맥(貉) 혹은 맥(貊)은 북쪽 이민족을 흔히 가리키는 이름이었다. 그들은 목가적인 사람으로 그 나라는 추웠다. 그들의 문명은 중국보다 열등했던 것이 분명하다. 그러나 맹자의 맥(貉)에 대한 이야기는 여지를 두고 받아들여야 한다.

3절

萬室之國, 一人陶, 則可乎. 曰, 不可, 器不足用也.

1만 가구가 있는 나라에서 [단] 한 명의 도공이면 충분할까?" [백규가] 대답했다. "아닙니다. 사용할 그릇들이 충분하지 않을 것입니다."

4. *Mencius* went on, 'In Mo *all* the five kinds of grain are not grown; it only produces the millet. There are no fortified cities, no edifices, no ancestral temples, no ceremonies of sacrifice; there are no princes requiring presents and entertainments; there is no system of officers with their various subordinates. On these accounts a tax of one-twentieth of the produce is sufficient *there*.

4. 城郭,—see Bk. II. Pt. II. i. 2. 宮室 go together as a general designation of edifices, called 宮, as 'four-walled and roofed,' and 室(實) as furnished. So 祭祀 go together as synonymous, and also 幣帛, 'pieces of silk, given as presents.' 饔,—'the morning meal;' 飧,—'the evening meal;' together = 'entertainments.'

5. 'But now it is the Middle Kingdom that we live in. To banish the relationships of men, and have no superior men;—how can such a state of things be thought of?

4절

曰, 夫貉五穀不生, 惟黍生之, 無城郭宮室宗廟祭祀之禮, 無諸
侯幣帛饔殮, 無百官有司, 故二十取一而足也.

[맹자가] 계속 말했다. "맥(貉)에서는 오곡이 [모두] 자라는 것은 아니고
수수만 난다. 그곳에는 요새화된 도시, 건물, 조상을 모시는 사원, 제사를
지내는 예식이 없다. 선물과 접대를 요구하는 제후들도 전혀 없다. 여러
부하를 거느린 관리 체계도 없다. 이러한 이유로 [그곳은] 수확량의 20분
의 1의 세금으로도 충분하다.

4절 각주

성곽(城郭)은 제2권 제2편 제1장 제2절을 보라. 궁실(宮室)은 함께 사용되
어 일반적으로 건물을 가리킨다. '네 벽과 지붕이 있는 것'은 궁(宮)으로,
가구를 갖춘 것은 실(室[實])로 불린다. 제사(祭祀)의 두 글자도 동의어로
함께 사용되고, '선물로 주어진 비단 조각을 의미하는 폐백(幣帛)도 이와
같다. 옹(饔)은 '아침 식사'이고 손(殮)은 '저녁 식사'인데, 함께 '접대'를 의
미한다.

5절

今居中國, 去人倫, 無君子, 如之何其可也.

그러나 오늘날 우리가 사는 곳은 중국이다. 인륜을 버리고 군자가 없는
그런 상황을 어떻게 생각할 수 있겠는가?

6. 'With but few potters a kingdom cannot subsist;—how much less can it subsist without men of a higher rank than others?

5~6. 君子,—referring to the 百官, 有司.

7. 'If we wish to make the taxation lighter than the system of Yâo and Shun, we shall just have a great Mo and a small Mo. If we wish to make it heavier, we shall just have the great Chieh and the small Chieh.'

7. The meaning is, that, under such systems, China would become in the one case a copy of the Mo, and in the other of its state under the tyrant Chieh.

6절

陶以寡, 且不可以爲國, 況無君子乎.

몇 명의 도공만으로는 나라가 지탱할 수 없는데, 하물며 다른 사람들보다 관직이 높은 사람이 없다면 나라를 어떻게 유지할 수 있겠는가?

5, 6절 각주
군자(君子)는 백관(百官)과 유사(有司)를 가리킨다.

7절

欲輕之於堯舜之道者, 大貉, 小貉也, 欲重之於堯舜之道者, 大桀, 小桀也.

우리가 요와 순의 제도보다 세금을 가볍게 만든다면 우리는 대맥(大貉)과 소맥(小貉) 같은 나라가 될 뿐이다. 우리가 세금을 과중하게 거둔다면 우리는 단지 큰 걸왕과 작은 걸왕을 가지게 될 뿐이다."

7절 각주
제7절의 의미는 이와 같은 제도하에서는 중국은 어떤 경우에는 맥의 복사판이 될 것이고 다른 경우에는 폭군 걸왕의 지배하에 놓이게 된다는 것이다.

CHAPTER XI

CH. 11. Pâi's PRESUMPTUOUS IDEA THAT HE COULD REGULATE THE WATERS BETTER THAN Yü DID.

1. Pâi Kwei said, 'My management of the waters is superior to that of Yü.'

　1. There had been some partial inundations, where the services of Pâi Kwei were called in and he had reduced them by turning the waters into other States, saving one at the expense of injuring others.

2. Mencius replied, 'You are wrong, Sir. Yü's regulation of the waters was according to the laws of water.

　2. 水之道 = 順水之性.

제11장

백규는 주제넘게 우임금보다 치수를 더 잘할 수 있다고 생각한다.

1절
白圭曰, 丹之治水也, 愈於禹.

백규가 말했다. "저는 치수를 우임금보다 잘합니다."

1절 각주
백규(白圭)는 몇몇 지역의 범람을 다스리는 업무를 몇 번 한 적이 있다. 그는 물길을 다른 나라들로 돌림으로써 범람을 줄였다. 즉 그는 다른 나라들을 희생하여 자기 나라를 구했다.

2절
孟子曰, 子過矣, 禹之治水, 水之道也.

맹자가 대답했다. "그대가 틀렸다. 우임금의 치수는 물의 법에 따른 것이다."

2절 각주
수지도(水之道)는 순수지성(順水之性, 물의 성질에 순응하다)이다.

3. 'He therefore made the four seas their receptacle, while you make the neighbouring States their receptacle.

4. 'Water flowing out of its channels is called an inundation. Inundating waters are a vast *waste of* water, and what a benevolent man detests. You are wrong, my good Sir.'

4. See Bk. III. Pt. II. ix. 3, but 洪水 has there a particular application.

3절

是故, 禹以四海爲壑, 今吾子以隣國爲壑.

우임금은 사해를 물을 담는 용기로 만들었지만, 그대는 이웃 나라들을 물을 담는 용기로 만들었다.

4절

水逆行, 謂之洚水, 洚水者, 洪水也, 仁人之所惡也, 吾子過矣.

물이 물길 밖으로 흐르면 범람이라 한다. 범람하는 물은 물의 방대한 [낭비]인데 이는 어진 사람이 싫어하는 것이다. 그대가 틀렸다."

4절 각주

제3권 제2편 제9장 제3절을 보라. 그러나 거기서 홍수(洪水)는 특정 의미로 사용된다.

CHAPTER XII

CH. 12. FAITH IN PRINCIPLES NECESSARY TO FIRMNESS IN ACTION.

Mencius said, 'If a scholar have not faith, how shall he take a firm hold *of things?*'

12. 亮 used as 諒. Chû Hsî explains it by 信.

제12장

원리에 대한 믿음이 있어야만 행동이 단단해진다.

孟子曰, 君子不亮, 惡乎執.

맹자가 말했다. "학자가 믿음이 없으면, 어떻게 [일을] 확실하게 장악할 수 있겠는가?"

12장 각주
량(亮)은 량(諒)으로 쓰인다. 주희는 이것을 신(信)으로 설명한다.

CHAPTER XIII

CH. 13 OF WHAT IMPORTANCE TO A MINISTER −TO GOVERNMENT−IT IS TO LOVE WHAT IS GOOD.

1. *The prince of* Lû wanting to commit the administration of his government to the disciple Yo-chang, Mencius said, 'When I heard of it, I was so glad that I could not sleep.'

1. 爲政,−'to administer the government,' as in chapter. vi, 3.

제13장

선한 것을 사랑하는 것이 신하에게 즉 통치에 어떤 중요성이 있는가?

1절
魯欲使樂正子, 爲政, 孟子曰, 吾聞之, 喜而不寐.

노나라의 [제후]가 악정자에게 국정운영을 맡기기를 원하자, 맹자가 말했다. "나는 그것을 듣고 너무 기뻐서 잠을 잘 수가 없었다."

1절 각주
위정(爲政)은 '국정을 운영하다'로 제6장 제3절과 같다.

2. Kung-sun Ch'âu asked, 'Is Yo-chang a man of vigour?' and was answered, 'No.' 'Is he wise in council?' 'No.' 'Is he possessed of much information?' 'No.'

2. 有知慮乎,一知 is in the 3rd tone;一'has he wisdom and deliberation?'一 The three gifts mentioned here were those considered most important to government in that age, and Kung-sun Ch'âu knowing Yo-chăng to be deficient in them, put his questions accordingly.

3. 'What then made you so glad that you could not sleep?'

2절

公孫丑曰, 樂正子, 強乎. 曰, 否. 有知慮乎. 曰, 否. 多聞識乎. 曰, 否.

공손추가 물었다. "악정자는 활기찬 사람입니까?" 맹자가 대답했다. "아니다." "그는 조정에서 현명합니까?" "아니다." "그는 견문이 넓습니까?" "아니다."

2절 각주

유지려호(有知慮乎)의 지(知)는 3성조이고, 이 문구는 '그는 지혜와 사려 깊음이 있습니까?'라는 의미이다. 여기서 언급된 세 가지의 재능은 그 시대의 조정에서 가장 중요하게 여기던 것이다. 공손추는 악정자가 이런 재능이 없다는 것을 알고 질문을 하였다.

3절

然則奚爲喜而不寐.

"그렇다면, 잠을 자지 못할 정도로 기뻤던 것은 무엇 때문입니까?"

4. 'He is a man who loves what is good.'

4. On this paragraph it is said in the 日講:ㅡ'In the administration of governmen t the most excellent quality is without prejudice and dispassionately(虛中) to receive what is good. Now in regard to all good words and good actions, Yo-chǎng in his heart sincerely loves them.'

5. 'Is the love of what is good sufficient?'

6. 'The love of what is good is more than a sufficient qualification for the government of the kingdom;ㅡhow much more is it so for the State of Lû!

5~6. 足 is what is simply sufficient. 優 is what is sufficient and more.

4절

曰, 其爲人也, 好善.

"악정자는 선한 것을 사랑하는 사람이다."

4절 각주

이 절에 대해 『일강』(日講)은, '위정자에게 가장 필요한 자질은 편견이 없는 것과 공평하게[虛中] 받아들이는 것이다. 오늘날 모든 선한 말과 선한 행동을 고려할 때, 악정자는 진심으로 마음속으로 선한 말과 선한 행동을 사랑했다'라고 풀이했다.

5절

好善, 足乎.

"선한 것을 사랑하면 그것으로 충분합니까?"

6절

曰, 好善, 優於天下, 而況魯國乎.

"선한 것에 대한 사랑은 천하를 다스리기에도 충분한 자질 그 이상인데, 하물며 노나라는 말할 필요도 없다.

5,6절 각주

족(足)은 단순히 충분한 것이라는 뜻이고, 우(優)는 충분한 것 이상이라는 뜻이다.

7. 'If *a minister* love what is good, all within the four seas will count 1000 lî but a small distance, and will come and lay their good thoughts before him.

8. If he do not love what is good, men will say, "How self-conceited he looks? *He is saying to himself,* I know it." The language and looks of that self-conceit will keep men off at a distance of 1,000 lî. When good men stop 1,000 lî off, calumniators, flatterers, and sycophants will make their appearance. When a minister lives among calumniators, flatterers, and sycophants, though he may wish the State to be well governed, is it possible for it to be so?'

8. 訑訑, as defined by Chû Hsî, is一自足其智, 不嗜善言之貌, 'the appearance of being satisfied with one's own knowledge, and having no relish for good words. 士=善人.

7절

夫苟好善, 則四海之內, 皆將輕千里而來, 告之以善.

[재상이] 선한 것을 사랑한다면, 사해 안의 모든 이들이 천 리도 가까운 거리로 여기고 와서 그에게 좋은 생각을 내놓을 것이다.

8절

夫苟不好善, 則人將曰, 訑訑, 予旣已知之矣, 訑訑之聲音顏色, 距人於千里之外, 士止於千里之外, 則讒諂面諛之人, 至矣, 與讒諂面諛之人居, 國欲治, 可得乎.

그가 선한 것을 사랑하지 않는다면, 사람들은 '얼마나 잘난 척하는지. 속으로 나는 그것을 알아 라고 말하고 있겠지'라고 말할 것이다. 그의 교만한 언어와 표정이 사람들을 천 리 밖에 계속 둘 것이다. 좋은 사람들이 천 리 밖에 멈추면, 비방하는 자와 아첨하는 자 그리고 알랑대는 자들이 그 모습을 드러낼 것이다. 신하가 비방하는 자와 아첨하는 자, 알랑대는 자 사이에 산다면, 그의 소망이 나라를 잘 다스리는 것이라고 해도 그것이 가능하겠느냐?"

8절 각주

주희가 정의한 것처럼 이이(訑訑)는 '자족기지, 불기선언지모(自足其智, 不嗜善言之貌),' '자신의 지식에 만족하고 좋은 말을 전혀 즐기지 않는 모양새'이다. 사(士)는 선인(善人)이다.

CHAPTER XIV

CH. 14. GROUNDS OF TAKING AND LEAVING OFFICE.

Compare Bk. V. Pt. II. iv. 7. The three cases mentioned here are respectively the 行可之仕, the 際可, and the 公養, of that place.

1. The disciple Ch'ăn said, 'What were the principles on which superior men of old took office?' Mencius replied, 'There were three cases in which they accepted office, and three in which they left it.

I. The Ch'ăn is the Ch'ăn Tsin, Bk. II. Pt. II. iii.

제14장

맹자는 관직에 오르고 사임하는 근거에 대해 논한다.

제5권 제2편 제4장 제7절과 비교하라. 여기서 언급된 세 개의 사례는 각각 제5권의 행가지사(行可之仕)와 제가(際可) 그리고 공양(公養)이다.

1절
陳子曰, 古之君子, 何如則仕. 孟子曰, 所就三, 所去三.

진자가 말했다. "옛날의 군자들은 어떤 원리에서 관직에 올랐습니까?" 맹자가 대답했다. "그들이 관직을 받아들이는 세 가지 경우가 있었고 그들이 관직을 떠나는 세 가지 경우가 있었다.

1절 각주
이 절의 진자(陳子)는 제2권 제2편 제3장의 진진(陳臻)이다.

2. 'If received with the utmost respect and all polite observances, and they could say *to themselves* that the prince would carry their words into practice, then they took office with him. *Afterwards,* although there might be no remission in the polite demeanour of the prince, if their words were not carried into practice, they would leave him.

2. 迎 is simply = 接待, not 'to go out to meet.'

3. 'The second case was that in which, though *the prince could not be expected* at once to carry their words into practice, yet being received by him with the utmost respect, they took office with him. But afterwards, if there was a remission in his polite demeanour, they would leave him.

3. 雖未行其言也 is to be understood as thought in the scholar's mind, corresponding to 言將行其言也 in the preceding paragraph. In the 日講, indeed, the 言 there is made to be the language of the ruler, but see the gloss of the 備旨, *in loc.*

2절

迎之致敬以有禮, 言將行其言也, 則就之, 禮貌未衰, 言弗行也,
則去之.

제후가 최대한의 존경과 정중한 예법으로 그들을 접대하고 그들이 [자신
에게] '제후가 내 말을 실행에 옮길 것'이라 말할 수 있다면, 그때 그들은
관직에 오른다. [나중에] 제후의 정중한 태도에 방만함이 전혀 없을 지라
도, 그들의 말이 실행으로 옮겨지지 않는다면 그들은 떠날 것이다.

2절 각주

영(迎)은 단순히 접대(接待)이고, '만나기 위해 밖으로 나가다'가 아니다.

3절

其次, 雖未行其言也, 迎之致敬以有禮, 則就之, 禮貌衰, 則去
之.

두 번째 경우는 비록 그들의 말을 실행으로 옮기는 것을 당장 [제후에게
기대할 수 없을지라도], 제후가 최대한의 존경으로 그들을 접대하면, 그들
은 관직에 오를 것이다. 그러나 나중에 그의 정중한 태도에 방만함이 있
으면 그들은 떠날 것이다.

3절 각주

수미행기언(雖未行其言)은 학자가 마음속으로 하는 생각으로 해석해야 하
고 이는 앞 절의 언장행기언(言將行其言)에 상응한다. 『일강』(日講)에서는
언(言)을 제후의 말로 본다. 그러나 앞에 인용된 『비지』(備旨)의 설명을
참고하라.

4. 'The last case was that of *the superior man* who had nothing to eat, either morning or evening, and was so famished that he could not move out of his door. If the prince, on hearing of his state, said, "I must fail in the great point,—that of carrying his doctrines into practice, neither am I able to follow his words, but I am ashamed to allow him to die of want in my country;" the assistance offered in such a case might be received, but not beyond what was sufficient to avert death.'

4. The assistance is in the shape of employment offered. If not, then 不可受 would not be a case of 就仕.

4절

其下, 朝不食, 夕不食, 饑餓不能出門戶, 君聞之, 曰, 吾大者,
不能行其道, 又不能從其言也, 使饑餓於我土地, 吾恥之, 周之,
亦可受也, 免死而已矣.

마지막은 [군자가] 아침이나 저녁에 먹을 것이 전혀 없어 굶주림이 심해
문밖으로 나갈 수 없는 경우이다. 제후가 그의 상황을 듣고 즉시 '내가 그
의 말을 실행으로 옮기지 못하고 그의 말을 따르지 못하지만, 그가 내 나
라에서 굶어 죽게 할 수 없다. 이는 부끄러운 일이다.'라고 하며 도움을
줄 때 그 경우에는 도움을 받을 수 있다. 그러나 굶주림을 면하기에 족한
그 이상은 안 된다."

4절 각주

관직을 내려 도움을 제공하는 방식이다. 이것이 아니라면, 불가수(不可受)
는 취사(就仕)의 사례가 아닐 것이다.

CHAPTER XV

CH. 15. TRIALS AND HARDSHIPS THE WAY IN WHICH HEAVEN PREPARES MEN FOR GREAT SERVICES.

제15장

하늘은 시련과 어려움을 겪게 하여 위대한 일을 할 수 있도록 사람을 준비시킨다.

1. Mencius said, 'Shun rose from among the channelled fields. Fû Yüeh was called to office from the midst of his building frames; Chiâo-ko from his fish and salt; Kwan Î-wû from the hands of his gaoler; Sun-shû Âo from *his hiding by* the sea-shore; and Pâi-lî Hsî from the market-place.

1. With Shun, Kwan Î-wû, and Pâi-lî Hsî, the student must be familiar. Fù Yüeh,－see the Shû-ching, Pt. IV. Bk. VII, where it is related that the sovereign Kâo Tsung having 'dreamt that God gave him a good assistant,' caused a picture of the man he had seen in his dream to be made, and 'search made for him through the empire, when he was found dwelling in the wilderness of Fû-yen(傅巖之野)." In the 'Historical Records,' it is said the surname was given in the dream as 傅, and the name as 悅. Chiâo Ko is mentioned, Bk. II. Pt. I. i. 8, where it is said in the notes that his worth, when living in retirement, was discovered by king Wǎn. He was then selling fish and salt, and on Wǎ's recommendation was raised to office by the last sovereign of Yin, to whose fortunes he continued faithful. Sun-shâ âo was prime minister to Chwang of Ch'û, the last of the five chiefs of the princes. So much is beyond dispute, but the circumstances of his elevation, and the family to which he belonged, are uncertain. See the 四書拓餘説, *in loc.* 版築,－ 'plunks and building.' Many of the houses in China are built of earth and mortar beaten together within a moveable frame, in which the walls are formed. 擧士,－士 is the officer who was in charge of him.

1절

孟子曰, 舜, 發於畎畝之中, 傅說14), 擧於版築之間, 膠鬲, 擧
於魚鹽之中, 管夷吾, 擧於士, 孫叔敖, 擧於海, 百里奚, 擧於
市.

맹자가 말했다. "순은 고랑진 밭 사이에서 일어났다. 부열은 건물의 골조
가운데에서 그리고 교격은 생선과 소금에서, 관이오는 옥지기의 포승줄에
서, 손숙오는 바닷가의 [은신처]에서, 백리해는 시장에서, 부름을 받고 기
용되었다.

1절 각주

순(舜)과 관이오(管夷吾) 그리고 백리해(百里奚)에 대해서는 학생들은
잘 알 것이다. 『서경』「상서(商書)·열명(說命)상」을 보면, 부열(傅說)은
고종 무정(武丁)이 '하늘이 훌륭한 조력자를 그에게 줄 것이라는 꿈을
꾼' 후 꿈에서 본 그 사람을 그리게 해서 '그를 찾아 천하를 뒤졌더니
부암(傅巖)의 황야에 살고 있었다(傅巖之野)'라고 전한다. 『사기』에 따
르면, 꿈에서 성은 부(傅)이고 이름은 열(說)이라 하였다. 교격(膠鬲)에
대한 언급은 제2권 제1편 제1장 제8절의 각주에 있다. 교격은 은퇴해
서 살 때 문왕이 그의 진가를 발견하였다고 한다. 그 당시 그는 생선
과 소금을 팔고 있었는데 문왕의 추천으로 은의 마지막 군주가 그를
관직에 기용했고 그는 그 군주에게 끝까지 충성했다. 손숙오(孫叔敖)
는 마지막 오패인 초나라 장왕 때의 재상이었다. 논쟁거리가 매우 많
지만, 그가 기용된 상황과 그가 속한 가문은 불확실하다. 앞의 『사서
탁여설』(四書拓餘說)을 보라. 판축(版築)은 '판자와 건축물'을 말한다.
대부분의 중국의 가옥은 옮길 수 있는 틀 안에 흙과 회반죽을 같이
발라 벽을 세우는 방식으로 만든다. 거사(擧士)의 사(士)는 그를 담당
했던 관리이다.

---

14) (역주) 레게 맹자 원문에는 '부열(傅說)'이 '전열(傳說)'로 되어있어 수정하였다.

2. 'Thus, when Heaven is about to confer a great office on any man, it first exercises his mind with suffering, and his sinews and bones with toil. It exposes his body to hunger, and subjects him to extreme poverty. It confounds his undertakings. By all these methods it stimulates his mind, hardens his nature, and supplies his incompetencies.

2. 餓其體膚,一'hunger his members and skin.' 空乏其身,一'empty his person.' 行拂,云云;一'as to his doings, confound what he is doing.' 行 is taken as 行事, and 爲 as 心所謀爲. 曾,一used for 增.

2절

故天將降大任於是人也, 必先苦其心志, 勞其筋骨, 餓其體膚,
空乏其身, 行拂亂其所爲, 所以動心忍性, 曾益其所不能.

이리하여, 하늘이 어떤 사람에게 큰일을 내리려고 할 때면, 먼저 그의 정
신을 고통으로, 그의 근육과 뼈를 노동으로 단련시킨다. 그의 몸을 굶주림
에 노출하고 그를 극도의 가난에 놓이게 한다. 그가 맡은 일을 꼬이게 한
다. 하늘은 이러한 모든 방법으로 그의 정신을 자극하고 그의 본성을 단
단하게 하고 그의 부족함을 채운다.

2절 각주

아기체부(餓其體膚)는 '그의 사지와 가죽이 굶주리다'라는 뜻이다. 공핍기
신(空乏其身)은 '그의 몸이 비다'라는 뜻이다. '행불, 운운(行拂15), 云云)'은
'그의 행함에 대해, 그가 하는 것을 어렵게 하다'라는 뜻이다. 행(行)은 행
사(行事)로, 위(爲)는 심소모위(心所謀爲)로 보아야 한다. 증(曾)은 增(증)으
로 쓰인다.

---

15) (역주) 레게 각주 원문에는 '行佛, 云云'으로 되어있어 '行拂, 云云"수정하였다.

3. 'Men for the most part err, and are afterwards able to reform. They are distressed in mind and perplexed in their thoughts, and then they arise to vigorous reformation. When things have been evidenced in men's looks, and set forth in their words, then they understand them.

3. The same thing holds true of ordinary men. They are improved by difficulties. 衡,—used for 橫. 徵於色, 云云,—the meaning is, that, though most men are not quick of apprehension, yet when things are clearly before them, they can lay hold of them.

3절

人恒過然後, 能改, 困於心, 衡於慮而後作, 徵於色, 發於聲而
後喻.

사람들은 대부분 실수하고 난 뒤에야 고칠 수 있다. 그들은 마음으로 괴
로워하고 그들의 생각에 당황한다. 그런 후 분발하여 고친다. 상황이 표정
에 분명히 드러나고 말이 되어 나온 뒤에 그들은 이해하게 된다.

3절 각주

같은 일이 보통 사람에게도 적용된다. 그들은 시련으로 발전한다. 형(衡)
은 횡(橫)으로 사용된다. '징어색, 운운(徵於色 云云)'은 비록 대다수사람은
빨리 이해하지는 못하지만, 그들 앞에 상황이 분명하게 드러나면 파악할
수 있다는 것을 의미한다.

4. 'If a prince have not about his court families attached to the laws and worthy counsellors, and if abroad there are not hostile States or other external calamities, his kingdom will generally come to ruin.

4. The same thing holds true of a state. 法家,一'law families,' i.e. old families to whom the laws of the State are familiar and dear. 拂 is used for 弼. Such families and officers will stimulate the prince's mind by their lessons and remonstrances, and foreign danger will rouse him to carefulness and exertion.

5. 'From these things we see how life springs from sorrow and calamity, and death from ease and pleasure.'

4절

入則無法家拂士, 出則無敵國外患者, 國恒亡.

만약 제후의 조정에서 법에 대해 애착을 느끼는 가문들과 현능한 고문관들이 없고 밖으로 적대적인 나라나 다른 외부적인 재앙이 없다면, 그 나라는 대부분 멸망한다.

4절 각주

동일한 일이 한 공국에도 적용된다. 법가(法家)는 '법조 가문'으로 나라의 법을 잘 알고 귀중하게 생각하는 오래된 가문을 의미한다. 필(拂)은 필(弼)로 사용된다. 그와 같은 가문과 관리들은 조언과 경계로 제후의 마음을 자극할 것이고, 외부의 위험은 그를 깨워서 주의하고 분발하게 할 것이다.

5절

然後, 知生於憂患而死於安樂也.

이러한 것들로부터 우리는 생이 슬픔과 재앙에서, 죽음이 안이함과 쾌락에서 솟아나는 방식을 보게 된다."

CHAPTER XVI

CH. 16. HOW A REFUSAL TO TEACH MAY BE TEACHING.

Mencius said, 'There are many arts in teaching. I refuse, as inconsistent with my character, to teach a man, but I am only thereby still teaching him.'

The 亦 in 亦教 is not without its force, but we can hardly express it in a translation. 予不屑之教誨 = 予不屑教誨之. The 者 carries us on to the next clause for an explanation of what has been said.

제16장

가르침을 거절하는 것이 가르침이 될 수 있다.

孟子曰, 敎亦多術矣, 予不屑之敎誨也者, 是亦敎誨之而已矣.

맹자가 말했다. "가르침에는 여러 기법이 있다. 나의 성격과 맞지 않기 때문에 내가 어떤 사람을 가르치기를 거절한다. 그러나 나는 그렇게 함으로써 여전히 그를 가르치고 있다."

16장 각주

역교(亦敎)의 역(亦)은 그 의미가 없는 것은 아니지만, 번역하기가 어렵다. 여불설지교회(予不屑之敎誨)는 여불설교회지(予不屑敎誨之)이다. 자(者)는 다음 어구가 이미 말한 것에 대한 설명이라는 것을 표지한다.

盡心章句·上

진심장구·상

BOOK VII

TSIN SIN

PART I

TITLE OF THIS BOOK.

一Like the previous Books, this is named from the commencing words一 盡心, 'The exhausting of all the mental constitution.' It contains many more chapters than any of them, being, for the most part, brief enigmatical sentences, conveying Mencius's views of human nature. It is more abstruse also, and the student will have much difficulty in satisfying himself that he has really hit the exact meaning of the philosopher. The author of the 四書味根錄 says :一'This book was made by Mencius in his old age. Its style is terse, and its meaning deep, and we cannot discover an order of subjects in its chapters. He had completed the previous six Books, and this grew up under his pencil, as his mind was affected, and he was prompted to give expression to his thoughts. The first chapter may be regarded, however, as a compendium of the whole.'

제7권
진심장구(盡心章句)
상(上)

제7권의 제목

앞의 권들과 마찬가지로 시작하는 단어인 진심(盡心) 즉 '모든 정신적 구성체를 소진시키는 것'에서 딴 것이다. 제7권은 다른 권들보다 장의 수가 더 많다. 대부분의 장은 짧은 수수께끼 같은 문장으로 맹자의 인간 본성에 대한 견해를 담고 있다. 매우 추상적이므로 학생들은 자신이 철학자의 정확한 의도를 제대로 파악했다고 장담하기에 많은 어려움이 있을 것이다. 『사서미근록』(四書味根錄)의 저자는 이렇게 말했다. '제7권은 맹자가 노령에 만든 책이다. 제7권의 문체는 간결하고, 그 의미는 심오하다. 그래서 우리는 제7권의 주제의 흐름을 파악하기 어렵다. 이미 제6권까지 완성했던 맹자는 마음이 움직이자 붓을 들어 사상을 표현하기 위해 제7권을 집필하였다. 제1장은 제7권의 개요로 볼 수 있다.'

CHAPTER I

CH. 1. BY THE STUDY OF OURSELVES WE COME TO THE KNOWLEDGE OF HEAVEN, AND HEAVEN IS SERVED BY OUR OBEYING OUR NATURE.

1. Mencius said, 'He who has exhausted all his mental constitution knows his nature. Knowing his nature, he knows Heaven.

1. 盡其心 is, I conceive, to make one's self acquainted with all his mind, to arrest his consciousness, and ascertain what he is. This of course gives a man the knowledge of his nature, and as he is the creature of Heaven, its attributes must be corresponding. It is much to be wished that instead of the term Heaven, vague and indefinite, Mencius had simply said, 'God.' I can get no other meaning from this par. Chû Hsî, however, and all his school, say that there is no work or labour in 盡其心;—that it is the 知至 of the Confucian chapter in the 'Superior Learning,' according to their view of it; that all the labour is in 知其性 which is the 物格 of that chapter. If this be correct, we should translate:—'He who completely develops his mental constitution, has known, come to know his nature,' but I cannot construe the words so.

제1장

우리는 자신을 살핌으로써 하늘을 알게 되고 본성에 순종함으로써 하늘을 섬긴다.

1절
孟子曰, 盡其心者, 知其性也, 知其性, 則知天矣.

맹자가 말했다. "모든 정신적 구성체를 소진하는 사람은 자기의 본성을 안다. 자기의 본성을 알면 하늘을 안다.

1절 각주
진기심(盡其心)은 사람이 자기의 모든 마음을 잘 알게 되는 것, 자기의 의식을 잡는 것, 자기가 누구인지를 확신하는 것이라고 나는 생각한다. 물론 이렇게 하면 사람은 본성을 알게 된다. 그는 하늘의 창조물이기 때문에 하늘의 속성에 상응한다. 모호하고 불명확한 하늘(Heaven)이라는 용어 대신에 맹자가 단순하게 '하나님(God)'이라 말했으면 더욱 좋았을 것이라 생각한다. 나는 이 절에서 나의 해석 이외의 다른 어떠한 의미를 파악할 수 없다. 그러나 주희와 그의 학파의 모든 이들은 진기심(盡其心)에는 어떠한 어려운 일이나 힘든 노고가 전혀 들어가지 않고, 그것은 『대학』의 공자편인 경(經) 제1장의 지지(知至)이고, 오로지 힘써야 할 것은 그 장의 물격(物格)인 지기성(知其性)에 있다고 말한다. 이것이 옳다면, 우리의 번역은 '마음을 완전히 발전시킨 사람은 그의 본성을 알았고 알게 되었다'라고 해야 한다. 그러나 나는 '진기심'과 '지기성'을 그렇게 해석할 수 없다.

2. 'To preserve one's mental constitution, and nourish one's nature, is the way to serve Heaven.

2. The 'preservation' is the holding fast what we have from Heaven, and the 'nourishing' is the acting in harmony therewith, so that the 'serving Heaven' is just being and doing what It has intimated in our constitution to be Its will concerning us.

2절

存其心, 養其性, 所以事天也.

자신의 정신적 구성체를 보존하고 자신의 본성을 기르는 것이 하늘을 섬기는 방식이다.

2절 각주

'보존'은 그가 하늘로부터 받은 것을 꽉 잡는 것이고, '기르는 것'은 그것과 조화를 이루며 행동하는 것이다. 그래서 '하늘을 섬기는 것'은 그저 하늘의 뜻이 우리와 관련되도록 하늘이 우리의 구성체에 암시한 것이 되는 것이고 암시한 것을 행하는 것이다.

3. 'When neither a premature death nor long life causes a man any double-mindedness, but he waits in the cultivation of his personal character *for whatever issue;*—this is the way in which he establishes his Heaven-ordained being.'

3절

殀壽不貳, 修身以俟之, 所以立命也.

일찍 죽고 오래 사는 것에 조금도 의심을 품지 않고, [어떤 사안이든] 자기의 사람됨을 함양하며 기다리는 것이 [하늘이] 정해준 자기의 존재를 확립하는 방식이다."

3. 命 is our nature, according to the opening words of the *Chung Yung*, 一天命之謂性. 立 is to be taken as an active verb. 不貳=不疑, 'causes no doubts,' i. e. no doubts as to what is to be done. 俟之,一之 referring to 殀壽.—It may be well to give the views of Châo Ch'î on this chapter. On the first paragraph he says:一'To the nature there belong the principles of benevolence, righteousness, propriety, and knowledge. The mind is designed to regulate them (心以制之) and having the distinction of being correct, a man can put forth all his mind to think of doing good, and then he may be said to know his nature. When he knows his nature, he knows that the way of Heaven considers what is good to be excellent.' On the second paragraph he says :一'When one is able to preserve his mind, and to nourish his correct nature, he may be called a man of perfect virtue (仁人). The way of Heaven loves life, and the perfect man also loves life. The way of Heaven is without partiality, and only approves of the virtuous. Thus the acting of *the perfect man* agrees with Heaven, and hence it is said, this is the way by which he serves Heaven.' On the third paragraph he says:一'The perfect man in his conduct is guided by one law. Although he sees that some who have gone before him have been short-lived, and some long-lived, he never has two minds, or changes his way. Let life be short as that of Yen Yüan, or long as that of the duke of Shâo, he refers either case equally to the appointment of Heaven, and cultivates and rectifies his own person to wait for that. It is in this way he establishes the root of *Heaven's* appointments(此所以立命之本).' These explanation do not throw light upon the text, but they show how that may be treated independently of the school of Chû Hsî. And the equal unsatisfactoriness of his interpretation may well lead the student一the foreign student especially一to put forth his strength on the study of the text more than on the commentaries.

3절 각주

『중용』의 시작 부분인 천명지위성(天命之謂性)에 따르면 명(命)은 우리의 본성이다. 립(立)은 능동사로 보아야 한다. 불이(不貳)는 불의(不疑)로, '어떠한 의심도 야기하지 않다는 뜻이다. 즉 행해야 할 것을 전혀 의심하지 않는다는 의미이다. 사지(俟之)의 지(之)는 요수(夭壽)이다. 이 장에 대한 조기의 견해를 제시하는 것이 좋을 듯하다. 조기는 제1절에 대해 '본성에는 인, 의, 예, 지의 원리가 속한다. 마음은 이 원리들을 다스리도록 만들어지고(心以制之), 그리고 올바른 것에 대한 식견을 가진 후 사람은 온 마음을 쏟아 선을 행하는 것에 대해 생각할 수 있고, 그런 다음에야 그의 본성을 안다고 말할 수 있다. 그의 본성을 알 때, 그는 하늘의 도가 선한 것을 우수한 것으로 간주한다는 것을 안다.'라고 했다. 제2절에 대해 조기는, '그의 마음을 보존할 수 있을 때 그리고 그의 바른 본성을 기를 수 있을 때, 그는 완벽한 덕을 지닌 사람(仁人)으로 불릴 수 있다. 하늘의 방식은 생을 사랑하고 이 완벽한 사람 또한 생을 사랑한다. 하늘의 방식은 편파성이 없고 오로지 유덕한 자만을 인정한다. 이리하여 [완벽한 사람]의 행동은 하늘과 일치한다. 그러므로 이것이 그가 하늘을 섬기는 방식이라고 말할 수 있다'라고 했다. 제3절에 대해 조기는, '완벽한 사람의 행동은 하나의 법을 따라간다. 비록 그의 앞에 간 어떤 사람들이 단명하고, 어떤 사람들이 장수하는 것을 보지만 그는 결코 두 마음을 가지지 않고, 그의 방식을 바꾸지 않는다. 안연(顏淵)처럼 단명하든 소공(召公)처럼 장수하든, 모두 하늘의 명이라고 하며 그의 몸을 함양하고 바르게 하며 하늘의 명을 기다린다. 이런 방식으로 그는 하늘의 명의 근간을 세운다(此所以立命之本)'라고 했다. 조기의 설명은 텍스트 이해에 도움이 되진 않지만 주희와 다른 해석이 존재함을 보여준다. 주희의 해석도 불만족스럽긴 마찬가지이다. 그러므로 학생들 특히 외국인 학자들은 주석보다 텍스트를 연구하는 데 더 많은 힘을 쏟는 것이 더 낫다.

CHAPTER II

CH. 2. MAN'S DUTY AS AFFECTED BY THE DECREES OR APPOINTMENTS OF HEAVENS. WHAT MAY BE CORRECTLY ASCRIBED THERETO AND WHAT NOT.

Chû Hsî says this is a continuation of the last chapter, developing the meaning of the last paragraph. There is a connexion between the chapters, but 命 is here taken more widely, as extending not only to man's nature, but all the events that befall him.

제2장

사람의 의무는 하늘의 명령 또는 명(命)에 영향을 받는다. 그럼 하늘
의 명에 속하는 것과 속하지 않는 것은 무엇인가.

주희는 제2장을 제1장의 연속으로 보았다. 제1장과 제2장이 연결되는 부
분이 있지만, 제2장의 명(命)은 인간의 본성뿐만 아니라 인간에게 발생하
는 모든 사건으로 확대되기 때문에 보다 확장해서 해석해야 한다.

1. Mencius said, 'There is an appointment for everything. A man should receive submissively what may be correctly ascribed thereto.

1. 正命, 'the correct appointment,' i. e. that which is directly the will of Heaven. No consequence flowing from evil or careless conduct is to be understood as being so. Chû Hsî's definition is一莫之致而至者 乃爲正命, 'that which comes without being brought on is the correct appointment.'一Châo Ch'î says there are three ways of speaking about the appointments or decrees of Heaven. Doing good and getting good is called 受命, 'receiving what is appointed.' Doing good and getting evil is called 遭命, 'encountering what is appointed.' Doing evil and getting evil is called 隨命, 'follow ing after what is appointed.' It is only the first of these cases that is spoken of in the text. It must be borne in mind, however, that by 命 here Châo understands death, and that only, and we should acquiesce in this, if there did not seem to be a connexion between this chapter and the preceding.

1절

孟子曰, 莫非命也, 順受其正.

맹자가 말했다. "모든 것에는 명이 있다. 사람은 그 명에 속하는 것에 순종해야 한다.

1절 각주

정명(正命)은 '바른 명'으로 즉 하늘의 뜻을 의미한다. 악 또는 부주의한 행동에서 흘러나오는 어떠한 결과도 정명으로 이해해서는 안 된다. 주희는 정명을 '막지치이지자, 내위정명(莫之致而至者, 乃爲正命)', '유발되지 않고 나오는 그것이 정명'이라고 정의한다. 조기는 하늘의 명 또는 명령에 대해 말할 수 있는 세 가지 방식이 있다고 말한다. 선을 행하고 선을 받는 것이 수명(受命) 즉 '명해진 것을 받은 것'이다. 선을 하고 악을 받는 것이 조명(遭命), '정해진 것을 우연히 만나는 것'이다. 악을 하고 악을 얻는 것이 수명(隨命), '정해진 것을 따라가는 것'이다. 본문에서 말하는 것은 첫 번째에 해당한다. 그러나 명심해야 할 것은 여기서 조기는 명을 단지 죽음으로 이해했다는 것이다. 이 장과 앞장의 연결 고리를 생각하면 조기의 해석을 받아들이기 어렵다.

2. 'Therefore, he who has the true idea of what is *Heaven's* appointment will not stand beneath a precipitous wall.

2. 知命者,——he who knows or has the true notion of,etc. 巖, 'precipitous' and likely to fall.

3. 'Death sustained in the discharge of one's duties may correctly be ascribed to the appointment *of Heaven*.

4. 'Death under handcuffs and fetters cannot correctly be so ascribed.'

4. The fetters are understood to be those of an evildoer. 桎 are fetters for the hands, and 梏 those for the feet.

2절

是故, 知命者, 不立乎巖墻之下.

그러므로, [하늘의] 명이 무엇인가에 대한 참된 관념을 가진 자는 가파른
담 아래에 서지 않을 것이다.

2절 각주
지명자(知命者)는 아는 자 또는 어떤 것에 대한 진정한 개념을 가진 자를
의미한다. 암(巖)은 '가파른' 그래서 떨어질 것 같은 것이다.

3절

盡其道而死者, 正命也.

자신의 의무를 이행하다 맞이하는 죽음은 [하늘의] 명을 바르게 받아들이
는 것이다.

4절

桎梏死者, 非正命也.

수갑과 족쇄를 찬 채 맞이하는 죽음은 하늘의 명을 바르게 받아들인 것이
아니다."

4절 각주
족쇄는 나쁜 짓을 한 사람에게 채우는 것으로 보아야 한다. 질(桎)은 손에
채우는 족쇄이고, 梏(곡)은 발에 채우는 족쇄이다.

CHAPTER III

CH. 3. VIRTUE IS SURE TO BE GAINED BY SEEKING IT, BUT RICHES AND OTHER EXTERNAL THINGS NOT.

This general sentiment is correct, but exact truth is sacrificed to the point of the antithesis, when it is said in the second case that seeking is of *no* use to getting. The things 'in ourselves' are benevolence, righteousness, propriety, and knowledge, the endowments proper of our nature. The things 'without ourselves" are riches and dignities. The 'proper course' to seek these is that ascribed to Confucius, advancing according to propriety, and retiring according to righteousness, but yet they are not at our command and control.

제3장

덕은 구함으로써 얻을 수 있는 것이 분명하다. 그러나 부와 외부적인 것은 구한다고 해서 반드시 얻어지는 것은 아니다.

이 장의 전반적인 논지는 맞다. 그러나 보다 정확하게 말하자면, 반명제의 논점에 문제가 있다. 부와 외부적인 것에 대해 말한 두 번째 경우는 구하는 것이 얻는 데 전혀 도움이 되지 않는다라고 해야 한다. '우리 안의' 것들은 인, 의, 예, 지로 우리의 본성에 고유한 자질들이다. '우리 밖의' 것들은 부와 작위이다. 공자는 부와 작위를 추구하는 '올바른 길'에 대해 '예에 따라 나아가고 의에 따라 물러나는 것'이라고 말하지만, 부와 작위는 우리가 지배하고 통제할 수 있는 것이 아니다.

1. Mencius said, 'When we get by our seeking and lose by our neglecting;—in that case seeking is of use to getting, and the things sought for are those which are in ourselves.

2. 'When the seeking is according to the proper course, and the getting is *only* as appointed;—in that case the seeking is of no use to getting, and the things sought are without ourselves.'

1절

孟子曰, 求則得之, 舍則失之, 是求有益於得也, 求在我者也.

맹자가 말했다. "우리가 구함으로써 얻고 우리가 방기함으로써 잃을 때, 그런 경우에 구하는 것은 얻는 데에 도움이 된다. 구하여 얻는 것이 우리 속에 있는 것이기 때문이다.

2절

求之有道, 得之有命, 是求無益於得也, 求在外者也.

구하는 것이 올바른 과정을 따르고, 얻는 것이 [단지] 명에 의한 것이면, 그럴 때 구하는 것은 얻는 것에 아무런 도움이 되지 않는다. 구하여 얻은 것이 우리 밖에 있기 때문이다."

CHAPTER IV

MAN IS FITTED FOR, AND HAPPY IN, DOING GOOD, AND MAY PERFECT HIMSELF THEREIN.

1. Mencius said, 'All things are already complete in us.

1. This paragraph is quite mystical. The all things are taken only as the *principles* of all things, which all things moreover are chiefly the relations of society. When we extend them farther, we get embarrassed.

제4장

사람은 선을 행하기에 알맞고 선을 행하면서 행복하고 그럼으로써 자신을 완성시킬 수 있다.

1절

孟子曰, 萬物皆備於我矣.

맹자가 말했다. "만물은 이미 우리 안에서 완전하다.

1절 각주

이 절은 신비롭다. 만물은 모든 것들의 [원리]로 간주될 수 있다. 게다가 만물은 주로 사회적 관계들이다. 만물을 더욱 확대할 때 우리는 당황하게 된다.

2. 'There is no greater delight than to be conscious of sincerity on self-examination.

2. The 誠 here is that so largely treated of in the Chung Yung.

3. 'If one acts with a vigorous effort at the law of reciprocity, when he seeks for *the realization of* perfect virtue, nothing can be closer than his approximation to it.'

3. 恕 is the judging of others by ourselves, and acting accordingly. Compare the Doctrine of the Mean, xiii, 3.

2절

反身而誠, 樂莫大焉.

자신을 살펴어 성심(誠)을 아는 것보다 더 큰 기쁨은 없다.

2절 각주
여기서 성(誠)은 『중용』의 주요 주제이다.

3절

強恕而行, 求仁莫近焉.

상호성의 법에 따라 활기차게 노력하며 완벽한 덕[仁]의 [실현]을 추구할 때, 완벽한 덕에 가장 가까이 다가갈 수 있다."

3절 각주
서(恕)는 우리 자신을 미루어 타인을 판단하고 이에 따라 행동하는 것이다. 『중용』제13장 제3절과 비교하라.

CHAPTER V

CH. 5. HOW MANY ACT WITHOUT THOUGHT.

Mencius said, 'To act without understanding, and to do so habitually without examination, pursuing the proper path all the life without knowing its nature;—this is the way of multitudes.'

Compare the Analects, VIII. ix. 行之, 由之,一之 is to be understood of 道, but 其道= 'its nature,' its propriety, which is the object of 著, and its grounds, which is the object of 察. Chû Hsî defines 著 as 知之明, 'knowing clearly," and 察 as 識之精, 'knowing minutely and exactly.' 'There is much activity,' says the 備旨, 'in the two verbs.' This use of 著 is not common.

제5장

많은 이들은 아무 생각 없이 행동한다.

孟子曰, 行之而不著焉, 習矣而不察焉, 終身由之而不知其道
者, 衆也.

맹자가 말했다. "행동하지만 이해하지 못하고, 습관적으로 행동하지만 살
피지 않고, 평생 올바른 길을 추구하지만 그 본성을 알지 못하는 것, 이것
이 대중들이 하는 방식이다."

5장 각주

『논어』 제8권 제9장과 비교하라. 행지(行之)와 유지(由之)의 지(之)는 도
(道)로 보아야 하지만 기도(其道)는 '그것의 본성' 즉 그것의 적법성으로
저(著)의 대상이다. 그것의 근거는 찰(察)의 대상이다. 주희는 저(著)를 지
지명(知之明), '분명하게 아는 것'으로 정의하고, 찰(察)을 식지정(識之精),
'세세하고 정확하게 아는 것'으로 정의한다. 『비지』(備旨)에서는 '두 개의
동사가 의미할 수 있는 활동이 많다'고 말한다. 저(著)를 이렇게 사용하는
것은 흔하지 않다.

CHAPTER VI

CH. 6. THE VALUE OF THE FEELING OF SHAME.

Mencius said, 'A man may not be without shame. When one is ashamed of having been without shame, he will *afterwards* not have *occasion* to be ashamed.'

The last 恥=shameful conduct.

제6장

부끄러움의 가치를 논한다.(1)

孟子曰, 人不可以無恥, 無恥之恥, 無恥矣.

맹자가 말했다. "사람이 수치심이 없으면 사람이 아니다. 사람이 수치심이 없었던 것을 부끄러워하면, [나중에] 부끄러워 할 [일]이 없을 것이다."

6장 각주
마지막의 치(恥)는 부끄러운 행동을 의미한다.

CHAPTER VII

CH. 7. THE SAME SUBJECT.

The former chapter, it is said, was by way of exhortation (以勸); this is by way of warning (以戒). The second paragraph is aimed at the wandering scholars of Mencius's time, who were full of plots and schemes to unite and disunite the various princes. 機, 'springs of motion,' 'machinery.' The third paragraph may also be translated, 'If a man be not ashamed at his being not like other men, in what will he be like them.'

1. Mencius said, 'The sense of shame is to a man of great importance.

2. 'Those who form contrivances and versatile schemes distinguished for their artfulness, do not allow their sense of shame to come into action.

3. 'When one differs from other men in not having this sense of shame, what will he have in common with them?'

제7장

부끄러움의 가치를 논한다.(2)

제6장은 권고(以勸)이고, 이 장은 경계(以戒)이다. 제2절은 맹자 시대의 종
횡가들을 겨냥하고 있다. 그들은 수많은 음모와 계획으로 여러 제후를 통
합하고 분열시켰다. 기(機)는 '움직이는 용수철' '장치'를 의미한다. 제3절은
'어떤 사람이 다른 사람들과 같지 않은 것을 부끄러워하지 않는다면, 그가
어떤 점에서 그들과 같을 수 있을까?'로 번역할 수 있다.

1절
孟子曰, 恥之於人, 大矣.

맹자가 말했다. "수치심은 사람에게 매우 중요하다.

2절
爲機變之巧者, 無所用恥焉.

음모를 꾸미고 계획을 꾸미는 솜씨가 뛰어난 자들은 수치심이 작동하도록
허락하지 않는다.

3절
不恥不若人, 何若人有.

어떤 사람이 다른 사람들과 다르게 수치심을 가지지 않는다면 그가 다른
사람들과 공통되는 것이 무엇일까?"

CHAPTER VIII

CH. 8. HOW THE ANCIENT SCHOLARS MAINTAINED THE DIGNITY OF THEIR CHARACTER AND PRINCIPLES.

Mencius said, 'The able and virtuous monarchs of antiquity loved virtue and forgot their power. And shall an exception be made of the able and virtuous scholars of antiquity, that they did not do the same? They delighted in their own principles, and were oblivious of the power of princes. Therefore, if kings and dukes did not show the utmost respect, and observe all forms of ceremony, they were not permitted to come frequently and visit them. If they thus found it not in their power to pay them frequent visits, how much less could they get to employ them as ministers?'

善 is not virtue in the abstract, but the good which they saw in others, in the scholars namely. 勢 is their own 'power.' As applied to the scholars, however, these things have to be reversed. They loved their own virtue (其道), and forgot the power of men, i. e. of the princes.

제8장

옛 학자들이 인격의 품위와 원리들을 유지하는 방식을 논한다.

孟子曰, 古之賢王, 好善而忘勢, 古之賢士, 何獨不然, 樂其道
而忘人之勢, 故王公不致敬盡禮, 則不得亟見之, 見且猶不得
亟, 而況得而臣之乎.

맹자가 말했다. "옛날의 유능하고 덕이 있는 왕들은 덕을 사랑하고 자신들의 권세를 잊었다. 옛날의 유능하고 덕이 있는 학자들도 예외 없이 똑같이 했을 것이다. 그들은 자신의 원리들에 기뻐하고 제후들의 권세를 망각했다. 그러므로 왕과 제후들이 최대한의 존경심을 보이지 않고 모든 예법을 지키지 않으면, 학자들은 왕과 제후들의 방문을 허락하지 않았다. 왕과 제후들이 권세로도 학자들을 자주 방문조차 할 수 없는데, 하물며 그들을 신하로 기용할 수 있겠는가?"

8장 각주

선(善)은 추상적인 덕이 아니고, 그들이 다른 사람들 즉 학자들에게서 보았던 선이다. 세(勢)는 그들 자신의 '권력'이다. 그러나 학자에게 적용하면, 그들 자신의 덕으로 바뀐다. 학자들은 자신의 덕(其道)을 사랑하고 다른 사람들 즉 제후들의 권력을 잊어버린다.

CHAPTER IX

CH. 9. HOW A PROFESSIONAL ADVISER OF THE PRINCES MIGHT BE ALWAYS PERFECTLY SATISFIED. THE EXAMPLE OF ANTIQUITY.

1. Mencius said to Sung Kâu-ch'ien, 'Are you fond, Sir, of travelling *to the different courts*? I will tell you about such travelling.

1. Some make the party spoken to in this chapter to be Kâu(句 read as 鉤) ch'ien of Sung. Nothing is known of him, but that he was one of the adventurers, who traveled about tendering their advice to the different princes.

제9장

제후의 전문 책사가 항상 최고의 만족을 얻는 방법은 옛사람들의 예를 참조하는 것이다.

1절
孟子謂宋句踐曰, 子好遊乎, 吾語子遊.

맹자가 송구천에게 말했다. "선생은 [다른 조정으로] 이동하는 것을 좋아하지요? 당신에게 그와 같은 이동에 대해 말하고자 합니다.

1절 각주
혹자는 이 장의 대화 상대자를 송나라의 구천(句[鉤로 읽힘]踐)으로 본다. 그에 대해 알려진 바가 없지만, 이 나라 저 나라 다니면서 여러 제후에게 조언하는 종횡가 가운데 한 사람이었다.

2. 'If a prince acknowledge you and follow your counsels, be perfectly satisfied. If no one do so, be the same.'

2. To translate 知之 as I have done here, can hardly be called a paraphrase. Chû Hsî, after Châo Ch'î, explains 囂囂 as 'the appearance of self-possession and freedom from desire.' 'Perfectly satisfied' conveys the idea of the phrase.

3. *Kâu-ch'ien* said, 'What is to be done to secure this perfect satisfaction?' Mencius replied, 'Honour virtue and delight in righteousness, and so you may *always* be perfectly satisfied.

3. It is to be understood that the 'virtue' is that which the scholar has in himself, and the 'righteousness' is the course which he pursues.

2절

人知之, 亦囂囂, 人不知, 亦囂囂.

제후가 당신을 인정하여 조언을 따르면, 완벽하게 만족하십시오. 어느 한 사람도 그렇게 하지 않는다고 해도 똑같이 하십시오.”

2절 각주

여기서 내가 지지(知之)를 번역하는 방식을 두고 의역이라 할 수 없다. 주희는 조기를 따라 효효(囂囂)를, ‘자득(自得)한 모습과 욕망에서 벗어난 것’으로 설명한다. 효효(囂囂)는 ‘완벽하게 만족하다’의 의미를 담고 있다.

3절

曰, 何如, 斯可以囂囂矣. 曰, 尊德樂義, 則可以囂囂矣.

[구천이] 말했다. “어떻게 해야 이 완벽한 만족을 얻을 수 있습니까?” 맹자가 대답했다. “덕을 영광되게 하고 의에서 기뻐하십시오. 그러면 당신은 [항상] 완벽하게 만족할 수 있을 것입니다.

3절 각주

‘덕’은 학자가 그 자신 안에 가지고 있는 것이고, ‘의’는 그가 추구하는 길이다.

4. 'Therefore, a scholar, though poor, does not let go his righteousness; though prosperous, he does not leave *his own* path.

4 窮= 人不知之; 達 is the reverse.

5. 'Poor and not letting righteousness go;—it is thus that the scholar holds possession of himself. Prosperous and not leaving the *proper* path; —it is thus that the expectations of the people from him are not disappointed.

5. 'Holds possession of himself,'—i.e. has what he chiefly loves and seeks.

4절

故士窮不失義, 達不離道.

그러므로 학자는 가난해도 [그의] 의를 떠나보내지 않고, 영달해도 [자신의] 길에서 벗어나지 않습니다.

4절 각주

궁(窮)은 인부지지(人不知之)이다. 달(達)은 그 반대이다.

5절

窮不失義, 故士得己焉, 達不離道, 故民不失望焉.

가난해도 의를 떠나보내지 않음으로써 학자는 자신을 계속 지킬 수 있습니다. 영달해도 [올바른] 길에서 벗어나지 않음으로써 학자는 사람들의 기대를 저버리지 않습니다.

5절 각주

'자신을 계속 지킨다'는 것은 그가 사랑하고 추구하는 것을 가진다는 의미이다.

6. 'When the men of antiquity realized their wishes, benefits were conferred by them on the people. If they did not realize their wishes, they cultivated their personal character, and became illustrious in the world. If poor, they attended to their own virtue in solitude; if advanced to dignity, they made the whole kingdom virtuous as well.'

6. 古之人,一人=士.—Chû Hsî observes:—'This chapter shows how the scholar, attaching weight to what is internal, and holding what is external light, will approve himself good in all places and circumstances.'

6절

古之人, 得志, 澤加於民, 不得志, 修身見於世, 窮則獨善其身, 達則兼善天下.

옛날 사람들은 소망을 이루었으면 백성들에게 혜택을 주었습니다. 그들이 소망을 이루지 못했으면 인격을 닦아 세상에 널리 알려졌습니다. 가난하면 고독 속에서 자신의 덕을 돌보았고, 관직에 나아가면 천하가 함께 유덕해 지도록 만들었습니다."

6절 각주

고지인(古之人)의 인(人)은 학자인 사(士)이다. 주희는 '이 장은 학자가 내적인 것을 중시하고 외적인 것을 가볍게 할 때 그 자신이 모든 장소와 상황에서 선하다는 것을 증명한다는 것을 보여 준다'라고 말한다.

CHAPTER X

CH. 10. HOW PEOPLE SHOULD GET THEIR INSPIRATION TO GOOD IN THEMSELVES

Mencius said, 'The mass of men wait for a king Wan, and then they will receive a rousing impulse. Scholars distinguished *from the mass*, without a king Wan, rouse themselves.'

凡民, 'all the people,' i. e. ordinary people. 豪傑 = 俊傑, in Bk. II. Pt. I. v. 1. When a distinction is made between the characters, he who in wisdom is the first of 10,000 men, is called 英; the first of 1,000 is called 俊; the first of 100 is called 豪; the first of 10 is called 傑.

제10장

사람들은 자기 안에서 선(善)에 대한 영감을 얻어야 한다.

孟子曰, 待文王而後興者, 凡民也, 若夫豪傑之士, 雖無文王,
猶興.

맹자가 말했다. "대중들은 문왕을 기다리고 문왕이 와서야 분발심을 느낄
것이다. [대중들보다] 뛰어난 학자들은 문왕이 없어도 스스로 분발할 것이
다."

10장 각주

범민(凡民)은 '모든 사람' 즉 일반 사람들이다. 호걸(豪傑)은 제2권 제1편
제5장 제1절의 준걸(俊傑)이다. 그 글자들을 구별하면, 지혜가 만 명 가운
데 최고인 자는 영(英)이고, 천 명 가운데 최고인 자는 준(俊)이고, 백 명
가운데 최고인 자는 호(豪), 열 명 가운데 최고인 자는 걸(傑)이다.

CHAPTER XI

CH. 11. NOT TO BE ELATED BY RICHES IS A PROOF OF
SUPERIORITY.

Mencius said, 'Add to a man the families of Han and Wei. If he then
look upon himself without being elated, he is far beyond *the mass of*
men.'

Han and Wei,—see Bk. I. Pt. I. i. 1, notes; 'The families of Han and
Wei,'—i. e. the wealth and power of those families. 附, used for 益, 'to
increase,' indicates the externality of the additions. 欿然 is defined—不自
滿足意, 'not being full of and satisfied with one's self.'

제11장

부로 우쭐해지지 않는 것은 우수하다는 증거이다.

孟子曰, 附之以韓魏之家, 如其自視欿然, 則過人, 遠矣.

맹자가 말했다. "어떤 사람에게 한(韓)과 위(魏)씨의 가문들을 더해 주어라. 만약 그가 그때에도 자신을 바라볼 때 의기양양해하지 않는다면, 그는 범인들 훨씬 너머에 있다."

11장 각주

한(韓)과 위(魏)씨는 제1권 제1편 제1장 제1절의 각주를 보라. '한과 위의 가문들'은 즉 이러한 가문들의 부와 권력을 의미한다. 부(附)는 익(益) 즉 '증가하다'로 사용되고, 부가하는 것이 외부에 있는 것임을 암시한다. 감연(欿然)은 불자만족의(不自滿足意) 즉 '자만심으로 가득하지 않은'으로 정의된다.

CHAPTER XII

CH. 12. WHEN A RULER'S AIM IS EVIDENTLY THE PEOPLE'S GOOD, THEY WILL NOT MURMUR AT HIS HARSHEST MEASURES.

Mencius said, 'Let the people be employed in the way which is intended to secure their ease, and though they be toiled, they will not murmur. Let them be put to death in the way which is intended to preserve their lives, and though they die, they will not murmur at him who puts them to death.'

The first part is explained rightly of toils in agriculture, road making, bridge making, etc., and the second of the administration of justice, where I should prefer thinking that Mencius had the idea of a just war before him. Compare Analects, XX. ii, 2. 佚道,一'a way of ease'; 生道, 一'a way of life.'

제12장

통치자의 목적이 백성의 선인 것이 분명할 때 백성은 통치자의 가장 가혹한 조치에도 불평하지 않을 것이다.

孟子曰, 以佚道使民, 雖勞不怨, 以生道殺民, 雖死不怨殺者.

맹자가 말했다. "백성들을 편안하게 할 의도로 쓰면, 백성들은 고생하더라도 원망하지 않을 것이다. 백성들의 목숨을 보존할 의도로 죽인다 해도 그들은 죽더라도 그를 원망하지 않을 것이다."

12장 각주
첫 부분은 농사일, 길 만들기, 다리 놓기 등의 노역과 관련되고, 두 번째 는 정의로운 다스림에 관한 것이다. 나는 맹자가 당시 정당한 전쟁에 대 해 생각하고 있었다고 본다. 이는 『논어』 제20권 제2장 제2절과 비교하라. 일도(佚道)는 '편함의 방식'이다. 생도(生道)는 '생명의 방식'이다.

CHAPTER XIII

CH. 13. THE DIFFERENT INFLUENCE, EXERCISED BY A CHIEF AMONG THE PRINCKS, AND BY A TRUE SOVEREIGN.

1. Mencius said, 'Under a chief, leading all the princes, the people look brisk and cheerful. Under a true sovereign, they have an air of deep contentment.

1. 虞 is explained in the dictionary, with reference to this passage, by 樂. It is the same as 娛 and 驩虞 = 歡娛. 皡皡 is 廣大自得之貌, 'the appearance of enlargement and self—possession.' In illustration of the condition of the people under a true sovereign, commentators generally quote a tradition of their state in the golden age of Yao, when 'entire harmony reigned under heaven, and the lives of the people passed easily away.' Then the old men smote the clods, and sang, 日出而作, 日入而息, 鑿井而飲, 耕田而食, 帝力 於我何有哉, 'At sunrise we rise, and at sunset we rest. We dig our wells and drink; we cultivate our fields and eat.—What is the strength of the Ti to us?'

제13장

맹자는 패자와 진정한 왕자의 영향력의 차이를 논한다.

1절
孟子曰, 覇者之民, 驩虞如也, 王者之民, 皥皥如也.

맹자가 말했다. "모든 제후를 이끄는 우두머리들 아래의 백성들은 활발하고 쾌활한 것처럼 보인다. 진정한 군주 아래의 백성들은 깊은 만족감을 느낀다.

1절 각주
우(虞)는 이 문구와 관련해서 사전에 낙(樂, 즐거워하다)으로 설명된다. 그것은 오(娛)와 환우(驩虞)=환오(歡娛)와 같다. 호호(皥皥)는 광대자득지모(廣大自得之貌), '광대하고 자득한 모양새'이다. 주석가들은 진정한 군주 아래에 사는 백성들을 표현하고자 할 때 일반적으로 '완벽한 조화가 하늘 아래를 다스리고 백성의 삶이 편안했던' 황금시대로 불리는 요임금의 전설을 인용한다. 그러면 노인들은 땅을 치며 '일출이작 일입이식 착정이음, 경전이식, 제력어아하유재(日出而作, 日入而息, 鑿井而飲, 耕田而食, 帝力於我何有哉)', '해가 뜰 때 일어나서 해가 지면 쉰다. 우리는 우물을 파서 마시고, 땅을 갈고 먹으니, 요의 힘이 우리에게 무슨 소용인가?'라고 노래한다.

2. 'Though he slay them, they do not murmur. When he benefits them, they do not think of his merit. From day to day they make progress towards what is good, without knowing who makes them do so.

2. 庸 is used in the sense of 功, 'merit,' or meritorious work, and the analogy of the other clauses determines the meaning of 不庸, as in the translation.

2절

殺之而不怨, 利之而不庸, 民日遷善而不知爲之者.

비록 그가 그들을 죽여도 그들은 불평하지 않는다. 그가 그들에게 이익을 주어도 그들은 그것을 그의 공적으로 생각하지 않는다. 그들은 날마다 선을 향해 나아가지만, 누가 그렇게 하도록 만드는지를 모른다.

2절 각주

용(庸)은 공(功)으로 '장점' 또는 '공적'으로 사용되고, 다른 어절과 이 절의 관계에서 불용(不庸)의 의미가 결정되고 나의 번역은 이 의미를 따른다.

3. 'Wherever the superior man passes through, transformation follows; wherever he abides, his influence is of a spiritual nature. It flows abroad, above and beneath, like that of Heaven and Earth. How can it be said that he mends society but in a small way!'

3. 君子 has reference to the 王者, par. 1. It is used here in its highest application, = 'the sage.' 所過, 所存,—the latter phrase is interpreted morally, being = 'when he has fixed his mind to produce a result.' This is un necessary. 神,—'spiritual,' 'mysterious':—the effects are sure and visible, but the operation is hidden. In the influence of Shun in the time of his obscurity, when the plowmen yielded the furrow, and the potters made their vessels all sound, we have an example, it is said, of the 所過者化. In what it is presumed would have been the influence of Confucius, had he been in the position of a ruler, as described, Analects, XIX. xxv, we have an example of the 所存者神. 補之,—as an object for 之, I supply 'society.' It is understood that a leader of the princes only helps the people in a small way.

3절

夫君子, 所過者化, 所存者神, 上下與天地同流, 豈曰, 小補之
哉.

군자가 어디를 지나든지 변화가 뒤따르고, 그가 어디에 거주하든지 그의
영향력은 영적인 성격을 지닌다. 그것은 위에서 아래에서 하늘과 땅의 영
향력처럼 밖으로 흐른다. 그가 사회를 약간 바꾸었을 뿐이라고 누가 말할
수 있겠는가!"

3절 각주

군자(君子)는 제1절의 왕자(王者)를 가리킨다. 여기서는 최상의 의미인 '성
인'으로 사용된다. 소과(所過)와 소존(所存, 이는 도덕적으로 해석된다)은
'그가 어떤 결과를 만들고자 마음을 정했을 때'를 의미한다. 이것은 불필
요하다. 신(神)은 '영적인' '신비로운'으로, 그 효과가 확실하고 가시적이지
만 그 작동은 감추어져 있다. 순임금의 무명 시절 그의 영향으로 농부들
이 고랑을 파고 도기꾼들이 그릇을 모두 튼튼하게 만들었던 그때가 소과
자화(所過者化)의 예이다. 『논어』 제19권 제25장에서 말하듯이 공자가 통
치자의 지위에 있었다면 어떤 영향을 미쳤을까 가정해 볼 때 우리는 소존
자신(所存者神)의 예를 보게 된다. 보지(補之)에서 지(之)의 목적어로, 나
는 '사회'를 추가한다. 제후들의 지도자인 패자가 백성을 돕는 방식은 변
변찮은 것이라고 볼 수 있다.

CHAPTER XIV

CH. 14. THE VALUE TO A RULER OF REPUTATION AND MORAL INFLUENCES.

1. Mencius said, 'Kindly words do not enter so deeply into men as a reputation for kindness.

   1~3. Kindly words are but brief, and on an occasion. A reputation for kindness must be the growth of time and of many evidences. With the whole chapter, compare Analects, II. iii.

2. 'Good government does not lay hold of the people so much as good instructions.

3. 'Good government is feared by the people, while good instructions are loved by them. Good government gets the people's wealth, while good instructions get their hearts.'

제14장

통치자에게 명성과 도덕적 영향력이 가치 있다.

1절
孟子曰, 仁言, 不如仁聲之入人深也.

맹자가 말했다. "어진 말은 어질다는 명성만큼 사람들 속으로 그렇게 깊이 들어가지 않는다.

> 1~3절 각주
> 어진(仁) 말은 단지 잠깐이고 일회적이다. 어질다는 명성에는 오랜 시간과 많은 증거가 필요하다. 전체 장을 『논어』 제2권 제3장과 비교하라.

2절
善政, 不如善教之得民也.

좋은 정부는 좋은 가르침만큼 그렇게 백성들을 장악하지 못한다.

3절
善政, 民畏之, 善教, 民愛之, 善政得民財, 善教得民心.
좋은 정부는 백성이 두려워하지만, 좋은 가르침은 백성이 사랑한다. 좋은 정부는 백성의 부를 얻지만, 좋은 가르침은 백성의 마음을 얻는다."

CHAPTER XV

CH. 15. BENEVOLENCE AND RIGHTEOUSNESS ARE NATURAL TO MAN, PARTS OF HIS CONSTITUTION.

1. Mencius said, 'The ability possessed by men without having been acquired by learning is intuitive ability, and the knowledge possessed by them without the exercise of thought is their intuitive knowledge.

1. I translate 良 by 'intuitive,' but it serves also to denote the 'goodness' of the nature of man. Chû Hsî so defines it :一良者，本然之善也.

제15장

인과 의는 사람이 타고난 것으로 그의 구성체의 일부분이다.

1절

孟子曰, 人之所不學而能者, 其良能也, 所不慮而知者, 其良知也.

맹자가 말했다. "사람이 배움으로 얻지 않고 소유하는 능력이 직관적 능력이고, 사람이 생각하지 않고 소유하는 지식이 직관적 지식이다.

1절 각주

나는 양(良)을 '직관적'으로 번역하지만, 양(良)은 또한 사람 본성의 '선함'을 의미하는 데 사용된다. 주희는 양(良)을 '양자, 본연지선야(良者, 本然之善也)'로 정의한다.

2. 'Children carried in the arms all know to love their parents, and when they are grown *a little*, they all know to love their elder brothers.

2. 孩 is defined in the dictionary by 小兒笑, 'an infant smiling.' When an infant has reached to this, then it is 人所提挈, 'taken by people in their arms.'

3. 'Filial affection for parents is *the working of* benevolence. Respect for elders is *the working of* righteousness. There is no other reason *for those feelings*;一they belong to all under heaven.'

3. 達之天下 must be supplemented by 無不同, 'extend them (carry the inquiry about them) to all under heaven, and they are the same.' This is just laying down universality as a test that those feelings are intuitive to us. Châo Ch'î, however, explains differently :一'Those who wish to do good, have nothing else to do but to extend these ways of children to all under heaven.'

2절

孩提之童, 無不知愛其親也, 及其長也, 無不知敬其兄也.

팔에 안긴 아이라도 모두 부모를 사랑하는 법을 알고, [조금] 자랐을 때 모두 형을 사랑하는 법을 안다.

2절 각주

해(孩)는 사전에서 소아소(小兒笑), '어린아이가 웃는 것'으로 정의된다. 이 시기의 아이는 인소제설(人所提挈), '사람의 팔에 안긴' 시기이다.

3절

親親, 仁也, 敬長, 義也, 無他, 達之天下也.

부모에 대한 효심은 인의 [작동]이다. 노인에 대한 공경은 의의 [작동]이다. [이러한 감정들에는] 다른 이유가 없으므로 하늘 아래의 모두에게 속한다."

3절 각주

달지천하(達之天下)는 무부동(無不同)으로 보완되어야 하고, 그 의미는 '그들을 하늘 아래의 모두에게로 확장하니 [그들에 대한 탐구를 진행하니] 그들은 같다'라는 뜻이다. 이것은 단지 보편성을 이러한 감정들이 우리에게 직관적임을 보여주는 테스트로 그리고 있다. 그러나 조기는 다르게 해석하여, '선을 행하고자 하는 자들은 아이들의 이러한 방법을 하늘 아래의 모두에게로 확대하는 것 이외의 다른 어떤 방법도 가지고 있지 않다'라고 말한다.

CHAPTER XVI

CH. 16. HOW WHAT SHUN WAS DISCOVERED ITSELF IN HIS GREATEST OBSCURITY.

Mencius said, 'When Shun was living amid the deep retired mountains, dwelling with the trees and rocks, and wandering among the deer and swine, the difference between him and the rude inhabitants of those remote hills appeared very small. But when he heard a single good word, or saw a single good action, he was like a stream or a river bursting its banks, and flowing out in an irresistible flood.'

決江河,一the 決 is the water itself bursting its banks; the agency of man in the matter is not to be supposed. So in the 備旨:一決江河謂江之決也, 非人決之也. 江河 may be taken generally, or with special reference to the Yang_tsze and the Yellow river. I prefer the former.

제16장

순의 사람됨은 그의 무명 시절에 저절로 드러났다.

孟子曰, 舜之居深山之中, 與木石居, 與鹿豕遊, 其所以異於深山之野人者, 幾希, 及其聞一善言, 見一善行, 若決江河, 沛然莫之能禦也.

맹자가 말했다. "순이 깊은 후미진 산속에 살며, 나무와 바위와 함께 거처하며, 사슴과 멧돼지 사이를 돌아다닐 때는 그와 이러한 외떨어진 산의 무례한 주민들 사이의 차이가 매우 작은 것처럼 보였다. 그러나 그가 단 한 마디의 좋은 말을 듣고 단 하나의 좋은 행동을 보았을 때는 마치 둑을 터뜨리는 개울과 강과 같이 제어할 수 없는 홍수가 되어 밖으로 흘렀다."

16장 각주

결강하(決江河)에서 결(決)은 물이 스스로 둑을 무너뜨리는 것이다. 여기에 사람의 행위는 없는 것으로 가정된다. 『비지』(備旨)에서도 '결강하위강지결야, 비인결지야(決江河謂江之決也, 非人決之也)', 즉 '결강하(決江河)라는 것은 강이 무너뜨리는 것이지 사람이 무너뜨리는 것이 아니다'라고 했다. 강하(江河)는 일반적 의미로 볼 수 있고 또는 구체적으로는 양자강과 황하를 가리킨다고 볼 수도 있다. 나는 전자라고 본다.

CHAPTER XVII

CH. 17. A MAN HAS BUT TO OBEY THE LAW IN HIMSELF.

Mencius said, 'Let a man not do what *his own sense of righteousness tells him* not to do, and let him not desire what his *sense of righteousness tells him not* to desire;—to act thus is all he has to do.'

The text is literally—'Not doing what he does not do,' etc. Much must be supplied to make it intelligible in a translation. Châo Ch'î interprets and supplies quite differently:—'Let a man not make another do what he does not do himself,' &c.

제17장

사람은 단지 자신 안에 있는 법에 순종해야 한다.

孟子曰, 無爲其所不爲, 無欲其所不欲, 如此而已矣.

맹자가 말했다. "[자신의 의에 대한 느낌이] 하지 말라고 [하는 것]을 하지 않고, [자신의 의에 대한 느낌이] 욕망하지 [말라고 하는 것]을 욕망하지 마라. 이렇게 행동하는 것이 바로 그 사람이 해야 할 모든 것이다."

17장 각주

본문은 문자 그대로, '그가 하지 않을 것을 하지 않는 것' 등이다. 의미가 통하도록 번역에서 많은 부분을 보충해야 했다. 조기는 매우 다르게 의미를 보충하여, '자신이 하지 않을 일을 다른 사람에게 시키지 않는 것'으로 해석한다.

CHAPTER XVIII

CH. 18. THE BENEFITS OF TROUBLE AND AFFLICTION.

1. Mencius said, 'Men who are possessed of intelligent virtue and prudence in affairs will generally be found to have been in sickness and troubles.

    1. Compare Bk. VI. Pt. II. xv. 德 and 慧, 術 and 知 (4th tone) go together, 一'intelligence of virtue, and wisdom of arts.' 存 retains its proper meaning of 在, ' to be in.' 疢 means properly 'fever,' 'any feverish disease,' but here 疢疾 = distresses generally.

제18장

곤란과 고통의 이점

1절

孟子曰, 人之有德慧術知者, 恒存乎疢疾.

맹자가 말했다. "사람이 덕이 지혜롭고 일을 신중하게 처리하면 대부분 질병과 곤란을 겪었던 적이 있었던 것으로 밝혀질 것이다.

1절 각주

제5권 제2편 제15절과 비교하라. 덕(德)과 혜(慧), 술(術)과 지(知[4성조])는 함께, '덕의 총명과 기술의 지혜'이다. 존(存)은 재(在) 즉 '~에 있다'의 본래의 의미로 쓰인다. 진(疢)은 원래 '열병' 또는 '열과 관련된 어떠한 질병'을 의미하지만 여기서 진질(疢疾)은 곤란함과 의미가 거의 같다.

2. 'They are the friendless minister and concubine's son, who keep their hearts under a sense of peril, and use deep precautions against calamity. On this account they become distinguished for their intelligence.'

2. 惟[16],—not joined with 孤, but qualifying the whole sentence. 獨 = 孤, 'fatherless,'* friendless, not having favour with the sovereign. 孽子 is not the child of one who is a concubine merely, but a concubine in disgrace, or one of a very low rank, 孽 is taken as if it were 櫱, the shooting forth of a tree after it has been cut down; moreover, the ⼗⼗ in it should be 屮.

---

16) (역주) 원문에 근고해 볼 때 '독(獨)'으로 수정되어야 한다. 두 글자의 의미는 유사하다. 한글 번역은 '독(獨)'으로 수정했다.

2절

獨孤臣孼子, 其操心也危, 其慮患也深, 故達.

그들은 친구가 없는 신하이고 첩의 아들로 계속 위험을 마음속으로 감지하고 재앙에 매우 신중하게 대비한다. 이러한 이유로 그들은 통달하게 된다."

2절 각주

독(獨)은 고(孤)와 결합되지 않고 전체 문장을 한정한다. 독(獨)은 고(孤), 즉 '아버지가 없는', '친구가 없는', '군주의 사랑을 받지 못하는'이라는 의미이다. 얼자(孼子)는 첩의 아들 가운데에서도 불명예스러운 첩 또는 매우 낮은 계급의 아들을 가리킨다. 얼(孼)은 때로 얼(蘗, 그루터기)처럼 나무가 잘린 후에 나무에서 돋아나는 것이라는 의미로 쓰인다. 더구나 이 글자의 초(艹)는 철(屮)이어야 한다.

CHAPTER XIX

CH. 19. FOUR DIFFERENT CLASSES OF MINISTERS.

1. Mencius said, 'There are persons who serve the prince;—they serve the prince, that is, for the sake of his countenance and favour.

1. 有事君人者, = the 人 is joined with 有, and not to be taken with 君. Mencius speaks of 人, 'persons,' and not 臣, 'ministers,' to indicate his contempt. 爲容悅 is difficult. The common view is what I have given. 容是使君容我, 悅是使君悅我, 'yung is to cause the prince to bear with ⁻countenance ⁻them;—yüeh is to cause the prince to be pleased with them.' In this case, 爲 should be read in the 4ᵗʰ tone. It is said, however, to have 專務意 ' the idea of aiming exclusively.'

제19장

신하의 네 종류

1절

孟子曰, 有事君人者, 事是君, 則爲容悅者也.

맹자가 말했다. "제후를 섬기는 사람들이 있다. 그들이 제후를 섬기는 것은 제후의 지지와 호의를 얻기 위해서이다.

1절 각주

유사군인자(有事君人者)에서 인(人)과 결합하는 것은 유(有)이지 군(君)이 아니다. 맹자는 경멸을 나타내기 위해 신(臣), '신하들'을 사용하지 않고 인(人), '인간들'이라 칭한다. 위용열(爲容悅)의 해석은 어렵다. 일반적인 의견은 나의 번역과 같다. '용시사군용아, 열시사군열아(容是使君容我, 悅是使君悅我)'는 "용"은 제후가 그들을 참아주고 용인하게 하는 것이고 '열'은 제후가 그들과 함께 기뻐하게 하는 것이다'라는 뜻이다. 이 경우에 위(爲)는 4성조로 읽어야 하는데, 전무의(專務意), '오로지~만을 목표로 생각하고 있다'라는 의미가 포함되어 있다고 한다.

2. 'There are ministers who seek the tranquillity of the State, and find their pleasure in securing that tranquillity.

2. 社稷臣, see Analects, XVI. i. 4. 悅, it will be seen, is not used here, as in the last paragraph.

3. 'There are those who are the people of Heaven. They, *judging that*, if they were in office, they could carry out *their principles*, throughout the kingdom, proceed so to carry them out.

3. 天民, 'Heaven's people,' those who seem dearer to Heaven and more favoured by it;—compare Bk. V. Pt. I. vii. 5.

2절

有安社稷臣者, 以安社稷爲悅者也.

나라의 평온함을 추구하는 재상들이 있다. 그들은 그 평온함을 얻은 것에 기쁨을 얻는다.

2절 각주

사직신(社稷臣)은 공자의 『논어』 제16권 제1장 제4절을 보라. 여기서 열(悅)은 제1절과 다르게 사용된다.

3절

有天民者, 達可行於天下而後, 行之者也.

하늘의 백성들인 자들이 있다. 그들은 [자기의 원리를] 천하에 실행할 수 있다는 [판단이 섰을 때], [관직에] 나아가서 실행한다.

3절 각주

천민(天民)은 '하늘의 백성들'로 하늘이 귀중하게 여기고 총애하는 것으로 보이는 자들이다. 제5권 제1편 제7장 제5절과 비교하라.

4. 'There are those who are great men. They rectify themselves and others are rectified.'

  4. 'The great men,' are the sages, the highest style of men. 物 is to be understood of persons = 君民, 'the sovereign and the people.'—The first class of ministers may be styled the mercenary; the second, the loyal; the third have no selfishness, and they embrace the whole empire in their regards but they have their defined aims to be attained by systematic effort, while the fourth, unconsciously but surely, produce the grandest results.

4절

有大人者, 正己而物正者也.

위대한 사람들이 있다. 그들은 스스로를 바르게 하고 다른 사람들은 바르게 된다."

4절 각주

'위대한 사람들'은 성인들로 사람을 가리키는 극존칭이다. 물(物)은 사람 즉 군민(君民)으로 '군주와 백성들'로 보아야 한다. 첫 번째 부류의 신하는 용병이고, 두 번째는 충신이고, 세 번째는 이기심이 없이 천하를 사랑으로 포용하지만, 체계적인 노력을 통해 달성될 수 있는 명확한 목표를 가지고 있다. 반면에 네 번째 부류의 신하는 자기도 모르게 가장 대단한 결과를 확실하게 만들어낸다.

CHAPTER XX

CH. 20. THE THINGS WHICH THE SUPERIOR MAN DELIGHTS IN. To occupy THE THRONE IS NOT AMONG THEM.

1. Mencius said, 'The superior man has three things in which he delights, and to be ruler over the kingdom is not one of them.

  1. 王天下 is to be taken as simply = 有天下. The possession of the sovereign sway is indicated, and not the carrying out of the true imperial principles.

제20장

군자가 기뻐하는 것들이 있지만, 왕위를 차지하는 것은 여기에 포함되지 않는다.

1절
孟子曰, 君子有三樂, 而王天下, 不與存焉.

맹자가 말했다. "군자가 기뻐하는 세 가지가 있는데, 왕국의 통치자가 되는 것은 그중 하나가 아니다.

1절 각주
왕천하(王天下)는 단순히 유천하(有天下)로 보아야 한다. 즉 군주가 왕의 지배력을 가지고 있음을 암시하지만, 그가 왕도를 실현한다는 의미는 아니다.

2. 'That his father and mother are both alive, and that the condition of his brothers affords no cause for anxiety;—this is one delight.

2. 兄弟無故 may be understood of every painful thing in the condition of his brothers, which would distress him.

3. 'That, when looking up, he has no occasion for shame before Heaven, and, below, he has no occasion to blush before men;—this is a second delight.

3. We cannot but attach a personal meaning to 'Heaven' here.

2절

父母俱存, 兄弟無故, 一樂也.

부모님이 모두 살아계시고, 형제들의 상황을 근심할 일이 없으니, 이것이 하나의 기쁨이다.

2절 각주

형제무고(兄弟無故)는 그를 힘들게 할 수 있는 형제의 고통스러운 모든 상황으로 볼 수 있다.

3절

仰不愧於天, 俯不怍於人, 二樂也.

위를 보았을 때 하늘 앞에 부끄러워할 일이 전혀 없고, 아래로 사람들 앞에 얼굴 붉힐 일이 전혀 없을 때, 이것이 두 번째의 기쁨이다.

3절 각주

우리는 여기서 '하늘'에 인간적인 의미를 부가하지 않을 수 없다.

4. 'That he can get from the whole kingdom the most talented individuals, and teach and nourish them;—this is the third delight.

5. 'The superior man has three things in which he delights, and to be ruler over the kingdom is not one of them.'

4절

得天下英才, 而敎育之, 三樂也.

천하의 가장 뛰어난 인재를 얻어 가르치고 기르는 것, 이것이 세 번째 기쁨이다.

5절

君子有三樂, 而王天下, 不與存焉.

군자가 기뻐하는 세 가지가 있는데, 왕국의 통치자가 되는 것은 그중 하나가 아니다."

CHAPTER XXI

CH. 21. MAN'S OWN NATURE THE MOST IMPORTANT THING TO HIM, AND THE SOURCE OF HIS TRUE ENJOYMENT.

1. Mencius said, 'Wide territory and a numerous people are desired by the superior man, but what he delights in is not here.

 1. This describes the condition of the prince of a large State, who has thereby many opportunities of doing good.

제21장

본성이 사람에게 가장 중요한 것이고 진정한 기쁨의 근원이다.

1절
孟子曰, 廣土衆民, 君子欲之, 所樂, 不存焉.

맹자가 말했다. "넓은 영토와 수많은 백성은 군자가 원하는 것이지만 그가 기뻐하는 것은 여기에 있지 않다.

1절 각주
제1절은 큰 나라를 다스리고 있기 때문에 선을 행할 기회가 많은 제후의 상황을 기술한다.

2. 'To stand in the centre of the kingdom, and tranquillize the people within the four seas;—the superior man delights in this, but the highest enjoyment of his nature is not here.

2. This advances on the meaning of the first paragraph The individual indicated is the sovereign, who by his position can benefit the myriads of the people, and therein lie feels delight. 所性—what belongs to him by nature.

3. What belongs by his nature to the superior man cannot be increased by the largeness of his sphere of action, nor diminished by his dwelling in poverty and retirement;—for this reason that it is determinately apportioned to him *by Heaven.*

3. 君子 is not to be interpreted only of the prince of a State or the sovereign. Indeed, in the two preceding paragraphs, though the individuals indicated are in those positions, the phrase, as well as hero, has it a moral significancy. 分(4th tone) 定故也,—the nature is complete as given by Heaven. It can only be developed from within. Nothing can be added to it from without. This seems to be the idea.

2절

中天下而立, 定四海之民, 君子樂之, 所性, 不存焉.

왕국의 중심에 서서 사해 안의 백성들을 평화롭게 하는 것은 군자가 기뻐하는 것이지만, 그의 본성이 가장 기뻐하는 것은 여기에 있지 않다.

2절 각주

제2절은 제1절의 의미를 발전시킨다. 여기서 암시하는 사람은 천자로, 그는 자신의 지위로 많은 백성에게 혜택을 줄 수 있고 그럼으로써 기쁨을 느낀다. 소성(所性)은 '타고난 것'을 뜻한다.

3절

君子所性, 雖大行, 不加焉, 雖窮居, 不損焉, 分定故也.

군자가 타고난 것은 행동 영역이 커진다고 해서 증가하지도 않고, 가난하고 은둔자로 산다고 해도 감소하지도 않는다. 이것은 [하늘이] 그에게 준 것으로 명확하게 정해져 있기 때문이다.

3절 각주

군자(君子)를 단순히 한 나라의 제후 또는 천자로만 해석해서는 안 된다. 사실상 앞의 두 절에 언급된 개인들이 이러한 위치에 있긴 하지만, 군자(君子)는 이 절에서처럼 도덕적인 의미를 가진다. 분정고야(分[4성죄]定故也)는 하늘이 준 본성은 완전하다는 의미이다. 그것은 단지 내부에서부터 발전될 수 있다. 외부에서 더할 수 있는 것은 전혀 없다. 이 절은 이러한 관념을 나타내는 것 같다.

4. 'What belongs by his nature to the superior man are benevolence, righteousness, propriety, and knowledge. These are rooted in his heart; their growth and manifestation are a mild harmony appearing in the countenance, a rich fullness in the back, and the character imparted to the four limbs. Those limbs understand to *arrange themselves*, without being told.'

4. 其生色也 extend over all the rest of the paragraph 生 and 色 are in apposition; 色 is not to be taken as tinder the government of 生. The meaning is simply that moral and intellectual qualities indicate themselves in the general appearance and bearing. 睟然 is explained as 清和潤澤之貌, 'the appearance of what is pure, harmonious, moistening, and rich,' and 盎 as 豊厚盈溢之意 'meaning what is affluent, generous, full, and overflowing."－The whole description is rather strained.

4절

君子所性, 仁義禮智根於心, 其生色也睟然見於面, 盎於背, 施
於四體, 四體不言而喻.

군자가 타고난 것은 인, 의, 예, 지이다. 인의예지는 군자의 마음에 뿌리를
내리고, 인의예지의 발달과 현시는 얼굴에 나타나는 온화한 조화로움이고,
등에 나타나는 충만한 풍성함이며, 인의예지의 특성은 사지로 전해진다.
사지는 말해주지 않아도 [스스로 배열하는 법을] 이해한다.”

4절 각주

기생색야(其生色也)는 이 절의 나머지 모든 부분으로 확대된다. 생(生)과
색(色)은 동격이므로 색(色)이 생(生)의 지배를 받는 것으로 보아서는 안
된다. 단순히 도덕적 지적 자질은 일반적인 모양과 태도 속에 스스로를
드러낸다는 의미이다. 수연(睟然)은 청화윤택지모(清和潤澤之貌), 즉 ‘순수
하고, 조화롭고, 촉촉하고, 부유한 모양'으로 설명되고, 앙(盎)은 풍후영일
지의(豐厚盈溢之意), 즉 ‘풍요롭고, 관대하고, 완전하고, 넘친다는 의미'이
다. 전체 기술은 다소 매끄럽지 않다.

CHAPTER XXII

CH. 22. THE GOVERNMENT OF KING WAN BY WHICH THE AGED WERE NOURISHED.

1. Mencius said, 'Po-î, that he might avoid Châu, was dwelling on the coast of the northern sea when he heard of the rise of king Wan. He roused himself and said, "Why should I not go and follow him? I have heard that the chief of the West knows well how to nourish the old." T'âi-kung, to avoid Châu, was dwelling on the coast of the eastern sea. When he heard of the rise of king Wan, he said, "Why should I not go and follow him? I have heard that the chief if the West knows well how to nourish the old." If there were a prince in the kingdom, who knew well how to nourish the old, all men of virtue would feel that he was the proper object for them to gather to.

1. Compare Bk. IV. Pt. I. xiii. 1.

제22장

문왕은 어르신들이 봉양을 받는 정치를 펼쳤다.

1절

孟子曰, 伯夷辟紂, 居北海之濱, 聞文王作, 興曰, 盍歸乎來,
吾聞西伯善養老者, 太公辟紂, 居東海之濱, 聞文王作, 興曰,
盍歸乎來, 吾聞西伯善養老者, 天下有善養老, 則仁人, 以爲己
歸矣.

맹자가 말했다. "백이가 주왕을 피하기 위해서 북쪽 해안가에 머물고 있었다. 그가 문왕의 봉기에 대해 들었을 때 흥이 나서 말했다. '가서 그를 따르지 않을 이유가 무엇이 있겠는가? 나는 서쪽의 수장 서백이 노인을 봉양하는 법을 안다고 들었다.' 태공이 주왕을 피하고자 동쪽 해안가에 머물고 있었다. 문왕의 봉기에 대해 들었을 때 그는 흥이 나서 이렇게 말했다. '가서 그를 따르지 않을 이유가 무엇이 있겠는가? 나는 서쪽의 수장 서백이 노인을 봉양하는 법을 안다고 들었다.' 노인을 봉양하는 법을 아는 제후가 왕국에 있다면, 덕이 있는 자들은 모두 그가 올바른 목표라고 생각하며 모일 것이다.

1절 각주
제4권 제1편 제13장 제1절과 비교하라.

2. 'Around the homestead with its five *mâu,* the space beneath the walls was planted with mulberry trees, with which the women nourished silkworms, and thus the old were able to have silk to wear. *Each family* had five brood hens and two brood sows, which were kept to their *breeding* seasons, and thus the old were able to have flesh to eat. The husbandmen cultivated their farms of 100 *mâu,* and thus their families of eight mouths were secured against want.

2. This is to be translated historically, as it describes king Wăn's government; compare. Bk. I. Pt. I. iii. 4. 匹婦, corresponding to 匹夫, below;—'the private woman,' 'the private man.' 蠶之一'silk-wormed them,' i.e. nourished silkworms with them. It is observed by 淮南子,—'The silkworm eats and does not drink, going through its transformations in twenty-seven days. The wife of the Yellow Tî(B.C. 2607~2597), whose surname was Hîs一ling(西陵氏), first taught the people to keep silkworms, and to manage their silk, in order to provide clothes. Future ages sacrifice to her as the 先蠶.' Mencius has not mentioned before the number of brood sows and hens apportioned to a family.

2절

五畝之宅, 樹墻下以桑, 匹婦蠶之, 則老者足以衣帛矣, 五母鷄, 二母彘, 無失其時, 老者足以無失肉矣, 百畝之田, 匹夫耕之, 八口之家可以無飢矣.

5무의 농가의 담 아래 공간에 뽕나무를 심고 여자들이 그것으로 누에를 기르면 노인들은 비단옷을 입을 수 있었다. [각 가족이] 5마리의 암탉과 2마리의 암퇘지를 [번식할] 시기까지 기르면 노인들은 고기를 먹을 수 있었다. 농부가 1백무의 농지를 경작하면 여덟 명의 가족이 굶주릴 위험이 없었다.

2절 각주

이것은 문왕의 정치를 기술하기 때문에 번역을 위해 역사를 참고해야 한다. 제1권 제1편 제3장 제4절과 비교하라. 필부(匹婦)는 아래의 필부(匹夫)에 상응하여, '평범한 여자(private women)'와 '평범한 남자(private men)'를 의미한다. 잠지(蠶之)는 '그것을 누에 쳤다, 즉 뽕나무로 누에를 길렀다는 뜻이다. 『회남자』(淮南子)[17]는 '누에는 먹지만 마시지 않고 27일 내에 변모를 한다. 황제의 아내인 서릉씨(西陵氏, B.C. 2697~2597)가 처음으로 백성들에게 누에를 기르고 누에로 만든 비단을 관리하여 옷을 만드는 법을 가르쳤다. 후세대는 그녀를 선잠(先蠶)이라 하여 제를 지낸다'라고 했다. 맹자는 이 이전에 한 가족에 할당된 암퇘지와 암탉의 수를 언급한 적이 없었다.

---

17) (역주) 『회남자』(淮南子)는 중국 전한(前漢)의 회남왕(淮南王) 류안(劉安)이 저술한 책이다.

3. 'The expression, "The chief of the West knows well how to nourish the old," refers to his regulation of the fields and dwellings, his teaching them to plant *the mulberry* and nourish those animals, and his instructing the wives and children, so as to make them nourish their aged. At fifty, warmth cannot be maintained without silks, and at seventy flesh is necessary to satisfy the appetite. Persons not kept warm nor supplied with food are said to be starved and famished, but among the people of king Wan, there were no aged who were starved or famished. This is the meaning of the expression in question.'

3. 此之謂 responds to 所謂~者, at the beginning. The whole paragraph is the explanation of that expression, 田里,一里 is the dwelling place, the five *mâu* allotted for buildings.

3절

所謂西伯, 善養老者, 制其田里, 教之樹畜, 導其妻子, 使養其
老, 五十非帛不煖, 七十非肉不飽, 不煖不飽, 謂之凍餒, 文王
之民, 無凍餒之老者, 此之謂也.

'서쪽의 수장 서백이 노인을 봉양하는 법을 잘 안다'라는 표현은 그가 논
과 주거지를 규제하고 그들에게 [뽕나무를] 심고 동물을 키우는 법을 가르
치고 아내와 자식들을 교육하여 노인을 봉양하게 하였다는 것을 의미한다.
사람은 50세가 되면 비단 없이는 온기를 유지할 수 없고, 70세가 되면 고
기가 있어야 밥맛이 생긴다. 온기가 유지되지 않고 음식을 제공받지 못하
는 사람들은 배고프고 굶주리지만, 문왕의 백성들 가운데서 배고프고 굶주
리는 노인이 전혀 없었다. 이것이 바로 위 표현의 의미이다."

3절 각주

차지위(此之謂)는 첫 부분의 '소위~자(所謂~者)'의 대답이다. 전체 절은
'소위~자'의 설명이다. 전리(田里)의 리(里)는 집터로 할당된 5무의 거주지
이다.

CHAPTER XXIII

CH. 23. TO PROMOTE THE VIRTUE OF THE PEOPLE, THE FIRST CARE OF A GOVERNMENT SHOULD BE TO CONSULT FOR THEIR BEING WELL OFF.

1. Mencius said, 'Let it be seen to that their fields of grain and hemp are well cultivated, and make the taxes on them light;—so the people may be made rich.

1. 易, *i*,—4th tone, as in Bk. I. Pt. I. v. 3, *et al.* 田,—'grain fields.' 疇, —'flax fields.' 易 and 薄 are both in the imperative, indicating the work of the ruler or government.

제23장

백성의 덕을 증진하기 위해 통치에서 주목해야 할 첫 번째 사항은 백성의 복지를 살피는 것이다.

1절
孟子曰, 易其田疇, 薄其稅斂, 民可使富也.

맹자가 말했다. "백성들의 농경지와 삼밭[18]이 잘 경작되도록 살피고 그들에게 부가하는 세금을 가볍게 하라. 그러면 백성들은 부유해질 것이다.

1절 각주
역(易)은 '이'로 발음되고 제1권 제1편 제5장 제3절 등에서처럼 4성조이다. 전(田)은 '논밭'이고, 주(疇)는 '삼밭'이다. 이(易)와 박(薄)은 모두 명령어로 통치자 또는 조정이 해야 할 일을 나타낸다.

---

18) (역주) 주(疇)는 밭두둑, 경계, 경작된 농경지 등을 뜻하나, 여기서 '삼밭'으로 구체화했다. 이는 앞의 '곡식밭이 먹을 것이라면 이것과 대칭하여 입을 것을 상징하는 삼베를 생산 가능한 '삼밭'으로 풀이했다. 레게의 세심한 관찰이 돋보인다. 유사한 예는 "곡식밭과 삼밭이 황폐해져 물자가 결핍하였구나.(田疇荒蕪, 資用乏匱.)(『國語·周語下』), "주(疇)란 무엇을 말하는가? 삼을 심는 곳이다.(疇也者何也?所以爲麻也.)" (『說苑·辨物』) 등에도 보인다.

2. 'Let it be seen to that the people use their resources of food seasonably, and expend their wealth only on the prescribed ceremonies:— so their wealth will be more than can be consumed.

2. So 食 and 用 in par. 2, where 之 may be referred to 財, or the resources arising from the government just indicated. 以時 may be best explained from Bk. I. Pt. I. iii. 3, 4. 以禮,—the 禮 are the festive occasions of capping, marriage, &c., excepting on which a strict economy should bo enforced.

2절

食之以時, 用之以禮, 財不可勝也.

백성들이 음식 재료를 계절에 맞게 사용하도록 살피고 재물이 규정된 예식에만 쓰이게 하라. 그러면 그들은 재물을 쓰고도 남을 것이다.

2절 각주

식(食)과 용(用)도 명령어이고 지(之)는 재(財) 또는 1절에서 언급한 통치로 얻을 수 있는 자원을 가리킨다. 이시(以時)는 제1권 제1편 3장 제3~4절로 가장 잘 설명된다. 이례(以禮)의 례(禮)는 성년식과 결혼 등의 축제일로 이러한 날들을 제외하고는 엄격하고 검소하게 생활해야 한다.

3. 'The people cannot live without water and fire, yet if you knock at a man's door in the dusk of the evening, and ask for water and fire, there is no man who will not give them, such is the abundance of these things. A sage governs the kingdom so as to cause pulse and grain to be as abundant as water and fire. When pulse and grain are as abundant as water and fire, how shall the people be other than virtuous?'

3. Compare Bk. I. Pt. I. vii. 20―22. 昏 properly denotes half an hour after sunset, or thereabouts. 暮 is 日晚, 'the evening of the day.' The time of the request is inopportune, and the manner of it not according to propriety;―and yet it is granted. 菽 is the general name for all kinds of peas and beans. 粟,―as in Analects, XII. xi. 3.

3절

民非水火, 不生活, 昏暮, 叩人之門戶, 求水火, 無弗與者, 至足矣, 聖人治天下, 使有菽粟, 如水火, 菽粟, 如水火, 而民焉有不仁者乎.

백성들은 물과 불 없이는 살 수 없지만, 저녁의 어스름에 어떤 사람이 문을 두드려 물과 불을 요청한다면 그것들을 주지 않을 사람이 없다. 그와 같은 것이 이렇듯 풍부하기 때문이다. 성인이 왕국을 다스려 콩과 곡식이 물과 불처럼 풍부해졌다. 콩과 곡식이 물과 불처럼 풍부하면, 백성들이 어찌 유덕해지지 않겠는가?"

3절 각주

제1권 제1편 제7장 제20~22절과 비교하라. 혼(昏)는 아마도 일몰 후 30분이나 그 정도의 시간을 의미한다. 모(暮)는 일만(日晚) 즉 '그 날의 저녁'이다. 요청하기에 적절한 시간이 아니고 예를 따른 방식도 아니지만 그럼에도 들어준다는 것을 의미한다. 숙(菽)은 일반적으로 모든 종류의 완두콩과 콩을 일컫는 이름이다. 속(粟)은 『논어』 제12권 제11장 제3절과 같다.

CHAPTER XXIV

CH. 24. HOW THE GREAT DOCTRINES OF THE SAGES ARE TO BE ADVANCED TO BY SUCCESSIVE STEPS.

1. Mencius said, 'Confucius ascended the eastern hill, and Lû appeared to him small. He ascended the T'âi mountain, and all beneath the heavens appeared to him small. So he who has contemplated the sea, finds it difficult to think anything of *other* waters, and he who has wandered in the gate of the sage, finds it difficult to think anything of the words of *others*.

1. This paragraph illustrates the greatness of the sage's doctrines. The eastern hill was on the east of the capital of Lû. Some identify it with a small hill, called Fang(防), in the district of Ch'ü—fâu(曲阜), at the foot of which Confucius's parents were buried; others with a hill named Măng(蒙), in the district of Pi in the department of î-châu. The T'âi mountain is the chief of the five great mountains of China. It lay on the extreme east of Ch'î, in the present district of T'âi-an, in the department of the same name.

제24장

성인의 위대한 교리를 차곡차곡 밟으며 나아갈 수 있을까?

1절

孟子曰, 孔子登東山而小魯, 登太山而小天下, 故觀於海者, 難
爲水, 遊於聖人之門者, 難爲言.

맹자가 말했다. "공자께서 동산에 올라 보니 노나라가 작아 보였다. 공자
께서 태산에 올라 보니 하늘 아래 모든 것이 작아 보였다. 그래서 바다를
관찰한 자는 [다른] 물에 대해 생각하기가 어렵고, 성인의 문에서 거닐었
던 자는 [다른 사람]의 말을 생각하기가 어렵다.

1절 각주

이 절은 성인의 교리의 위대성을 예시한다. 동산(東山)은 노나라 수도의
동쪽에 있었다. 어떤 사람은 그것을 공자의 부모가 묻힌 기슭이 있는 곡
부(曲阜) 지역에 있는 작은 산인 방산(防山)이라고 말한다. 다른 이들은
익주(益州)부의 비현에 있는 몽산(蒙山)이라고도 한다. 태산은 중국 오대
산 가운데서 최고의 산으로 태산부의 태안(泰安)현에 있는 제(齊)의 가장
동쪽에 있다.

2. 'There is an art in the contemplation of water.—It is necessary to look at it as foaming in waves. The sun and moon being possessed of brilliancy, their light admitted even through an orifice illuminates.

2. In 難爲水, 爲 is used as in 爲衆, Bk. IV. Pt. I. vii. 5. After seeing the surging ocean, the streams are not worth being taken into account. And light penetrating every cranny assures us of its splendour in the great luminaries.

3. 'Flowing water is a thing which does not proceed till it has filled the hollows *in its course*. The student who has set his mind on the doctrines *of the sage*, does not advance to them but by completing one lesson after another.'

3. 君子 is here the aspiring student. 章,—'an elegant piece,' here for 'one lesson,' 'one truth.'

2절

觀水有術, 必觀其瀾, 日月有明, 容光, 必照焉.

물을 관찰하는 방법이 있다. 파도에 거품이 일 때 물을 보는 것이 필요하다. 해와 달의 광휘는 [심지어] 구멍속으로 들어가 어둠을 밝힌다.

2절 각주
난위수(難爲水)의 위(爲)는 제4권 제1편 제7장 제5절의 위중(爲衆)처럼 사용된다. 솟구치는 대양을 본 후에, 개울은 고려의 대상이 되지 못한다. 그리고 모든 틈을 통과하는 빛은 그것이 크게 빛났을 때 장관일 것이 확실하다.

3절

流水之爲物也, 不盈科, 不行, 君子之志於道也, 不成章, 不達.

흐르는 물은 [가는 길에 있는] 웅덩이를 모두 채운 후에 앞으로 나간다. [성인의] 교리에 마음을 정한 학생은 하나의 가르침을 완성하지 않고서는 다음 단계의 가르침으로 나아가지 않는다.”

3절 각주
군자(君子)는 여기서 배움을 열망하는 학생이다. 장(章)은 ‘우아한 한 편’으로 여기서는 ‘하나의 교훈’ ‘하나의 진리’이다.

CHAPTER XXV

CH. 25. THE DIFFERENT RESULTS TO WHICH THE LOVE OF GOOD AND THE LOVE OF GAIN LEAD.

1. Mencius said, 'He who rises at cock-crowing and addresses himself earnestly to the practice of virtue, is a disciple of Shun.

　　1. 'A disciple of Shun,' i.e. although such a man may not himself attain to be a sage, he is treading in the steps of one.

제25장

선의 사랑과 이익의 사랑이 가져오는 결과는 다르다.

1절
孟子曰, 鷄鳴而起, 孶孶爲善者, 舜之徒也.

맹자가 말했다. "수탉이 울 때 일어나서 진지하게 덕을 실천하기 시작하는 자는 순의 제자이다.

1절 각주
'순의 제자'라는 것은, 즉 그 자신은 성인의 위치에 도달하지 못할 수 있 지만, 성인의 발자취를 따라가는 사람이다.

2. 'He who rises at cock-crowing, and addresses himself earnestly to the pursuit of gain, is a disciple of Chih.

2. Chih(蹠 being used for 跖) is the robber Chih; see Bk. III. Pt. II. x. 3. 爲利,一爲 is used here as in chap. xix, 1. I should prefer myself to read it in the 4th tone. It is observed by the scholar Ch'ăng that 'by *good* and *gain*' are intended the public mind and the selfish mind(公私 而已).

3. 'If you want to know what separates Shun from Chih, it is simply this,一the interval between *the thought of* gain and *the thought of* virtue.'

3. 利與善之間 is intended to represent the slightness of the separation between them, in its initial principles, and I therefore supply 'the thought of.'

2절

鷄鳴而起, 孶孶爲利者, 蹠之徒也.

수탉이 울 때 일어나서 진지하게 이익을 추구하기 시작하는 자는 척의 제자이다.

2절 각주

척(跖 대신 사용된 蹠)은 도척(盜跖)이다. 이는 제3권 제2편 제10장 제3절을 보라. 위리(爲利)의 위(爲)는 제19장 제1절처럼 사용된다. 나는 여기서 위(爲)를 4성조로 읽고자 한다. 정자(程子)는 '선과 '이익'이 의도하는 것은 공사이이(公私而已), '공적인 마음과 이기적인 마음이다'라고 말한다.

3절

欲知舜與蹠之分, 無他, 利與善之間也.

순과 척을 가르는 것을 알고 싶다면 간단하다. 그것은 바로 이익[에 대한 생각]과 덕[에 대한 생각] 사이의 간격일 뿐이다."

3절 각주

이여선지간(利與善之間)은 초기의 원리에서, 그들 사이의 분리가 사소함을 나타내기 위한 의도이다. 그래서 나는 '~에 대한 생각'을 보충하여 번역한다.

CHAPTER XXVI

CH. 26. THE ERRORS OF YANG, MO, AND TSZE-MO. OBSTINATE ADHERENCE TO A COURSE WHICH WE MAY DEEM ABSTRACTLY RIGHT IS PERILOUS.

1. Mencius said, 'The principle of the philosopher Yang was—"Each one for himself." Though he might have benefited the whole kingdom by plucking out a single hair, he would not have done it.

1. 'The philosopher Yang,'—see Bk. III. Pt. II. ix. 9, 10, 14. Chû Hsî says:—取者僅足之意,' 取 conveys the idea of what is barely sufficient.' This is not correct. 楊子取=楊子所取, 'that which the philosopher Yang chose, was . . . . In the writings of the scholar Lieh(列子), Bk. VII, we find Yang Chû speaking of Po-chăng Tsze-kao(伯成子高) that 'he would not pull out one of his hairs to benefit others,' and when questioned himself 'if he would pull out a hair to help an age,' declining to reply.

제26장

맹자는 양자와 묵자 그리고 자막의 오류에 대해 논한다. 추상적인 바름에 불과할 수 있는 길을 집요하게 고수하는 것은 위험하다.

1절
孟子曰, 楊子取爲我, 拔一毛而利天下, 不爲也.

맹자가 말했다. "양자의 원리는 바로 '각자는 자신 자신을 위해서'이다. 비록 단 하나의 머리털을 뽑아 전 왕국에 혜택을 줄 수 있었다 하더라도, 그는 그렇게 하지 않았을 것이다.

1절 각주
양자는 제3권 제2편 제9장 제9절, 제10절, 제14절을 보라. 주희는 "취자근족지의(取者僅足之意), 즉 취(取)는 아주 조금 충분하다는 생각을 전달한다."라고 말한다. 이것은 맞지 않다. 양자취(楊子取)는 양자소취(楊子所取), 즉 '양자가 선택했던 것은 ~이었다'이다. 열자(列子)의 제7권의 글을 보면, 양주(楊朱)가 백성자고(伯成子高)를 '그는 다른 이들에게 혜택을 주기 위해 머리카락 한 개라도 뽑으려고 하지 않을 것이다'라고 말했고, 양주 자신은 노인을 돕기 위해 머리카락을 뽑을 것인가에 대한 질문을 받았을 때 답하기를 거부했다는 대목이 있다.

2. The philosopher Mo loves all equally. If by rubbing *smooth* his whole body from the crown to the heel, he could have benefited the kingdom, he would have done it.

2. The philosopher Mo,—see Bk. III. Pt. I. v. 1; Pt. II. ix. 9, 10, 14. We are not to understand the rubbing the body smooth as an isolated act which somehow would benefit the kingdom. The smoothness would arise from labours undergone for the kingdom, like those of the great Yü, who wrought and waded till he had worn away all the hair on his legs. See the 集證, *in loc.*

2절

墨子兼愛, 摩頂放踵, 利天下, 爲之.

묵자는 모두를 똑같이 사랑한다. 머리에서 발꿈치까지 그의 온 몸을 문질러 [매끈해짐으로써] 왕국에 혜택을 줄 수 있었다면, 그는 그렇게 했을 것이다.

2절 각주

묵자는 제3권 제1편 제5장 제1절과 제2편 제9장 제9절, 제10절, 제14절을 보라. 우리는 몸을 문질러 매끈해지다는 것을 왕국에 혜택을 주었을 어떤 단독 행위로 생각하지 말아야 한다. 그 매끄러움은 왕국을 위해 겪었던 노고에서 생겼을 것이다. 이는 위대한 우임금의 노고와 같은 것으로 우임금은 다리의 모든 털이 닳을 때까지 만들고 걸었다. 『집증』(集證)을 보라.

3. 'Tsze-mo holds a medium *between these*. By holding that medium, he is nearer the right. But by holding it without leaving room for the exigency of circumstances, it becomes like their holding their one point.

3. Of Tsze-mo nothing seems to be known, but that he belonged to Lû. 執中 must be clearly understood as referring to a Mean between the selfishness of Yang Chû and the transcendentalism of Mo Ti. 近之=近道, the 道 mentioned in par. 4. The necessity of attending to the exigency of circumstances is illustrated by saying that a case may be conceived when it would be duty to deny a single hair to save the kingdom, and a case when it would be duty to rub the whole body smooth to do so. The orthodox way(道) of china is to do what is right with reference to the whole circumstances of every case and time.

4. 'The reason why I hate that holding to one point is the injury it does to the way *of right principle*. It takes up one point and disregards a hundred others.'

3절

子莫執中, 執中, 爲近之, 執中無權, 猶執一也.

자막은 [이들의] 중간을 붙잡는다. 그 중간을 붙잡는 것은 바름에 더 가깝다. 그러나 그는 중간을 붙잡지만 위급한 상황의 가능성을 고려하지 않으므로 중간이 그들이 붙잡는 하나의 지점이 된다.

3절 각주

자막(子莫)이 노나라 사람이라는 것을 제외하곤 그에 대해 알려진 바가 없는 것 같다.[19] 집중(執中)은 명백히 양주의 이기심과 묵자의 초월주의 사이의 '중용'을 가리킨다. 근지(近之)는 근도(近道)인데, 도(道)는 제4절에 언급된다. 단 하나의 머리카락으로 왕국을 구할 수 있는데도 거절해야 할 경우가 있고, 나라를 구하기 위해 온몸을 문질러 매끄럽게 해야 할 경우가 있다. 이들 예는 상황의 위급성에 주의해야 할 필요성을 보여준다. 중국의 정도(正道)는 모든 경우와 시간의 전체 상황을 고려하여 올바른 것을 하는 것이다.

4절

所惡執一者, 爲其賊道也, 擧一而廢百也.

내가 한 지점을 고수하는 것을 싫어하는 이유는 그것이 [바른 원리]의 방식에 해를 주기 때문이다. 한 지점을 붙잡게 되면 수백 개의 다른 지점을 등한시 하게 된다."

---

19) (역주) 자막(子莫)에 대해서는 근인 나근택(羅根澤)의 『제자고색(諸子考索)·자막고(子莫考)』를 참고할만하다. 『설원수문(修文)』에 나오는 전손자막(顓孫子莫)일 가능성이 크다.

CHAPTER XXVII

CH. 27. THE IMPORTANCE OF NOT ALLOWING THE MIND TO BE INJURED BY POVERTY AND A MEAN CONDITION.

1. Mencius said, 'The hungry think any food sweet, and the thirsty think the same of any drink, and thus they do not get the right taste of what they eat and drink. The hunger and thirst, in fact, injure *their palate*. And is it only the mouth and belly which are injured by hunger and thirst? Men's minds are also injured by them.

1. 甘 perhaps is used adverbially, ='readily'; compare Bk. II. Pt. I. i. 11. The two clauses 是未 and 飢渴 run parallel to each other, the latter being explanatory of the former. 害之,一之=口腹. With reference to the mind, hunger and thirst stand for poverty and a mean condition.

제27장

가난과 비참한 상황 때문에 마음이 상처받는 일이 없도록 하는 것이 중요하다.

1절

孟子曰, 飢者甘食, 渴者甘飮, 是未得飮食之正也, 飢渴害之也, 豈惟口腹有飢渴之害, 人心, 亦皆有害.

맹자가 말했다. "굶주린 자는 어떤 음식을 먹더라도 달다고 생각하고 목마른 자는 어떤 음료수를 마시더라도 달다고 생각할 것이므로 그들은 먹고 마시는 것의 바른 맛을 알지 못한다. 사실상 굶주림과 갈증이 [그들의 미각을] 해친 것이다. 굶주림과 갈증에 다친 것이 어찌 입과 배뿐이겠는가? 사람들의 마음 또한 그것들로 인해 다친다.

1절 각주

감(甘)은 부사적으로 사용되어 '기꺼이'의 의미이다. 제2권 제1편 제1장 제2절과 비교하라. 시미(是未)와 기갈(飢渴)은 서로 평행을 이루고, 후자는 전자를 설명한다. 해지(害之)의 지(之)는 구복(口腹)이다. 마음과 관련해서 굶주림과 갈증은 가난과 비참한 상황을 나타낸다.

2. 'If a man can prevent the evils of hunger and thirst from being any evils to his mind, he need not have any sorrow about not being equal to other men.'

2. 能無以…爲 ='can prevent being,' 無 being emphatic. 不及人,一人 refers to great men, sages, and worthies. Such a man has himself really advanced far in the path of greatness.

2절

人能無以飢渴之害爲心害, 則不及人, 不爲憂矣.

만약 어떤 사람이 굶주림과 갈증의 해악이 마음에 해악이 되는 것을 막을
수 있다면, 그가 다른 사람과 동등하지 않은 것을 슬퍼할 이유가 없다."

2절 각주

'능무이~위(能無以~爲)'는 '~하는 것을 막을 수 있다'이고 무(無)는 여기서
강조사이다. 불급인(不及人)의 인(人)은 위인과 성인 그리고 현인을 가리
킨다. 그와 같은 사람은 스스로 멀리 나아가 위대함의 길 위에 있다.

CHAPTER XXVIII

CH. 28. Hûi of Liû-Hsuâ's FIRMNESS.

Mencius said, 'Hûi of Liû-Hsiâ would not for the three highest offices of State have changed his firm purpose of life.'

1. Hûi of Liû-Hsuâ,—see Bk. II. Pt. I. ix. 2, 3; Bk. V. Pt. II. i. 3, 5; Bk. VI. Pt. II. vi. 2. 和, 'mildness,' 'friendly impressibility,' was a characteristic of Hûi, and Mencius, therefore, notices how it was associated with firmness of mind. The 'three *kung*,' are the three highest officers about the imperial court, each equal in dignity to the highest rank of nobility.

제28장

유하혜의 견고함.

孟子曰, 柳下惠, 不以三公易其介.

맹자가 말했다. "유하혜는 나라의 가장 높은 세 관직을 받는다고 해도 인생의 확고한 목적을 바꾸지 않았을 것이다."

28장 각주

유하혜(柳下惠)는 제2권 제1편 제9장 제2절과 제3절, 제5권 제2편 제1장 제3절과 제5절, 제6권 제2편 제6장 제2절을 보라. 화(和)는 '온화함' '우호적인 인상'인데, 유하혜의 특징이다. 맹자는 그것이 마음의 견고함과 어떻게 관련되는지에 주목한다. '삼[공]'은 왕의 조정에서 가장 높은 지위를 가진 세 명의 관리들이고 각각의 품계는 최고 관직의 귀족과 동일하다.

CHAPTER XXIX

CH. 29. ONLY THAT LABOUR IS TO BE PRIZED WHICH
ACCOMPLISHES ITS OBJECT.

Mencius said, 'A man with definite aims to be accomplished may be
compared to one digging a well. To dig the well to a depth of
seventy-two cubits, *and stop* without reaching the spring, is after all
throwing away the well.'

辟,─used for 譬. 軔 =仞, 'eight cubits.' In the Analects, XIX. xxiii. 3, it
is said, in the note, that the 仞 was seven cubits, while here its length
is given as eight. Its exact length is a moot point. See the 集證, *in loc.*
有爲者,─'one who has that which he is doing.' The application may be
very wide.

제29장

고생하더라도 목적을 달성해야만 칭찬을 받을 수 있다.

孟子曰, 有爲者辟若掘井, 掘井九軔, 而不及泉, 猶爲棄井也.

맹자가 말했다. "달성하고자 하는 확고한 목표가 있는 사람은 우물을 파는 사람에 비유될 수 있다. 우물을 72척까지 파고도 [멈추어] 우물에 물이 나지 않으면 결국 우물을 버리는 것이 된다."

29장 각주

벽(辟)은 비(譬)로 사용된다. 인(軔)은 인(仞), 즉 '8척'이다. 『논어』 제19권 제23장 제3절에 대한 각주에서 나는 인(仞)을 7척이라고 했지만 여기서 그 길이는 주어진 대로 8척이다. 그 정확한 길이는 알 수 없다. 『집증』(集證)을 보라. 유위자(有爲者)는 '그가 하려고 하는 것을 가지고 있는 자'이다. 이 표현은 매우 다양하게 적용된다.

CHAPTER XXX

CH. 30. THE DIFFERENCE BETWEEN YAO, SHUN, T'ANG, AND WU, ON THE ONE HAND, AND THE FIVE CHIEFS, ON THE OTHER, IN RELATION TO BENEVOLENCE AND RIGHTEOUSNESS.

1. Mencius said, '*Benevolence and righteousness* were natural to Yâo and Shun. T'ang and Wû made them their own. The five chiefs of the princes feigned them.

    1. 之 no doubt refers to 仁義, 'benevolence and righteousness,'and a translation can hardly be made without supplying those terms. Though Yâo and Shun stood on a higher platform than T'ang and Wû, they agreed in sincerity, which is the common point of contrast between them and the chiefs. 身之,一'incorporated them' =made them their own.

제30장

인과 의와 관련해서 한편으로는 요임금과 순임금과 탕왕과 무왕의 차이점을 논하고, 다른 한편으로는 그들과 오패(五霸)와의 차이점을 논한다.

1절

孟子曰, 堯舜, 性之也, 湯武, 身之也, 五覇, 假之也.

맹자가 말했다. "요임금과 순임금은 [인과 의]를 가지고 태어났다. 탕왕과 무왕은 인과 의를 자신의 것으로 만들었다. 제후의 다섯 우두머리는 인과 의가 있는 척했다.

1절 각주

지(之)는 틀림없이 인의(仁義) 즉 '인과 의'를 가리키므로 이 어절을 번역하려면 인의를 보충해야 한다. 요임금과 순임금은 탕왕과 무왕보다 더 높은 단계에 서 있지만, 그들 모두의 공통점은 성심을 가지고 있었다는 것이다. 이것이 그들이 오패와 다른 점이다. 신지(身地)는 '그들을 합체하다' 즉 '그들을 자기의 것으로 만들다'이다.

2. 'Having borrowed them long and not returned them, how could it be known they did not own them?'

2. Chû Hsî explains 歸 by 還, 'returned.' Admitting this, the meaning of 假 passes from 'feigning' to 'borrowing.' He seems to prefer viewing 惡 知, as = 'how could they themselves know' but I much prefer the view in the translation.

2절

久假而不歸, 惡知其非有也.

오랫동안 빌린 후 되돌려주지 않으니, 그들에게 그것이 없다는 것을 어떻게 알 수 있겠는가?"

2절 각주

주희는 귀(歸)를 환(還) 즉 '반납된'으로 설명한다. 이 설명을 받아들이면, 가(假)의 의미는 '~인 척하다'에서 '빌리다'가 된다. 그는 오지(惡知)를 '그들 스스로 어떻게 알 수 있을까'로 해석하고 싶은 듯이 보이지만, 주어를 그들이 아닌 전지적 시점으로 본 나의 번역이 더 적절하다고 본다.

CHAPTER XXXI

CH. 31. THE END MAY JUSTIFY THE MEANS, BUT THE PRINCIPLE MAY NOT BE READILY APPLIED.

1. Kung-sun Ch'âu said, 'Î Yin said, "I cannot be near *and see him so* disobedient *to reason*," and therewith he banished T'â-chiâ to T'ung. The people were much pleased. When T'â-chiâ became virtuous, he brought him back, and the people were *again* much pleased.

1. Compare Bk. V. Pt. I. vi. 5. 伊尹曰,－see the Shû-ching, Pt. IV. v, Bk. I. 9. The words are taken somewhat differently in the commentary on the *ching*, but I have followed what seems the most likely meaning of them.

제31장

목적이 수단을 정당화할 수 있지만, 원리를 함부로 적용해서는 안 된다.

1절
公孫丑曰, 伊尹曰, 予不狎于不順, 放太甲于桐, 民大悅, 太甲賢, 又反之, 民大悅.

공손추가 말했다. "이윤이 말하길, '나는 가까이 있으면서 그가 [이성에] 순종하지 않는 것을 [두고 볼 수가] 없다'라고 하며 태갑을 동쪽으로 추방했습니다. 백성들이 매우 기뻐했습니다. 태갑이 덕을 갖추었을 때, 이윤이 태갑을 다시 데리고 오자 백성들이 [다시] 매우 기뻐했습니다.

1절 각주
제5권 제1편 제6장 제5절과 비교하라. '이윤왈'(伊尹曰)은 『서경』「상서(商書)·태갑상(太甲上)」제9절을 보라. 경(經, *ching*)에 대한 주석에서 조금 다른 단어들을 사용하지만, 나는 가장 가능성이 있는 의미를 따랐다.

2. 'When worthies are ministers, may they indeed banish their sovereigns *in this way* when they are not virtuous?'

3. Mencius replied, 'If they have the same purpose as Î Yin, they may. If they have not the same purpose, it would be usurpation.'

3. 志 is the purpose, not suddenly formed on an emergency, but the determination and object of the whole life. It is said－志以其素定者言.

2절

賢者之爲人臣也, 其君不賢, 則固可放與.

현능한 자가 신하가 되었을 때 군주가 덕이 없으면 [이런 식으로] 군주를 추방해도 되는 겁니까?"

3절

孟子曰, 有伊尹之志, 則可, 無伊尹之志, 則簒也.

맹자가 대답했다. "그들이 이윤과 같은 목적이라면 그럴 수 있다. 이윤과 같은 목적이 아니라면 그것은 찬탈이다."

3절 각주

지(志)는 목적(purpose)으로, 위기상황에 갑자기 형성되는 것이 아니고 평생 동안의 결단과 목표로 만들어진다. '지(志)란 평소에 정해져 있는 것이다(志以其素定者言)'라는 말이 있다.

CHAPTER XXXII

CH. 32. THE SERVICES WHICH A SUPERIOR MAN RENDERS TO A COUNTRY ENTITLE HIM, WITHOUT HIS DOING OFFICIAL DUTY, TO SUPPORT.

Kung-sun Ch'âu said, 'It is said, in the Book of Poetry,

"He will not eat the bread of idleness!"

How is it that *we see* superior men eating without labouring?' Mencius replied, 'When a superior man resides in a country, if its sovereign employ his counsels, he comes to tranquillity, wealth and glory. If the young in it follow his instructions, they become filial, obedient to their elders, true-hearted, and faithful. What greater example can there be than this of not eating the bread of idleness?'

This is an instance of the oft-repeated insinuation against Mencius, that he was content to be supported by the princes, while he would not take office; compare Bk. III. Pt. II. iv; 詩曰,─see the Shih-ching, I. ix. Ode VIII. 素=空, 'empty,' without doing service. The old commentators and the new differs somewhat in their interpretations of the ode, but they agree in understanding its great lesson to be that people should not be receiving emolument, who do not actively serve their country. 耕,─ 'plowing,' labouring. This term is suggested from the ode, where it occurs. 用之,─'use him,' i. e. his counsels, not as a minister.

제32장

군자가 어떤 나라에 도움을 준다면 공적인 의무를 하지 않아도 후원을 받을 자격이 있다.

公孫丑曰, 詩曰, 不素餐兮, 君子之不耕而食, 何也, 孟子曰, 君子居是國也, 其君用之, 則安富尊榮, 其子弟從之, 則孝弟忠信, 不素篡兮, 孰大於是.

공손추가 말했다. "『시경』에서 말했습니다.

  '그는 태만의 빵을 먹지 않을 것이다.'

일하지 않고 먹는 군자를 [우리가 보고 있는 것]은 어째서입니까?" 맹자가 대답했다. "군자가 어떤 나라에 거주할 때, 군주가 그의 조언을 사용하면, 군주에게 평안과 부와 명예와 영광이 온다. 그 나라의 젊은이들이 그의 가르침을 따르면, 그들은 효성스럽고, 노인에게 순종하고, 진심과 충심을 가지게 된다. 태만의 빵을 먹지 않은 것과 관련해서 이것보다 더 큰 사례가 있을 수 있겠느냐?"

32장 각주

맹자를 비꼴 때 자주 사용되는 말이다. 맹자는 관직에 있지 않으려고 하면서 제후들의 후원을 받는 것에 만족하였다. 제3권 제2편 제4장과 비교하라. 시왈(詩曰)은 『시경』「위풍(魏風)·벌단(伐檀)」을 보라. 소(素)는 공(空), 즉 '텅 빈', 다시 말해 '일없이'라는 뜻이다. 옛날의 주석가들과 현대의 주석가들은 『시경』의 시를 다소 다르게 해석하지만, 그들이 모두 이 시를 나라에 적극적으로 봉사하지 않는 사람은 녹봉을 받아서는 안 된다는 큰 가르침을 주는 것으로 이해한다는 점에서는 일치한다. 경(耕)은 '쟁기 가는' 즉 '노동하다'는 뜻이다. 이 글자의 의미는 『시경』에서 이를 용지(用之) 즉 '그를 쓰다' 바로 그를 신하로서가 아닌, 그의 '조언을 쓰다'라는 표현에 암시되어 있다.

CHAPTER XXXIII

CH. 33. HOW A SCHOLAR PREPARES HIMSELF FOR THE DUTIES TO WHICH HE ASPIRES.

1. The king's son, Tien, asked *Mencius*, saying, 'What is the business of the *unemployed* scholar?'

   1. Tien was the son of the king of Ch'ii. His question probably had reference to the wandering scholars of the time, whose ways he disliked. They were no favourites with Mencius, but he prefers to reply to the prince according to his ideal of the scholar.

제33장

학자는 열망하는 공직을 얻기 위해 어떻게 스스로를 준비하는가.

1절

王子墊, 問曰, 士何事.

왕자 점이 [맹자에게] 물었다. "[기용되지 않은] 학자가 하는 일은 무엇입니까?"

1절 각주

점은 제나라 왕의 아들이었다. 그의 질문은 그 시대의 종횡가들을 가리킨다. 점은 그들의 방식이 마음에 들지 않았다. 맹자도 그들을 좋아하지 않았지만, 그럼에도 학자에 대한 그의 견해에 따라 점의 질문에 답한다.

2. Mencius replied, 'To exalt his aim.'

3. *Tien* asked *again*, 'What do you mean by exalting the aim?' The answer was, '*Setting it* simply on benevolence and righteousness. *He thinks* how to put a single innocent person to death is contrary to benevolence; how to take what one has not *a right to* is contrary to righteousness; that one's dwelling should be benevolence; and one's path should be righteousness. Where else should he dwell? What other path should he pursue? When benevolence is the dwelling-place *of the heart*, and righteousness the path *of the life*, the business of a great man is complete.'

3. 仁~義是也 represent the scholar's thoughts, his nursing his aim. We can hardly take 大人 as i chap. xix. 4, where it denotes the sages, the very highest style of men. Here it denotes rather the individuals in the various grades of official employment, to which 'the scholar' may attain.

2절

孟子曰, 尙志.

맹자가 대답했다. "그의 뜻을 고상하게 하는 것입니다."

3절

曰, 何謂尙志. 曰, 仁義而已矣, 殺一無罪, 非仁也, 非其有而取之, 非義也, 居惡在, 仁是也, 路惡在, 義是也, 居仁由義, 大人之事備矣.

점이 [다시] 물었다. "뜻을 고상하게 한다는 것은 무슨 의미입니까?" 맹자가 대답했다. "인과 의의 위에 [그것을 놓는 것] 뿐입니다. [그는] 죄 없는 사람을 사형에 처하는 것이 인과 어떻게 상반되는지와 [권리가] 없는데도 취하는 것이 [의와] 어떻게 상반되는지를 [생각하고], 자기가 거처하는 장소가 인이어야 하고 자기가 가야 할 길이 의이어야 한다는 것을 [생각합니다]. 그가 이 외의 어디에 거주하겠습니까? 그가 다른 어떤 길을 가겠습니까? 인이 [마음의] 거주지이고 의가 [삶의] 길일 때, 대인(大人)의 일은 완전합니다."

3절 각주

'인~의시야(仁~義是也)'는 학자의 생각을 대변하고, 학자는 뜻을 기른다. 여기서의 대인(大人)은 제19장 제4절의 대인(大人) 즉 최고 단계의 사람을 의미하는 성인이 아니다. 여기서는 오히려 '종횡가가 도달할 수 있는 여러 등급의 관직에 있는 공직자를 나타낸다.

CHAPTER XXXIV

CH. 34. HOW MEN JUDGE WRONGLY OF CHARACTER, OVERLOOKING, IN THEIR ADMIRATION OF ONE STRIKING EXCELLENCE, GREAT FAILURES AND DEFICIENCIES.

Mencius said, 'Supposing that the kingdom of Ch'î were offered, contrary to righteousness, to *Ch'an* Chung, he would not receive it, and all people believe in him, *as a man of the highest worth*. But this is *only* the righteousness which declines a dish of rice or a plate of soup. A man can have no greater *crimes* than to disown his parents and relatives, and the relations of sovereign and minister, superiors and inferiors. How can it be allowed to give a man credit for the great *excellences* because he possesses a small one?'

仲子 is the Ch'ăn Chung of Bk. III. Pt. II. x, which see. I substitute the surname to avoid translating 子. In the translation of 人莫大焉, 焉 is taken as used for 乎, and what follows is under the regimen of 大, as if we were to complete the construction in this way:一人之罪莫大乎亡親, 云云. Châo Ch'î interprets quite differently:一'But what a man should exalt is the greatest virtues, the propriety and righteousness in the great relations of life. He, however, denies them, etc.' Perhaps the solecism of taking 焉 for 乎 is better than this. 亡,一used for 無, but as a verb. Wang Yin-chih construes as I do, making the 焉 = 乎 = 於, and construing 大 consequently in the comparative degree.

제34장

사람들은 하나의 탁월함을 칭찬하는 과정에서 큰 결함과 부족함을 간과하여 사람됨을 잘못 판단한다.

孟子曰, 仲子, 不義, 與之齊國而弗受, 人皆信之, 是舍簞食豆羹之義也, 人莫大焉, 亡親戚君臣上下, 以其小者, 信其大者, 奚可哉.

맹자가 말했다. "[진중(陳仲)에게] 의와 상반되게 제나라가 주어지면, 그는 그것을 받으려고 하지 않을 것이다. 그리고 모든 사람들은 그를 [가장 높은 가치의 사람인 양] 믿는다. 그러나 이것은 [단지] 한 접시의 밥과 한 그릇의 국을 거절하는 의에 불과하다. 부모와 친척 그리고 군주와 신하, 윗사람과 아랫사람의 관계를 부인하는 것보다 사람이 저지를 수 있는 더 큰 죄는 없다. 그가 작은 우수함을 가지고 있기 때문에 그에게 큰 [우수함들]이 있을 것이라고 믿는 것을 허용할 수 있겠는가?"

34장 각주
중자(仲子)는 제3권 제2편 제10장의 진중(陳仲)이다. 나는 자(子)의 번역을 피하기 위해 성씨로 번역했다. 인막대언(人莫大焉)의 번역에서, 언(焉)은 호(乎)로 사용되고 그다음은 대(大)의 지배를 받는다. 이것은 마치 우리가 이 구문을 '인지죄막대호망친, 운운(人之罪莫大乎亡親, 云云)'으로 완성하는 것처럼 보인다. 조기는 다음과 같이 상당히 다르게 해석한다. "즉 인간이 높여야 하는 것은 삶의 위대한 관계에서 가장 위대한 덕인 예와 의이다. 그러나 그는 그것들을 부인한다." 분명히 언(焉)을 호(乎)로 사용하여 발생하는 어법 파괴가 조기의 이 해석보다 더 낫다. 무(亡)는 무(無)로 사용되지만 이때는 동사이다. 왕인지(王引之)는 나처럼 해석하여 언(焉)=호(乎)=어(於)로 만들고, 결과적으로 대(大)를 비교급으로 해석한다.

CHAPTER XXXV

CH. 35. WHAT SHUN AND HIS MINISTER OF CRIME WOULD HAVE DONE, IF SHUN'S FATHER HAD COMMITTED A MURDER.

1. T'âo Ying asked, saying, 'Shun being sovereign, and Kâo-yâo chief minister of justice, if Kû-sâu had murdered a man, what would have been done in the case?'

1. T'ào Ying was a disciple of Mencius. This is all that is known of him. 士 is not to be understood here as merely = 士師, Analects, XVIII. ii; XIX. xix. The 士 of Shun's time was the same as the 大司寇 of the Châu dynasty, the officer of Crime, under whom were the 士師, and other more subordinates. See the 集證, *in loc.*

제35장

순의 아버지가 살인을 저질렀다면 순과 사법부 관리는 어떻게 하였겠는가.

1절

桃應問曰, 舜爲天子, 皐陶爲士, 瞽瞍殺人, 則如之何.

도응이 여쭈었다. "군주인 순과 사법부 재상인 고요는 고수가 사람을 살인했다면 이 경우에 어떻게 하였겠습니까?"

1절 각주

도응(桃應)은 맹자의 제자이다. 그에 대해 알려진 바는 이것이 전부이다. 사(士)는 여기서 『논어』 제18권 제2장과 제19권 제19장의 사사(士師)와는 다르다. 순의 시대의 사(士)는 주 왕조의 대사구(大司寇)와 동일하고, 그의 아래에 사사(士師)와 더 많은 부하들이 소속된 범죄를 담당하는 관리이었다. 앞의 『집증』(集證)을 보라.

2. Mencius said, '*Kâo-yâo* would simply have apprehended him.'

2. we must understand Kâo-yâo as the nominative to 執. 之 must refer to Kû-sâu though critics now understand 法 as the antecedent. No doubt the meaning is, 'He would simply have observed the law, and dealt with Kû-sâu accordingly.'

3. 'But would not Shun have forbidden such a thing?'

2절

孟子曰, 執之而已矣.

맹자가 대답했다. "고요는 그저 그를 체포하려고 했을 것이다."

2절 각주

우리는 고요를 집(執)의 주격으로 보아야 한다. 비록 오늘날의 비평가들이 지(之)의 선행사를 법(法)으로 보지만, 지(之)는 고수를 가리켜야 한다. 이것은 분명 '그는 그저 법을 준수하여 이에 따라 고수를 처리했을 것이다'를 뜻한다.

3절

然則舜, 不禁與.

"그러나 순은 그와 같은 것을 금하지 않았을까요?"

4. 'Indeed, how could Shun have forbidden it? *Kâo-yâo* had received the law from a proper source.'

4. 有所受之,－compare Bk. III. Pt. I. ii. 3. It is here implied that the law of death for murder was the will of Heaven, that being the source to which a reference is made. Kâo-yâo again must be understood as the nominative to 有. He, as minister of Crime, had to maintain its authority superior to the imperial will.[20]

5. 'In that case what would Shun have done?'

6. 'Shun would have regarded abandoning the kingdom as throwing away a worn-out sandal. He would privately have taken his father on his back, and retired into concealment, living some where along the sea-coast. There he would have been all his life, cheerful and happy, forgetting the kingdom.'

---

20) (역주) 레게 원문에는 제3절 각주로 되어 있지만 제4절과 관련된 내용이므로 제4절 각주로 분리한다.

4절

曰, 夫舜惡得而禁之, 夫有所受之也.

"사실상, 순이 어떻게 그것을 금할 수 있었겠는가? [고요는] [정당한] 근원부터 [그 법을] 받았다."

4절 각주

유소수지(有所受之)는 제3권 제1편 제2장 제3절과 비교하라. 여기서 살인에는 사형을 내리는 법이 하늘의 뜻이고, 하늘의 뜻이 그 법의 근원이라는 의미이다. 고요는 다시 유(有)의 주격으로 보아야 한다. 그는 범죄를 다루는 관리로서 군주의 뜻보다 위에 있는 하늘의 권위를 주장해야 한다.

5절

然則舜, 如之何.

"그 경우에 순은 어떻게 하였을까요?"

6절

曰, 舜視棄天下, 猶棄敝蹝也, 竊負而逃, 遵海濱而處, 終身訢然樂而忘天下.

"순은 낡은 신발을 내던지듯 천하를 버리는 것을 고려했을 것이다. 그는 몰래 [아버지를] 등에 업고 모르는 곳으로 물러나 바닷가 어딘가에서 살았을 것이다. 그는 그곳에 평생 있으면서 유쾌하고 행복하게 천하를 잊었을 것이다."

CHAPTER XXXVI

CH. 36. How ONE'S MATERIAL POSITION AFFECTS HIS AIR, AND MUCH MORE MAY MORAL CHARACTER BE EXPECTED TO DO SO.

1. Mencius, going from Fan to Ch'î, saw the king of Ch'î's son at a distance, and said with a deep sigh, 'One's position alters the air, just as the nurture affects the body. Great is the influence of position! Are we not all men's sons *in this respect?*'

1. Fan was a city of Ch'î, a considerable distance from the capital, to which we must understand Mencius was proceeding. It still gives its name to a district of Pû-châu(濮州), in the department of Ts'ào-châu(曹州), Châo Ch'î says that Fan was a city of Ch'î, the appanage of the king's sons by his concubines. On this view we should translate 王子 in the plural, but it proceeds from supposing that it was in Fan that Mencius saw the 王子, which the text does not at all necessitate. In 之齊 and 之宋(p.3), 之＝ 往. 養 = 奉養, 'revenues.' 夫非盡人之子與,一 some understand 王子in the phrase between 夫 and 非, 'now, are not king's sons all.' etc. But I prefer to understand with Châo Ch'î 凡人與王子, and in English to supply *we* rather than *they.*

제36장

물질의 많고 적음이 그의 분위기에 영향을 주는데 하물며 도덕적 인격은 말해 무엇 하겠는가.

1절

孟子自范之齊, 望見齊王之子, 喟然嘆曰, 居移氣, 養移體, 大哉居乎, 夫非盡人之子與.

맹자가 범(范) 지역에서 제나라로 갈 때 제나라의 왕자를 멀리에서 보고 깊은 한숨을 쉬며 말했다. "영양이 신체에 영향을 미치는 것과 꼭 마찬가지로 사람의 자리가 그의 분위기를 바꾼다. 자리의 영향력이 이리도 크구나. [이런 점에서 우리는] 모두 사람의 아들이 아닌가?"

1절 각주

범(范) 지역은 제나라의 수도에서 상당히 떨어진 곳에 있다. 우리는 맹자가 제나라의 수도로 가고 있었다고 이해해야 한다. 그 이름은 여전히 조주(曹州)부의 복주(濮州) 지역에 남아 있다. 조기는 범(范)은 제나라의 도시로, 왕의 후궁들이 낳은 아들에게 속한 속령이었다고 말한다. 이 견해에 따르면 왕자(王子)를 복수로 번역하는 것이 맞지만, 이는 맹자가 그 왕자(王子)를 범 지역에서 본 것으로 가정하기 때문에 나올 수 있는 번역이다. 그러나 본문에서는 이러한 가정이 전혀 필요하지 않다. 지제(之齊)와 지송(之宋)의 지(之)는 왕(往)의 의미이다. 양(養)은 봉양(奉養), '세입 또는 수입'이다. 부비진인지자여(夫非盡人之子與)에 대해 혹자는 부(夫)와 비(非) 사이의 어구에 왕자(王子)가 있는 것으로 보아, '자, (그들은) 모두 왕의 아들이 아닌가?'라고 해석한다. 그러나 나는 범인여왕자(凡人與王子)에 대한 조기의 해석을 선호하여 영어로 번역할 때 'they' 보다 오히려 'we'를 보충하였다.

2. Mencius said, 'The residence, the carriages and horses, and the dress of the king's son, are mostly the same as those of other men. That he looks so is occasioned by his position. How much more *should a peculiar air distinguish* him whose position is in the wide house of the world!

2. 孟子曰 seem here to be superfluous. 天下之廣居, 一see Bk. III. Pt. II. iii. 2.

2절

孟子曰, 王子宮室車馬衣服, 多與人同, 而王子若彼者, 其居使
之然也, 況居天下之廣居者乎.

맹자가 말했다. "왕의 아들이 사는 곳과 그의 마차와 말과 의복은 다른
사람들과 거의 같다. 그가 그렇게 보이는 것은 그의 자리가 만든 것이다.
하물면 세상이라는 넓은 집에 그의 자리가 있다면 그는 [다른 사람들과
구별되는 독특한 분위기를] 얼마나 더 많이 가지겠는가!

2절 각주

맹자왈(孟子曰)은 여기서 불필요한 것처럼 보인다. 천하지광거(天下之廣
居)는 제3권 제2편 제3장 제2절을 보라.

3. 'When the prince of Lû went to Sung, he called out at the T'ieh-châi gate, and the keeper said, "This is not our prince. How is it that his voice is so like that of our prince?" This was occasioned by nothing but the correspondence of their positions.'

  3. 垤澤, 'anthill marsh,' was simply the name of a gate in the capital of Sung.[21]

---

21) (역주) 레게 원문에는 제2절 각주에 포함되어 있지만 제3절과 관련된 내용이므로 제3절 각주로 분리한다.

3절

魯君之宋, 呼於垤澤之門, 守者曰, 此非吾君也, 何其聲之似我君也, 此無他, 居相似也.

노나라의 제후가 송나라에 가서 질택의 문에서 소리치자 문지기가 '이 사람은 우리의 제후가 아닌데, 어째서 그의 목소리는 우리 제후와 이토록 닮은 것인가?'라고 말했다. 이것은 다름 아닌 두 사람의 자리가 같기 때문이었다."

3절 각주

질택(垤澤)은 '개밋둑 습지'라는 의미로 송나라 수도에 있는 성문의 이름이다.

CHAPTER XXXVII

CH. 37. THAT HE BE RESPECTED IS ESSENTIAL TO A
SCHOLAR'S ENGAGING IN THE SERVICE OF A PRINCE.

1. Mencius said, 'To feed *a scholar* and not love him, is to treat him as
a pig. To love him and not respect him, is to keep him as a domestic
animal.

   1. 豕交之,一'having pig intercourse with him.' 交 = 接 or 待. 獸, as
distinguished from 豕, leads us to think of dogs or horses, animals to
which we entertain a sentiment higher than to those which we keep and
fatten merely for our eating.

제37장

제후가 학자를 존중하는 것이 학자가 제후를 섬길 수 있는 필수조건
이다.

1절
孟子曰, 食而弗愛, 豕交之也, 愛而不敬, 獸畜之也.

맹자가 말했다. "[학자에게] 먹을 것을 주고 사랑하지 않는 것은 그를 돼
지로 취급하는 것이다. 그를 사랑하고 존중하지 않는 것은 그를 가축처럼
기르는 것이다.

1절 각주
시교지(豕交之)는 '그와 돼지를 교접시키는 것'이다. 교(交)는 접(接) 또는
대(待)이다. 수(獸)는 시(豕)와 구별되는데, 단지 우리가 먹기 위해 기르고
살찌우는 동물보다 더 많은 감정을 주는 동물, 즉 개 또는 말을 가리킨다
고 볼 수 있다.

2. 'Honouring and respecting are what exist before any offering of gifts.

2. 恭敬者= 所謂恭敬者. The paragraph is an explanation of what is meant by those terms. 將=奉, 'presented,' 'offered.'

3. 'If there be honouring and respecting without the reality of them, a superior man may not be retained by such empty *demonstrations*.'

3. 拘=留.

2절

恭敬者, 幣之未將者也.

공경과 존경은 선물이 제공되기 전에 존재하는 것이다.

2절 각주

공경자(恭敬者)는 소위공경자(所謂恭敬者)이다. 이 절은 공(恭)과 경(敬)의 의미에 대한 설명이다. 장(將)은 봉(奉) 즉 '주어진', '제공된'을 의미한다.

3절

恭敬而無實, 君子不可虛拘.

공경하고 존경함이 있으나 실질이 없다면, 군자는 이와 같은 텅 빈 [표시에] 머물지 않아도 된다."

3절 각주

구(拘)는 류(留, 머물게 하다)이다.

CHAPTER XXXVIII

CH. 38. ONLY WITH A SAGE DOES THE BODY ACT ACCORDING TO ITS DESIGN.

Mencius said, 'The bodily organs with their functions belong to our Heaven-conferred nature. But a man must be a sage before he can satisfy the design of his bodily organization.'

This is translated according to the consenting view of the modern commentators, but perhaps not correctly. 形 is taken for the bodily organs,—the ears, eyes, hands, feet, ect.; and 色 for their manifested operations,—hearing, seeing, handling, etc. 踐 is used as in the phrase 踐言, 'to tread upon the words,' that is, to fulfill them, to walk, act, according to them. The use of 色 in chap. xxi, 4, is analogous to this use of it here. One critic says:一形色天性, 言形色皆天性所在, 非指形色 爲天性, 'The bodily organs with their operations belong to our Heaven-conferred nature; the meaning is that in these is our Heavenly nature, not that they are that nature.'

제38장

오로지 성인만이 신체를 구도에 맞게 움직일 수 있다.

孟子曰, 形色, 天性也, 惟聖人然後, 可以踐形.

맹자가 말했다. "신체의 기관과 기능은 하늘이 부여한 우리의 본성에 속한다. 그러나 사람은 성인이 된 후에야 신체 조직의 구도를 만족시킬 수 있다."

38장 각주

현대 주석가들이 동의하는 견해를 따라 한 번역이지만 아마도 올바른 번역은 아닐 것이다. 형(形)은 귀, 눈, 손, 발 등의 신체 기관으로 간주되고, 그리고 색(色)은 기관의 드러난 작동인 듣기, 보기, 만지기 등을 의미한다. 천(踐)은 천언(踐言) 즉 '말 위를 밟다'에서의 천(踐)의 의미로 사용된다. 즉 말을 완성하고, 말에 따라 걷고 행동하는 것이다. 제21장 4절에서의 색(色)과 이 절에서의 색(色)의 사용은 유사하다. 한 비평가는 이렇게 말했다. '형색천성, 언형색개천성소재, 비지형색위천성야(形色天性, 言形色皆天性所在, 非指形色爲天性)'이다. 즉 '신체 기관과 그 작동들은 하늘이 부여한 우리의 천성에 속한다. 이것들에 하늘의 본성이 있다는 의미이지, 이것들이 하늘의 본성이라는 의미는 아니다.'

CHAPTER XXXIX

CH. 39. REPROOF OF KUNG—SUN CH'AU FOB ASSENTING TO THE PROPOSAL TO SHORTEN THE PERIOD OF MOURNING.

Compare Analects, VII. xxi.

1. The king Hsüan of Ch'î wanted to shorten the period of mourning. Kung-sun Ch'âu said, 'To have one whole year's mourning is better than doing away with it altogether.'

1. The mourning is to be understood as that of three years for a parent.

2. Mencius said, 'That is just as if there were one twisting the arm of his elder brother, and you were merely to say to him "Gently, gently, if you please." Your only course should be to teach such an one filial piety and fraternal duty.'

제39장

맹자는 애도 기간을 줄이자는 제안에 동의한 공손추를 나무란다.

『논어』 제17권 제21장과 비교하라.

1절
齊宣王欲短喪, 公孫丑曰, 爲朞之喪, 猶愈於已乎.

제나라의 선왕이 애도 기간을 줄이기를 원했다. 공손추가 말했다. "일 년의 애도 기간을 가지는 것이 전혀 하지 않는 것보다는 낫습니다."

1절 각주
여기서 애도는 삼년 부모상으로 보아야 한다.

2절
孟子曰, 是猶或紾其兄之臂, 子謂之姑徐徐云爾, 亦敎之孝弟而已矣.

맹자가 말했다. "이는 마치 어떤 사람이 형의 팔을 비틀자 너는 그에게 단지 '괜찮다면 살살하시오'라고 말하는 것과 같다. 너의 유일한 길은 그 같은 사람에게 [부모에 대한] 효심과 형제로서의 책임을 가르치는 것이어야 했다."

3. *At that time*, the mother of one of the king's sons had died, and his tutor asked for him that he might be allowed to observe a few months' mourning. Kung-sun Ch'âu asked, 'What do you say of this?'

3. The king's son here must have been a son by a concubine. Chû Hsî, after Châo Ch'î, supposes that he was not permitted to mourn the three years, through the jealous or other opposition of the full queen. In this case the son was anxious to prolong his mourning as much as he could. This explanation, bringing in the opposition of the full queen or wife, seems to be incorrect. See the 集證, *in loc.* While the father was alive, a son shortened the period of mourning for this mother.

4. *Mencius* replied, 'This is a case where the party wishes to complete the whole period, but finds it impossible to do so. The addition of even a single day is better than not mourning at all. I spoke of the case where there was no hindrance, and the party neglected the thing itself.'

4. 謂夫,一夫 has a pronominal force.

3절

王子有其母死者, 其傅爲之請數月之喪, 公孫丑曰, 若此者, 何如也.

[그 당시에] 왕의 여러 아들 가운데 한 명의 어머니가 죽었는데, 그 아들의 선생이 공손추에게 그 아들이 몇 개월의 애도 기간을 준수해야 되는지 물었다. 공손추가 맹자에게 여쭈었다. "이에 대해 어떻게 생각하십니까?"

3절 각주

여기서 왕의 아들은 후궁의 아들임이 분명하다. 주희는 조기와 마찬가지로 그가 정실 왕비의 질투 또는 반대로 인해 삼년상을 치르는 것이 허락되지 않았다고 추정한다. 이 경우에 아들은 가능한 한 애도 기간을 연장하기를 갈망한다. 정실 왕비 또는 아내의 반대를 끌어들이는 주희와 조기의 설명은 바르지 않는 것으로 보인다. 앞의 『집증』(集證)을 보라. 아버지가 살아있을 때, 아들은 어머니의 애도 기간을 단축하였다.

4절

曰, 是欲終之而不可得也, 雖加一日, 愈於已, 謂夫莫之禁而弗爲者也.

[맹자가] 대답했다. "이것은 당사자가 전 기간을 마치실 원해도 그럴 수 없는 경우이다. 단 하루라도 더하는 것이 전혀 애도하지 않는 것보다 낫다. 나는 방해하는 것이 전혀 없는데도 당사자가 그 일 자체를 소홀히 한 경우에 대해서 말한 것이다."

4절 각주

위부(謂夫)의 부(夫)는 대명사의 힘을 가진다.

CHAPTER XL

CH. 40. HOW THE LESSONS OF THE SAGE REACH TO ALL DIFFERENT CLASSES.

1. Mencius said, 'There are five ways in which the superior man effects his teaching.

1. The wish of the superior man is in all cases one and the same,—to teach. His methods are modified, however, by the different characters of men.

2. 'There are some on whom his influence descends like seasonable rain.

2. This class only want his influence, like plants which only need the dew of heaven. So was it, it is said, with Confucius and his disciples Yen Yüan and Tsăng Shăn.

제40장

성인의 가르침이 다른 부류의 모두에게 어떤 방식으로 전달되는가.

1절

孟子曰, 君子之所以敎者五.

맹자가 말했다. "군자가 다섯 가지 방법으로 가르침을 줄 수 있다.

1절 각주

군자의 소망은 모든 경우에 오직 하나일 뿐이다. 그것은 바로 가르치는 것이다. 그러나 그의 가르침은 사람들의 특징에 따라 방법을 달리한다.

2절

有如時雨化之者.

어떤 사람에게 그의 영향력은 시기적절한 비처럼 내린다.

2절 각주

이 부류는 오직 그의 영향력을 원한다. 그들은 마치 하늘의 이슬만 있으면 되는 식물과 같다. 이는 공자와 그의 제자 안연과 증삼의 경우에 해당된다.

3. 'There are some whose virtue he perfects, and some of whose talents he assists the development.

3. 成德者＝ 成其德者. So a 其 is to be understood before 財(＝材) and 問. So was it with Confucius and the disciples Yen and Min.

4. 'There are some whose inquiries he answers.

4. So was it with Mencius and Wan Chang.

3절

有成德者, 有達財者.

그는 어떤 사람의 덕을 완성시키고 어떤 이의 재능이 발전하는 것을 돕는다.

3절 각주

성덕자(成德者)는 성기덕자(成其德者)이다. 마찬가지로 기(其)가 재(財=材)와 문(問) 앞에도 있는 것으로 보아야 한다. 그것은 공자와 제자 염백우와 민자건의 경우에 해당된다.

4절

有答問者.

그는 어떤 사람의 질문에 답한다.

4절 각주

이것은 맹자와 만장의 경우에 해당된다.

5. 'There are some who privately cultivate and correct themselves.

5. This is a class, who never come into actual contact with their teacher, but hear of his doctrines, and learn them. His teachings, though not delivered by himself in person, do notwithstanding reach to them.

6. These five ways are the methods in which the superior man effects his teaching.'

5절

有私淑艾者.

스스로를 기르고 바르게 한 이들이 있다.

5절 각주

이 부류는 스승과 직접 만난 적은 없지만 그의 교리에 대해 듣고 배우는 자들이다. 그가 그들에게 몸소 가르침을 전달하는 것은 아니지만 그럼에도 그들은 그에게서 배운다.

6절

此五者, 君子之所以教也.

군자는 이 다섯 가지 방법으로 가르침의 결과를 이룬다."

CHAPTER XLI

CH. 41. THE TEACHER OF TRUTH MAY NOT LOWER HIS LESSONS TO SUIT HIS LEARNERS.

1. Kung-sun Ch'âu said, 'Lofty are your principles and admirable, but *to learn them* may well be likened to ascending the heavens,—something which cannot be reached. Why not *adapt your teaching so as to* cause learners to consider them attainable, and so daily exert themselves!'

  1. 何不使彼,一彼, 'those' refers to learners, which antecedent has been implied in the words 宜若, 云云, 'it is right they should be considered,' etc. 爲可幾及,一爲 = 以爲, ' to consider,' 'regard.'

제41장

진리의 스승은 배우는 사람에 맞추어 가르침의 수준을 낮출 필요가 없다.

1절

公孫丑曰, 道則高矣美矣, 宜若似登天然, 似不可及也, 何不使彼爲可幾及而日孳孳也.

공손추가 물었다. "선생님의 원리들은 아주 높고 감탄스럽지만, [그것들을 배우는 것은] 하늘에 오르는 것처럼, 도달할 수 없는 어떤 것입니다. 배우는 사람들이 도달할 수 있다고 생각하여 매일 스스로 노력할 수 [있도록 선생님의 가르침을 바꾸는 것이] 어떻겠습니까?"

1절 각주

하불사피(何不使彼)의 피(彼) 즉 '그들은'은 배우는 사람들을 가리키고, 피(彼)의 선행사는 '의약, 운운(宜若, 云云)' 즉 '그들이 고려되는 것이 옳다'라는 어절에 암시되어 있다. 위가기급(爲可幾及)의 위(爲)는 이위(以爲) 즉 '고려하다'와 '배려'이다.

2. Mencius said, 'A great artificer does not, for the sake of a stupid workman, alter or do away with the marking-line. Î did not, for the sake of a stupid archer, charge his rule for drawing the bow.

2. 繩墨,一'string and ink,' a carpenters' marking line, 彀率(read *lü*, 'the limit to which a bow should be drawn.'

3. 'The superior man draws the bow, but does not discharge the arrow, having seemed to leap *with it to the mark*; and he there stands exactly in the middle of the path. Those who are able, follow him.'

3. The difficulty here is with the words 躍如也, literally, 'leaping-like.' They belong, I think to the superior man in all the action which is represented. No man can be taught how to hit. That is his own act. He is taught to shoot, and that in so lively a manner that the hitting also is, as it were, set forth before him. So with the teacher and learner of truth. As the learner tries to do as he is taught, he will be found laying hold of what he thought unapproachable.

2절

孟子曰, 大匠不爲拙工, 改廢繩墨, 羿不爲拙射, 變其彀率.

맹자가 말했다. "위대한 장인은 어리석은 일꾼을 위해 표시선을 변경하거나 없애지 않는다. 예(羿)는 어리석은 궁수를 위하여 활을 당기는 방법을 바꾸지 않았다.

2절 각주

승묵(繩墨)은 '줄과 잉크'로 목수의 표시선이다. 구율(彀率)은 '활을 당기는 범위의 한계'를 의미한다.

3절

君子引而不發, 躍如也, 中道而立, 能者從之.

군자는 활시위를 당기지만 화살을 쏘지는 않는데 [이것으로 과녁으로] 날아가는 것처럼 보인다. 그는 거기서 길의 중간에 정확하게 서 있다. 능력 있는 자들은 그를 따른다."

3절 각주

여기서 어려움은 문자 그대로, '도약하는 것과 같은'을 의미하는 '약여야(躍如也)'의 글자에 있다. 이것은 군자에 속하는 것으로 표현되는 모든 행동에 있다고 나는 생각한다. 누구도 쏘는 법을 배울 수 없다. 그것은 스스로 해야 하는 행동이다. 그가 쏘는 법을 배울 때 그 가르침의 방식이 너무도 생생해서 바로 자기 앞에서 쏘는 것처럼 한다. 진리의 스승과 학습자도 마찬가지이다. 학습자가 배운 대로 하려고 노력할 때, 도달할 수 없을 것이라 여겼던 것에 도달하게 된다.

CHAPTER XLII

CH. 42. ONE MUST LIVE OR DIE WITH HIS PRINCIPLES, ACTING FROM HIMSELF, NOT WITH REGARD TO OTHER MEN.

1. Mencius said, 'When right principles prevail throughout the kingdom, one's principles must appear along with one's person. When right principles disappear from the kingdom, one's person must vanish along with one's principles.

殉 means 'to bury along with the dead,' to associate with in death as in life. Another meaning is 以身從物, 'with the person to follow after things,'=to pursue. The first 道 is right principles in general. The other 道 are those principles as held by individual men.

2. 'I have not heard of one's principles being dependent for their manifestation on other men.'

제42장

남과 관련해서가 아니라 자신으로부터 행동하며 자신의 원리와 함께 살거나 죽어야 한다.

1절
孟子曰, 天下有道, 以道殉身, 天下無道, 以身殉道.

맹자가 말했다. "바른 원리가 천하에 넘쳐날 때, 그의 원리가 그의 몸과 함께 나타나야 한다. 바른 원리가 천하에서 사라질 때, 그의 몸도 그의 원리와 함께 사라져야 한다.

1절 각주
순(殉)은 살아서처럼 죽어서도 어울릴 수 있도록 '사자와 함께 매장하는 것'을 의미한다. 또 다른 의미는 이신종물(以身從物), '몸으로 사물을 따르는 것' 즉 '추구하다'와 같다. 첫 번째 도(道)는 일반적인 바른 원리이다. 다른 도(道)는 각 개인이 가지고 있는 바른 원리이다.

2절
未聞以道殉乎人者也.

나는 자신의 원리가 다른 사람들에 의존해서 드러난다는 말을 들어본 적이 없다."

CHAPTER XLIII

CH. 43. How MENCIUS REQUIRED THE SIMPLE PURSUIT OF TRUTH IN THOSE WHOM HE TAUGHT.

1. The disciple Kung-tû said, 'When Kang of T'ang made his appearance in your school, it seemed proper that a polite consideration should be paid to him, and yet you did not answer him. Why was that?'

1~2. Kăng was a younger brother of the prince of T'ăng. His rank made Kung-tû think that more than ordinary respect should have teen shown to him, and yet it was no doubt one of the things which made Mencius jealously watch his spirit. Compare Bk. VI. Pt. II. ii. 6, 7.

2. Mencius replied, 'I do not answer him who questions me presuming on his nobility, nor him who presumes on his talents, nor him who presumes on his age, nor him who presumes on services performed to me, nor him who presumes on old acquaintance. Two of those things were chargeable on Kăng of T'ăng.'

제43장

맹자가 제자들에게 진리의 단순한 추구를 요구하였다.

1절

公都子曰, 滕更之在門也, 若在所禮, 而不答, 何也.

공도자가 물었다. "등경이 우리 문하에 그 모습을 보였으니, 그를 정중하게 배려하는 것이 적절한 것으로 보이는데, 아직 선생님께서는 그에게 대답하지 않았습니다. 이유가 무엇입니까?"

1~2절 각주

등경(滕更)은 등나라 제후의 동생이었다. 공도자(公都子)는 등경의 관직 때문에 보통 이상의 존경을 그에게 보였어야 한다고 생각하였다. 그러나 맹자가 등경을 빈틈없이 태도를 살핀 이유 중에는 틀림없이 이 부분도 포함되었다. 제6권 제2편 제2장 제6절과 제7절과 비교하라.

2절

孟子曰, 挾貴而問, 挾賢而問, 挾長而問, 挾有勳勞而問, 挾故而問, 皆所不答也, 滕更有二焉.

맹자가 대답했다. "나는 자신의 고귀함을 이용하고, 재능을 이용하고, 나이를 이용하고, 나에게 준 도움을 이용하고, 오랜 안면을 이용하여 질문을 하는 자에게는 대답하지 않는다. 이 가운데 두 가지가 등경에게 있었다."

CHAPTER XLIV

CH. 44. FAILURES IN EVIDENT DUTY WILL BE ACCOMPANIED BY FAILURS IN ALL DUTY. PRECIPITATE ADVANCES ARE FOLLOWED BY SPEEDY RETREATS.

1. Mencius said, 'He who stops short where stopping is acknowledged to be not allowable, will stop short in everything. He who behaves shabbily to those whom he ought to treat well, will behave shabbily to all.

1~2. The first paragraph, it is said, has reference to errors of defect (不及者之弊), and the second to those of excess(有過).

2. 'He who advances with precipitation will retire with speed.'

제44장

명백한 의무의 실패는 모든 의무의 실패를 수반할 것이다. 급작스런 발전은 신속한 퇴보로 이어진다.

1절
孟子曰, 於不可已而已者, 無所不已, 於所厚者薄, 無所不薄也.

맹자가 말했다. "멈춰서는 안 된다고 인정된 곳에서 멈추는 자는 모든 것에서 멈출 것이다. 후대해야 할 사람들에게 박하게 행동하는 자는 모두에게 박하게 행동할 것이다.

1~2절 각주
제1절은 불급의 잘못(不及者之弊)를, 제2절은 과잉의 잘못(有過)과 관련된다.

2절
其進銳者, 其退速.

갑자기 나아가는 자는 [물러날 때에도] 빠르게 물러날 것이다."

CHAPTER XLV

CH. 45. THE SUPERIOR MAN IS KIND TO CREATURES, LOVING TO OTHER MEN, AND AFFECTIONATE TO HIS RELATIVES.

Mencius said, 'In regard to *inferior* creatures, the superior man is kind to them, but not loving. In regard to people generally, he is loving to them, but not affectionate. He is affectionate to his parents, and lovingly disposed to people *generally*. He is lovingly disposed to people *generally*, and kind to creatures.'

This was intended, no doubt, against the Mohist doctrine of loving all equally. 物 = animals. The second 親 is not to be understood only of parents. Compare 親親, D. M. xx. 12.

제45장

군자는 동물에게 자상하고, 다른 사람을 사랑하고, 친척을 친애한다.

孟子曰, 君子之於物也, 愛之而弗仁, 於民也, 仁之而弗親, 親親而仁民, 仁民而愛物.

맹자가 말했다. "[하등] 동물에 대해서는 군자는 자상하지만 사랑하지는 않는다. 백성에 대해서는 일반적으로 군자는 사랑하지만 친애하지는 않는다. 군자는 부모님을 친애하고 그리고 [일반적으로] 백성을 사랑하는 경향이 있다. 군자는 [일반적으로] 백성을 사랑하는 경향이 있고, 그리고 동물에게 자사아다."

45장 각주
이 말의 의도는 틀림없이 모든 것을 평등하게 사랑한다는 묵가의 교리를 비판하기 위한 것이다. 물(物)은 동물들이다. 두 번째 친(親)은 부모만을 가리키는 것이 아니다. 親親(친친)을 『중용』 제20장 제12절과 비교하라.

CHAPTER XLVI

CH. 46. AGAINST THE PRINCES OF HIS TIME WHO OCCUPIED THEMSELVES WITH THE KNOWLEDGE OF, AND REGARD FOR, WHAT WAS OF LITTLE IMPORTANCE.

1. Mencius said, 'The wise embrace all knowledge, but they are most earnest about what is of the greatest importance. The benevolent embrace all in their love, but what they consider of the greatest importance is to cultivate an earnest affection for the virtuous. Even the wisdom of Yâo and Shun did not extend to everything, but they attended earnestly to what was important. Their benevolence did not show itself in acts of kindness to every man, but they earnestly cultivated an affection for the virtuous.

1 無不知, 無不愛 are not our 'omniscient,' and 'all—loving,' but show the tendency and adaptation of the wise and the benevolent. The clauses that follow,一當務之爲急, 急親賢之爲務, show in what way truly great rulers come to an administration which appears to possess those characters. The use of the 之 in those clauses is idiomatic. To reduce it to the ordinary usages of the particle, we must take the first as = 惟當務之事爲急, 'but only are they earnest about the things which it is most important *to know*,' and 惟急于親賢之當務, 'but only are they earnest about what is most important, the cultivating affection for the virtuous.' The teaching of the chapter is substantially the same as that of Confucius, Analects, XII. xxii.

제46장

맹자는 중요하지 않는 지식과 배려에 집착하는 당대의 제후들을 비판한다.

1절

孟子曰, 知者無不知也, 當務之爲急, 仁者無不愛也, 急親賢之
爲務, 堯舜之知, 而不徧物, 急先務也, 堯舜之仁, 不徧愛人,
急親賢也.

맹자가 말했다. "현명한 자는 모든 지식을 포용하지만, 가장 중요한 것에
대해 가장 열정적이다. 어진 자는 모두를 사랑으로 품지만, 가장 중요하게
고려하는 것은 덕 있는 자들에 대한 열렬한 애정을 키우는 것이다. 요와
순의 지혜조차도 모든 것에 이르지 않았지만, 중요한 것에 열정적으로 주
의를 기울었다. 그들의 인은 모든 사람에게 친절의 행위로 나타나지 않지
만, 덕 있는 자들에 대한 애정을 열렬히 키웠다.

1절 각주

무부지(無不知)와 무불애(無不愛)는 우리의 '전지전능한' '모두 사랑하는'의
뜻이 아니고, 현명한 자와 어진 자들의 경향과 적용을 보여준다. 이어지는
다음 어구인 '당무지위급, 급친현지위무(當務之爲急, 急親賢之爲務)'는 위
대한 통치자가 이러한 특징들을 소유한 것으로 보이는 행정을 어떤 식으
로 하는지를 보여준다. 이들 어절에서 지(之)의 사용은 관용적이다. 그것
을 보통의 어조사의 쓰임으로 역할을 축소하기 위해, 우리는 첫 번째를
유당무지사위급(惟當務之事爲急), '단지 그들은 [아는 것이] 가장 중요한
사물들에 대해 진지할 뿐이다'로 해석한다. 두 번째는 유급우친현지당무
(惟急于親賢之當務), '그러나 단지 그들은 가장 중요한 것 즉 덕 있는 자
들에 대한 애정을 키우는 것에 열성을 기울일 뿐이다'로 해석한다. 이 장
의 가르침은 실질적으로 공자의 『논어』 제12권 제22장의 가르침과 같다.

2. 'Not to be able to keep the three years' mourning, and to be very particular about that of three months, or that of five months; to eat immoderately and swill down the soup, and at the same time to inquire about *the precept* not to tear the meat with the teeth;─such things show what I call an ignorance of what is most important.

2. 緦,─'coarse, unbleached, hempen cloth,' worn in mourning the period of three months for distant relatives. 小功 is the name applied in the case of mourning which extends for five months. 放飯云云,─see the Book of Rites, I, Sect. I, iii, 54, 55. These are cases adduced in illustration of what is insisted on in the previous paragraph;─the folly of attending to what is comparatively trivial, while overlooking what is important.

2절

不能三年之喪, 而緦小功之察, 放飯流歠, 而問無齒決, 是之謂
不知務.

삼년상을 지킬 수 없으면서 삼 개월이나 오 개월의 상례에 대해 세세하게
따지는 것과, 무절제하게 먹고 국을 소리 내어 마시면서 동시에 이빨로
고기를 뜯지 않는 [교훈]에 대해 질문하는 것, 이런 것들이 소위 내가 말
하는 가장 중요한 것이 무엇인지 모르는 것이다."

2절 각주

시(緦)는 '조잡한, 염색하지 않는, 아마 천'으로 먼 친척의 애도 때 3개월
동안 입는 옷이다. 소공(小功)은 5개월 동안의 애도에 붙여진 이름이다.
'방반운운'(放飯云云)은 『예기』「곡례(曲禮)」상 제3장 제13절(54, 55)을 보
라. 중요한 것은 간과하면서 상대적으로 사소한 것에 주의를 기울이는 어
리석음을 주장하는 앞 절의 예로 제시된 것이다.

盡心章句·下

진심장구·하

BOOK VII

TSIN SIN

PART II

제7권

진심장구(盡心章句)

하(下)

CHAPTER I

CH. 1. A STRONG CONDEMNATION OF KING HUI OF LIANG, FOR SACRIFICING TO HIS AMBITION HIS PEOPLE AND EVEN HIS SON.

Compare Bk. I. Pt. I. v, and other conversations with king Hûi.

1. Mencius said, 'The opposite indeed of benevolent was the king Hûi of Liang! The benevolent, beginning with what they care for, proceed to what they do not care for. Those who are the opposite of benevolent, beginning with what they do not care for, proceed to what they care for.'

1. 不仁 is more than 'unbenevolent' would mean, if we had such a term. It is nearly = 'cruel,' 'oppressive.' 仁者, 云云,—compare Pt. I. 45. Only 愛, being there opposed to 仁, is used with reference to animals, while here it expresses the feeling towards children and people and animals, and I have rendered it by 'to care for.' In the first case in the text, the progress is from one degree of love to another; in the second, from one degree of infliction to another.

제1장

맹자는 양혜왕이 야망으로 백성과 심지어 아들까지 희생시킨 것을 혹독하게 비판한다.

제1권 제1편 제5장을 포함해서 맹자와 양혜왕의 대화를 다룬 부분과 비교하라.

1절

孟子曰, 不仁哉, 梁惠王也, 仁者, 以其所愛, 及其所不愛, 不仁者, 以其所不愛, 及其所愛.

맹자가 말했다. "진실로 인의 정반대는 양혜왕이었구나! 어진 사람들은 그들이 좋아하는 것으로부터 시작하여 그들이 좋아하지 않는 것에로 나아간다. 인의 반대편에 있는 자들은 그들이 좋아하지 않는 것에서부터 시작하여 그들이 좋아하는 것에로 나아간다."

1절 각주

'unbenevolent'라는 영어 단어가 있다고 해도 불인(不仁)은 이 영어 단어보다 더 많은 의미를 포함한다. 불인(不仁)은 '잔인한', '억압적인'이라는 의미까지 포함한다. '인자, 운운(仁者, 云云)'은 제1편 제45장과 비교하라. 애(愛)가 인(仁)의 상대어로 쓰일 때는 동물에게만 사용되지만, 여기서는 아이와 사람들 그리고 동물들을 향한 감정까지 포함한다. 그래서 나는 애(愛)를 '~돌보다'로 번역하였다. 본문의 첫 번째 경우에 진행과정은 한 단계의 사랑에서 다른 단계의 사랑으로 나아가지만, 두 번째 경우는 한 단계의 고통 주기에서 다른 단계의 고통 주기로 나아간다.

2. 'Kung-sun Ch'âu said, 'What do you mean?' *Mencius answered,* 'The king Hûi of Liang, for the matter of territory, tore and destroyed his people, leading them to battle. Sustaining a great defeat, he would engage again, and afraid lest they should not be able to secure the victory, urged his son whom he loved till he sacrificed him with them. This is what I call—"beginning with what they do not care for, and proceeding to what they care for."'

2. 糜, 'to boil rice till it is 糜爛, reduced to a pulpy mass.' So did Hûi seem to deal with the bodies of his subjects 所愛子弟 refers to Hûi's eldest son (Bk. I. Pt. I. v. 1). He is called a 子弟, as being one of the youth of the kingdom. 殉之,—compare Pt. I. 42.

2절

公孫丑曰, 何謂也. 梁惠王, 以土地之故, 糜爛其民而戰之, 大敗, 將復之, 恐不能勝, 故驅其所愛子弟, 以殉之, 是之謂以其所不愛, 及其所愛也.

공손추가 물었다. "무슨 뜻인지요?" [맹자가 대답했다.] "양혜왕은 영토 문제 때문에 그의 백성들을 찢고 파괴하고 전쟁터로 이끌고 나갔다. 그는 계속 대패하면서도 다시 전쟁을 시작했다. 그들이 승리를 거두지 못할까 두려워하여 사랑하는 자신의 아들을 재촉하였고 마침내 백성과 아들을 희생시켰다. 이것이 소위 '그들이 좋아하지 않는 것으로부터 시작하여 그들이 좋아하는 것에로 나아간다'는 것이다."

2절 각주

미(糜)는 '쌀을 걸죽한 덩어리인 미란(糜爛)이 될 때까지 끓이는 것'이다. 이것이 양혜왕이 신하들의 몸을 다루는 방식인 것 같다. 소애자제(所愛子弟)는 양혜왕의 장자를 의미한다(제1권 제1편 제5장 제1절). 그는 왕국의 젊은이 가운데 한 명이므로 자제(子弟)라 불리었다. 순지(殉之)는 제1편 제42장과 비교하라.

CHAPTER II

CH. 2. HOW ALL THE FIGHTINGS RECORDED IN THE CH'UN CH'IU WERE UNRIGHTEOUS: A WARNING TO THE CONTENDING STATES OF MENCIUS' TIME.

1. Mencius said, 'In the "Spring and Autumn" there are no righteous wars. Instances indeed there are of one war better than another.

  1. 無義戰,一'no righteous battles.' Both Châu Ch'î and Chû Hsî make 戰=戰伐之事, 'the affairs of fighting and smiting,' i. e. all the operations of war detailed in the Ch'un-ch'iû. And rightly; for Mencius himself uses the term 伐 in the 2nd paragraph. In the Ch'un-ch'iû itself there are mentioned of 'fightings'(戰) only 23, while the 'smitings'(伐) amount to 213. There are specified in it also 'invasions' (侵); 'sieges'(圍); 'carryings away'(遷); 'extinguishes'(滅); 'defeats'(敗); 'takings'(取); 'surprises'(襲); 'pursuits'(追) and 'defences'(戍); all of which may be comprehended under the term 戰.

제2장

『춘추』에 기록된 전쟁에서 의로운 전쟁은 없다. 이것은 싸우고 있는 당대의 공국들에게 보내는 경고였다.

1절

孟子曰, 春秋, 無義戰, 彼善於此, 則有之矣.

맹자가 말했다. "『춘추』에는 의로운 전쟁이 전혀 없다. 의로운 전쟁의 예가 있다고 해도 어떤 전쟁이 다른 전쟁보다 나은 정도에 불과하다.

1절 각주

무의전(無義戰)은 '의로운 전쟁은 전혀 없었다'는 뜻이다. 조기와 주희 모두 전(戰)을 전벌지사(戰伐之事), '싸우고 공격하는 일', 즉 『춘추』에 상세히 기술된 전쟁의 모든 방식으로 해석한다. 맹자 자신이 벌(伐)을 제2절에서 사용하는데 이것은 적절하다. 『춘추』에서 '싸우기'(戰)에 대한 언급이 23번 등장하고, 반면에 '공격하기'(伐)는 213번에 이른다. 또한 '침범하기'(侵), '포위하기'(圍), '멀리 이동시키기'(遷), '멸망시키기'(滅), '패배시키기'(敗), '점령하기'(取), '습격하기'(襲), '추적하기'(追), '수성하기'(戍) 등이 있는데, 이들 모든 글자는 전(戰)에 포함된다.

2. "'Correction' is when the supreme authority punishes its subjects by force of arms. Hostile States do not correct one another.'

2. Explains the assertion in the first. In the wars recorded by Confucius, one State or chief was said to 征 another, which could not be according to the meaning of the term. By 上 is intended the sovereign; by 下 the princes. Compare Bk. VI. Pt. II. vii. 2.

2절

征者, 上伐下也, 敵國, 不相征也.

'정벌(征)'은 최고 권위자가 무력으로 그 신하들을 처벌할 때를 말한다. 적대적인 공국끼리는 서로를 정벌하지 않는다."

2절 각주

앞 절의 주장을 설명한다. 공자가 기록한 전쟁들에서, 한 공국 또는 그 우두머리는 상대편을 정벌(征)한다고 말하지만, 그 글자의 의미에 따르면 이것은 가능하지 않았다. 상(上)은 천자를, 하(下)는 제후들을 가리킨다. 제6권 제2편 제7장 제2절과 비교하라.

CHAPTER III

CH. 3. WITH WHAT RESERVATION MENCIUS READ THE SHU-CHING.

1. Mencius said, 'It would be better to be without the Book of History than to give entire credit to it.

> 1. This is a difficult chapter for Chinese commentators. Châo Ch'î takes 書 of the Shû-ching, which is the only fair interpretation. Others understand it of books in general. Thus Julien translates ⁻'*Si omnino fidem adhibeas libris.*' Many say that Mencius had in view only the portion of the Shû-ching to which he refers in the next, paragraph, but such a restriction of his language is entirely arbitrary. The strangest view is that of the author of the 四書拓餘說, whose judgments generally are sound and sensible. But he says here that Mencius is anticipating the attempts that would be made in after-ages to corrupt the classics, and testifying against them. We can see how the remarks were directed against the propensity to warfare which characterized his contemporaries.

제3장

맹자는『서경』을 일정한 거리를 두고 읽는다.

1절
孟子曰, 盡信書, 則不如無書.

맹자가 말했다. "『서』를 완전히 신뢰하는 것보다는 『서』가 없는 것이 더 낫다.

1절 각주
중국의 주석가들은 이 장을 어려워한다. 조기는 서(書)를 『서경』으로 해석하는데, 유일하게 맞는 해석이다. 다른 이들은 서(書)를 일반적인 책을 의미하는 것으로 받아들인다. 그리하여 줄리앙은 이를 '책이 충분히 있다면'으로 해석한다. 여러 학자가 맹자가 염두에 둔 것은 다음 절에서 언급한 『서경』의 그 인용 부분 뿐이라고 말한다. 이런 식으로 맹자의 말을 제한하는 것은 완전히 자의적이다. 일반적으로 건전하고 분별 있는 견해를 보였던 『사서탁여설』(四書拓餘說)의 저자조차 이 부분에서 매우 이상한 해석을 하고 있다. 그는 맹자가 후세대들이 고전을 타락시킬 수 있는 시도를 예상하여 그들에게 그렇게 하면 안 된다는 것을 보여주고 있다고 해석한다. 우리는 이 견해들이 맹자 시대의 특징인 호전적인 경향을 매우 반대하고 있음을 알 수 있다.

2. 'In the "Completion of the War," I select two or three passages only, which I believe.

2. 武成 is the title of the third Book in the fifth part of the Shû-ching, professing to be an account by king Wû of his enterprise against the tyrant, Châu. The words quoted in the next paragraph are found in par. 8.

3. 'The benevolent man has no enemy under heaven. When *the prince* the most benevolent was engaged against him who was the most the opposite, how could the blood *of the people* have flowed till it floated the pestles of the mortars?"'

3. For 杵 here are different readings; see the 集證[22], *in loc.* Doubtless there is much exaggeration in the language, but Mencius misinterprets the whole passage. The bloodshed was not done by the troops of king Wû, but by the forces of the tyrant turning against one another.

---

22) (역주) 레게의 원문에는 『집증』(集澄)으로 되어 있어 수정하였다.

2절

吾於武成[23]), 取二三策而已矣.

「무성(武成)」편에서 내가 믿는 것은 2~3개의 문구뿐이다.

2절 각주

「무성」(武成)은 『서경』 「주서(周書)·무성(武成)」편의 제목으로 무왕이 폭군 주왕에 맞서 그의 포부를 선언하는 부분이다. 다음 3절의 인용문은 「무성」(武成) 제9절에 있다.[24])

3절

仁人, 無敵於天下, 以至仁, 伐至不仁, 而何其血之流杵也.

'어진 사람은 하늘 아래에 적이 없다. 가장 어진 [제후]가 그와 가장 상반되는 자와 싸움을 하는데, 어떻게 [백성들의] 피가 흘러 마침내 절구의 절굿공이를 뜨게 할 수 있었겠는가?'라고 했다."

3절 각주

저(杵)에 대해서는 다른 해석들이 있다. 『집증』(集證)을 보라. 확실히 거기에는 과장된 언어가 많지만, 맹자는 전체 단락을 그릇되게 해석한다. 유혈 사태는 무왕의 군대가 야기한 것이 아니라, 폭군 주왕의 군사들이 자기편을 겨누어서 발생한 것이다.

---

23) (역주) 레게 맹자의 원문에는 '武城'으로 되어 있어 '武成'으로 수정하였다.
24) (역주) 레게는 「무성」(武成) 제8절에 있다고 했지만, 레게의 『서경』 영역본에는 제 9절에 있어 제9절로 교정한다.

CHAPTER IV

CH. 4. COUNSEL TO PRINCES NOT TO ALLOW THEMSELVES TO BE DECEIVED BY MEN WHO WOULD ADVISE THEM TO WAR.

1. Mencius said, 'There are men who say—"I am skilful at marshalling troops, I am skilful at conducting a battle!"—They are great criminals.

1. Compare Bk. IV. Pt. I. xiv. 3.

2. 'If the ruler of a State love benevolence, he will have no enemy in the kingdom.

2. Compare Bk. I. Pt. I. xi. 6.

제4장

맹자는 제후들이 전쟁을 권하는 사람들의 속임수에 넘어가서는 안 된다고 조언한다.

1절
孟子曰, 有人曰, 我善爲陳, 我善爲戰, 大罪也.

맹자가 말했다. "'나는 군대를 결집시키는 능력이 뛰어나고, 전쟁을 수행하는 능력이 뛰어나다'라고 말하는 사람들이 있는데, 그들은 중범죄자들이다.

1절 각주
제4권 제1편 제14장 제3절과 비교하라.

2절
國君, 好仁, 天下, 無敵焉.

한 공국의 통치자가 인을 사랑하면 그는 천하에 적이 없을 것이다.

2절 각주
제1권 제1편 제5장 제6절과 비교하라.

3. When *T'ang* was executing his work of correction in the south, the rude tribes on the north murmured. When he was executing it in the east, the rude tribes on the west murmured. Their cry was—"Why does he make us last?"

3. Compare Bk. I. Pt. II. xi, *et al.*

4. 'When king Wû punished Yin, he had *only* three hundred chariots of war, and three thousand life-guards.

4. 革車,—'leathern carriages, or chariots,' said by some to be baggage wagons, but, more probably by others, chariots of war, each one of which had seventy two foot soldiers attached to it, so that Wû's army would number 21,600, few as compared with the forces of his opponent. 兩 used for 輛, the 3rd tone, a numerative for carriages. 虎賁(*păn*) these appear to have been of the character of life guards, named from their tigerlike courage and bearing.

3절

南面而征, 北狄怨, 東面而征, 西夷怨, 曰, 奚爲後我.

[탕왕이] 남쪽에서 정벌의 일을 집행하고 있었을 때, 북쪽의 무례한 부족들이 불평했다. 그가 동쪽에서 이를 집행하고 있었을 때, 서쪽의 무례한 부족들이 불평했다. 그들은 '어찌하여 그는 우리를 제일 마지막에 두는가?'라고 외쳤다.

3절 각주

제1권 제2편 제11장 등과 비교하라.

4절

武王之伐殷也, 革車三百兩, 虎賁三千人.

무왕이 은을 정벌할 때, 그에게는 [단지] 3백량의 전차와 3천명의 호위대가 있을 뿐이었다.

4절 각주

혁거(革車)는 '가죽으로 된 마차나 전차'이다. 혹자는 짐마차라고 하지만 보다 정확한 의미는 전차이다. 각각의 전차에 딸린 보병은 72명으로 무왕의 군은 아마도 2만1천6백 명일 것이다. 이는 상대편의 군사보다 적은 수이다. 양(兩)은 양(輛, 3성조, 수레를 세는 단위)이다. 호분(虎賁)은 호위대의 특징을 나타내는 것으로, 호랑이의 용기와 형상에서 그 이름이 유래한다.

5. 'The king said, "Do not fear. Let me give you repose. I am no enemy to the people!" *On this*, they bowed their heads to the earth, like the horns of animals falling off.

> 5. See the Shû-ching, Pt. V. i. Sect. II. 9. But the text of the Classic is hardly recognizable in Mencius's version of it. The original is:—'Rouse ye, my heroes. Do not think that he is not to be feared, but rather hold that he cannot be withstood. The people are full of awe, as if their horns were falling from their heads.'

6. '"Royal correction" is but another word for rectifying. Each State wishing itself to be corrected, what need is there for fighting?'

> 6. Perhaps it would be well to retain the sound of 征 in the translation, and say 'Now *chăng* means to rectify.' 各欲正己, 'each people wishes the *chăng-er* to correct itself.'

5절

王曰, 無畏, 寧爾也, 非敵百姓也, 若崩厥角, 稽首.

왕은 '두려워하지 마라. 너희들에게 평안을 줄 것이다. 나는 백성의 적이 아니도다!'라고 말했다. [이에] 백성들은 동물의 뿔이 떨어져 나가는 것 같이 땅에 머리를 대고 절했다.

5절 각주

『서경』「주서(周書)·태서중(泰誓中)」제9절을 보라. 그러나 『서경』의 원문과 이에 대한 맹자의 해석은 큰 차이가 있다. 『서경』의 원문은 '나의 영웅들이여, 일어나라. 그가 두렵다고 생각하지 말고, 오히려 그를 참을 수 없다고 여겨라. 백성들이 마치 뿔이 머리에서 떨어지고 있는 것처럼 경외심으로 가득하다'로 되어 있다.

6절

征之爲言, 正也, 各欲正己也, 焉用戰.

'왕의 정벌[征]'은 바르게 하다[正]의 다른 말이다. 각 공국은 스스로가 바르게 되기를 원하므로, 싸울 필요가 어디에 있겠는가?"

6절 각주

아마도 번역에서는 정(征)의 음을 살려서, '정(征)은 바르게 하다를 의미한다'라고 하는 것이 좋을 것이다. '각욕정기'(各欲正己)는 '각 백성들은 바른 자가 스스로를 바르게 하기를 원한다'라는 뜻이다.

CHAPTER V

CH. 5. REAL ATTAINMENT MUST Be MADE BY THE LEARNER FOR HIMSELF.

Mencius said, 'A carpenter or a carriage-maker may give a man the circle and square, but cannot make him skilful *in the use of them*.'

Compare Pt. I. 41. See also in Chung-tsze, Bk. xiii. par. 10. 梓匠輪輿. see Bk. III. Pt. II. iv. 3

제5장

진정한 성취는 배우는 자가 스스로 이루는 것이다.

孟子曰, 梓匠輪輿, 能與人規矩, 不能使人巧.

맹자가 말했다. "목수나 수레 제작자는 어떤 사람에게 컴퍼스와 곱자를 줄 수 있지만 능숙하게 사용하게 만들 수는 없다."

5장 각주
상편 제41장과 비교하라. 또한『장자』제13편 제10장을 보라. 재장윤여(梓 匠輪輿)는 제3권 제1편 제4장 제3절을 보라.

CHAPTER VI

CH. 6. THE EQUANIMITY OF SHUN IN POVERTY AND AS SOVEREIGN.

Mencius said, 'Shun's manner of eating *his* parched grain and herbs was as if he were to be doing so all his life. When he became sovereign, and had the embroidered robes to wear, the lute to play, and the two daughters of *Yâo* to wait on him, he was as if those things belonged to him as a matter of course.'

草 must be taken as = 菜. 茹 is a word used for 食, applied to eating herbs. 飯 = 食, 'to eat.' The 'embroidered robes' are the imperial dress. On Shim's lute, see Bk. V. Pt. I. ii. 3. 果 used for 婐(*wo*), 'a female attendant.'

제6장

순은 가난할 때와 군주일 때 한결 같았다.

孟子曰, 舜之飯糗茹草也, 若將終身焉, 及其爲天子也, 被袗衣
鼓琴, 二女果, 若固有之.

맹자가 말했다. "순이 바싹 마른 곡물과 나물을 먹을 때에는 마치 평생
동안 그렇게 하고 있을 것 같았다. [그러다] 그가 군주가 되었을 때는 자
수가 놓인 예복을 입고, 현을 연주하고, [요의] 두 딸이 그를 시중들었을
때에는 이러한 것들이 그에게 당연히 속하는 것과 같이 했다."

6장 각주
초(草)는 채(菜)로 보아야 하고, 여(茹)는 식(食)으로 사용되는 글자로, 나
물을 먹는 것과 관련된다. 반(飯)은 식(食)으로 즉 '먹다'이다. '자수가 놓인
예복'은 왕이 입는 의복이다. 순의 현은 제5권 제1편 제2장 제3절을 보라.
과(果)는 와(婐)로 '시녀'를 의미한다.

CHAPTER VII

CH. 7. HOW THE THOUGHT OF ITS CONSEQUENT SHOULD MAKE MEN CAREFUL OF THEIR CONDUCT.

Mencius said, 'From this time forth I know the heavy consequences of killing a man's near relations. When a man kills another's father, that other will kill his father; when a man kills another's elder brother, that other will kill his elder brother. So he does not himself indeed do the act, but there is only an interval *between him and it*.'

Chû Hsî observes that this remark must have been made with some special reference,一吾令而後. It is a maxim of Chinese society, that 'a man may not live under the same heaven with the slayer of his father, nor in the same State with the slayer of his elder brother;' but Mencius does not seem to think of that, but rather takes occasion from it to warn rulers to make their government firm in the attachment of their subjects, and not provoke their animosity by oppressive acts. 一間耳,一 'there is only one interval;' that is, the death of a man's father or brother is the retribution for his previous conduct, the slayer or avenger only intervening.

제7장

인간은 결과를 생각하여 행동을 조심하게 된다.

孟子曰, 吾今而後, 知殺人親之重也, 殺人之父, 人亦殺其父,
殺人之兄, 人亦殺其兄, 然則非自殺之也, 一間耳.

맹자가 말했다. "이제서야 나는 한 사람의 가까운 친척을 죽이는 것의 엄중한 결과를 알게 되었다. 한 사람이 다른 사람의 아버지를 죽일 때 다른 사람이 그 사람의 아버지를 죽이고, 어떤 사람이 다른 사람의 형을 죽일 때 다른 사람이 그 사람의 형을 죽인다. 그리하여 그가 직접 그 행동을 하지 않았지만, [그와 그 행동 사이에는] 하나의 간격이 있을 뿐이다."

7장 각주
주희는 맹자가 특별히 오금이후(吾令而後)를 '사람은 아버지를 죽인 자와 같은 하늘에 살 수 없고, 형을 죽인 자와 같은 공국에 살 수 없다.'라는 중국의 격언과 관련해서 언급했음이 분명하다고 말한다. 그러나 맹자는 이것을 염두에 둔 것 같지 않다. 오히려 맹자는 통치자에게 신하들의 신뢰를 얻어야만 조정이 굳건해지고 억압적인 행동으로 신하들의 반감을 사서는 안 된다는 것을 경고하기 위해 이 말을 하였다. 일간이(一間耳)는 '단지 하나의 간격이 있다'로 즉 어떤 사람의 아버지나 형의 죽음은 그의 예전 행동의 보복이고, 살인자나 복수자가 그 사이에 끼어있을 뿐이라 것을 의미한다.

CHAPTER VIII

CH. 8. THE BENEVOLENCE AND SELFISHNESS OF ANCIENT AND MODERN RULE CONTRASTED.

Compare Bk. I. Pt. II. v. 3; Bk. II. Pt. I. v. 3. But one does not see exactly how the ancient rule of examining the person, and not taking the goods, guarded against violence. Here, as elsewhere. Mencius is led away by his fondness for antithesis.

1. Mencius said, 'Anciently, the establishment of the frontier-gates was to guard against violence.

2. 'Nowadays, it is to exercise violence.'

제8장

옛날 통치의 인과 이기심은 오늘날과 대조된다.

제1권 제2편 제5장 제3절과 제2권 제1편 제6장 제2절과 비교하라. 그러나 사람을 검사하고 물건을 빼앗지 않는 옛날의 통치가 정확하게 어떤 식으로 폭력을 막는 대비책이 될 수 있는지 이해하기 어렵다. 맹자는 이 장에서도 다른 장에서 가끔 그러하듯이 그가 선호하는 대조법으로 논의를 전개한다.

1절

孟子曰, 古之爲關也, 將以禦暴.

맹자가 말했다. "옛날에 국경에 관문을 설치하는 것은 폭력을 막기 위한 것이었다.

2절

今之爲關也, 將以爲暴.

그러나 오늘날에는, 폭력을 행사하기 위한 것이다."

CHAPTER IX

CH. 9. A MAN'S INFLUENCE DEPENDS ON HIS PERSONAL EXAMPLE AND CONDUCT.

Mencius said, 'If a man himself do not walk in the *right* path, it will not be walked in *even* by his wife and children. If he order men according to what is not the *right* way, he will not be able to get the obedience of *even* his wife and children.'

To the second 行 we are to suppose 道 as the nominative, while the third is like a verb in the *hiphil* conjugation. The 人 is not so much as 他人, 'other men.' The whole 使人不以道 simply = 出令不當理, 'if his orders are not according to reason.'

제9장

사람의 영향력을 결정하는 것은 개인적인 예와 행동이다.

孟子曰, 身不行道, 不行於妻子, 使人不以道, 不能行於妻子.

맹자가 말했다. "만약 어떤 사람이 몸소 [바른] 길을 걷지 않는다면, 그 길은 그의 아내와 자식들[조차도] 걷지 않을 것이다. 만약 다른 사람들에게 [바른] 방법이 아닌 것으로 명한다면, 그는 아내와 자식들의 순종[조차도] 얻을 수 없을 것이다."

9장 각주

우리는 두 번째의 행(行)의 주어로 도(道)를 가정해야 하고, 반면에 세 번째의 행(行)은 '인과' 관계에 있는 동사와 같다. 인(人)은 다름 아닌 타인(他人) 즉 '다른 사람들'을 의미한다. 사인불이도(使人不以道)는 단순히 출령부당리(出令不當理)로, '그의 명령이 이성에 따른 것이 아니라면'을 의미한다.

CHAPTER X

CH. 10. CORRUPT TIMES ARE PROVIDED AGAINST BY ESTABLISHED VIRTUE.

Mencius said, 'A bad year cannot prove the cause of death to him whose stores of gain are large; an age of corruption cannot confound him whose equipment of virtue is complete.'

不能殺,不能亂, may be taken either actively or passively. 周于利者,一'he who is complete in gain,' i. e., he who has gained much, and laid much by. The 日講25) expands this into 家有餘貲, 倉有餘粟.

---

25) (역주) 레게의 각주 원문에는 '日請'으로 되어 있어 '日講'으로 수정하였다.

제10장

덕을 확립함으로써 타락의 시기를 대비한다.

孟子曰, 周于利者, 凶年不能殺, 周于德者, 邪世不能亂.

맹자가 말했다. "흉년이 큰 수익 창고가 있는 자를 죽게 할 수 없고, 부패한 시대가 완벽한 덕을 갖춘 자를 어지럽힐 수 없다."

10장 각주

'불능살, 불능란(不能殺, 不能亂)'은 능동으로도 수동으로도 해석할 수 있다. 주우리자(周于利者)는 '이익에 완전한 자' 즉 많은 이익을 얻은 자, 그리고 많이 거두는 자이다. 『일강』(日講)에서는 이를 '가유여자, 창유여속(家有餘貲, 倉有餘粟)', '집안에는 재물이 남아돌고 창고에는 곡식이 남아돈다'는 뜻으로 확대한다.

CHAPTER XI

CH. 11. A MAN'S TRUE DISPOSITION WILL OFTEN APPEAR IN SMALL MATTERS, WHEN A LOVE OF FAME MAY HAVE CARRIED HIM OVER GREAT DIFFICULTIES.

Mencius said, 'A man who loves fame may be able to decline a State of a thousand chariots; but if he be not really the man *to do such a thing*, it will appear in his countenance, in the matter of a dish of rice or a platter of soup.'

Chû Hsî here expounds well:一觀人不於其所勉, 而於其所忽, 然後可以見其所安之實, A man is seen not so much in things which require an effort, as in things which he might easily despise. By bearing this in mind when we observe him, we can see what he really rests in.'

제11장

사람이 명성을 사랑하여 큰 위기를 극복할 수도 있다. 그러나 그의 진정한 성향은 때로 사소한 문제에서 드러난다.

孟子曰, 好名之人, 能讓千乘之國, 苟非其人, 簞食豆羹見於色.

맹자가 말했다. "명성을 사랑하는 사람은 천승의 공국을 거절할 수도 있지만, [정말로] [그와 같은 일을 할] 사람인지 아닌지는 한 그릇의 밥이나 한 사발의 국과 관련된 문제에서 얼굴에 드러날 것이다."

11장 각주

주희는 이를 다음과 같이 잘 설명한다. '관인불어기소면, 이어기소홀, 연후 가이견기소안지실(觀人不於其所勉, 而於其所忽, 然後可以見其所安之實)' 즉 '사람됨은 노력이 요구되는 것들보다는 오히려 쉽게 여기는 것에서 드러난다. 이것을 명심하여 사람을 관찰하면, 우리는 그가 진정으로 어디에서 편안한지를 알 수 있다.'

CHAPTER XII

CH. 12. THREE THINGS IMPORTANT IN THE ADMINISTRATION OF A STATE.

1. Mencius said, 'If men of virtue and ability be not confided in, a State will become empty and void.

 1. 不信, 'be not confided *to*'; perhaps rather 'confided *in*.' 'Will become empty and void.'—Châo Ch'î supplements thus:—'If the prince do not consort with and confide in the virtuous and able, then they will go away, and a country without such persons is said to be empty and void.'

제12장

한 공국을 다스릴 때는 세 가지가 중요하다.

1절
孟子曰, 不信仁賢, 則國空虛.

맹자가 말했다. "유덕하고 유능한 사람에게 신뢰가 주어지지 않는다면, 그 공국은 텅 비고 공허하게 될 것이다.

1절 각주
불신(不信)은 '~[에게] 신뢰가 주어지지 않다'는 뜻이지만 오히려 '~[를] 신뢰하다'일 수도 있다. '텅 비고 공허해질 것이다'에 대해, 조기는 이를 보충하여, '제후가 유덕하고 유능한 자와 어울리며 그들을 신뢰하지 않는다면, 그는 멀리 가 버릴 것이다. 그와 같은 인물들이 없는 나라는 텅 비고 공허하다고 말할 수 있다'라고 해석한다.

2. 'Without the rules of propriety and distinctions of right, the high and the low will be thrown into confusion.

3. 'Without *the great principles of* government and their various business, there will not be wealth sufficient for the expenditure.'

> 2~3. 'The high and the low,'—that is, the distinction of ranks. 禮義 may be considered a hendiadys, and so 政事 in the next paragraph. 義 is the right, or *rightness*, on which the rules of propriety are founded, and 事 is the various business that flows from the right principles of government.

2절

無禮義, 則上下亂.

예의의 법칙과 바름의 구별이 없다면, 높은 자와 낮은 자는 혼란에 빠질
것이다.

3절

無政事, 則財用不足.

통치의 [큰 원리들]과 통치의 다양한 운용이 없다면, 재정 지출에 필요한
부가 부족할 것이다."

2절~3절 각주

'높은 자와 낮은 자'는 즉 지위의 구분이다. 예의(禮義)는 중언법으로 볼
수 있고 다음절의 정사(政事)도 마찬가지이다. 의(義)는 바른 것 즉 바름
으로, 예의의 법칙이 정립되는 기초이다. 사(事)는 통치의 올바른 원리에
서 생기는 다양한 업무이다.

CHAPTER XIII

CH. 13. ONLY BY BENEVOLENCE CAN THE EMPIRE BE GOT.

Mencius said, 'There are instances of individuals without benevolence, who have got possession of a *single* State, but there has been no instance of the throne's being got by one without benevolence.'

Many commentators Put 有之 in the potential mood, as if it were 或有之. This is not allowable. Facts may be alleged that seem to be in opposition to the concluding statement. The commentator Tsâu(鄒) says: ―'From the dynasty of Ch'in downwards, there have been cases, when the throne was got by men without benevolence, but in such cases, it has been lost again after one or two reigns,'

제13장

어진 사람만이 왕위에 오를 수 있다.

孟子曰, 不仁而得國者, 有之矣, 不仁而得天下, 未之有也.

맹자가 말했다. "인이 없는 사람들이 [단일] 공국을 소유한 예는 있어도, 인이 없는 자가 왕위에 오른 예는 없었다."

13장 각주

여러 주석가들은 유지(有之)를 마치 혹유지(或有之)인 것처럼 가정법으로 보아 해석하지만, 이것은 적절하지 않다. 결론의 진술과 반대되는 것처럼 보이는 역사적 사실들이 있을 수 있다. 주석가 추(鄒)씨[26]는 "진 왕조 이래로, 인이 없는 자가 왕위에 오른 사례들이 있었다. 그러나 그런 경우에 그들의 집권은 1대 또는 2대를 넘지 않았다"라고 말했다.

---

26) (역주) 추(鄒)씨는 추호(鄒浩)이다. 제2권 제1편 제3장을 참고하라.

CHAPTER XIV

CH. 14. THE DIFFERENT ELEMENTS OF A NATION—THE PEOPLE, TUTELARY SPIRITS, AND SOVEREIGN, IN RESPECT OF THEIR IMPORTANCE.

1. Mencius said, 'The people are the most important element *in a nation*; the spirits of the land and grain are the next; the sovereign is the lightest.

1. 社 is properly the altar, or resting place of the spirit or spirits of the ground, and then used for the sacrifice to that spirit or those spirits. 稷, —'pannicled millet,' and then generally the spirit or spirits presiding over grain. Together, the characters denote the 'tutelary spirits of a country,' on whom its prosperity depends, and to sacrifice to whom was the prerogative of its sovereign.—It is often said that the 社 was 'to sacrifice to the spirits of the five kinds of ground, and the 稷 to sacrifice to those of the five kinds of grain.' But this is merely one of the numerical fancies of which Chinese writers are fond. The five kinds of ground are mountains and forests (山林), rivers and marshes(川澤), mounds (丘陵), places of tombs(墳行), and plains (原濕). But it would be easy to make another division, just as we have six, eight, and other ways of speaking about the kinds of grain. The regular sacrifices to these tutelary spirits were three:—one in spring, to pray for a good harvest; one in autumn, to give thanks for the harvest: and a third in the first month of winter.

제14장

한 나라에는 백성, 수호신, 군주라는 다른 요소가 있는데, 이 순서대로 나라에 중요하다.

1절
孟子曰, 民爲貴, 社稷次之, 君爲輕.

맹자가 말했다. "[한 나라에서] 백성이 가장 중요한 요소이고, 토지와 곡식의 신들이 그다음이고, 군주가 가장 가볍다.

1절 각주
사(社)는 원래 토지의 신령이나 신령들의 제단 또는 안식처로, 토지의 신령 또는 신령들에게 제사를 지내기 위한 용도로 사용되었다. 직(稷)은 '원추 꽃차례 수수'로 일반적으로 곡식을 관장하는 신령 또는 신령들이었다. 사직(社稷)으로 같이 쓰이면 '그 나라의 수호신'이라는 의미를 지니게 된다. 군주만이 나라의 번영을 좌우하는 사직에 제사를 지낼 수 있다. 때로 사(社)는 '다섯 종류의 토지 신령들에게 제사를 지내는 것' 그리고 직(稷)은 '다섯 종류의 곡물 신령들에게 제사를 지내는 것'이라고 한다. 그러나 이것은 단지 중국 작가들이 좋아하는 수많은 상상 중의 하나에 불과하다. 다섯 종류의 토지에는 산과 숲(山林), 강과 습지(川澤), 언덕(丘陵), 묘터(墳行), 평야(原濕)가 있다. 그러나 곡물의 종류는 6종류, 8종류, 여러 종류가 있을 수 있다. 이러한 수호신들에게 지내는 정기적인 제사는 연 3회이다. 봄 제사는 풍작을 기원하는 것이고, 가을 제사는 수확에 대한 감사를 표하는 것이고, 겨울의 첫 번째 달인 정월달에 지내는 제사가 그 세 번째 제사이다.

2. 'Therefore to gain the peasantry is the way to become sovereign; to gain the sovereign is the way to become a prince of a State; to gain the prince of a State is the way to become a great officer.

2. 丘民 = 田野之民, 'the people of the fields and wilds,' the peasantry. According to the Chau Li, nine husbandmen, heads of families, formed a *tsing* (井): four *tsing* formed a yih (邑); :and four *yih* formed a *k'ew* (丘), which would thus contain 144 families. But the phrase 丘民,[27] signifying the peasantry, is yet equivalent to 'the people.' Mencius uses it, his discourse being of the spirits of the land and grain.

---

27) (역주) 레게가 '丘人'로 오기하여 '丘民'으로 수정하였다.

2절

是故, 得乎丘民, 而爲天子, 得乎天子, 爲諸侯, 得乎諸侯, 爲
大夫.

그러므로 농민을 얻는 것이 천자가 되는 길이고, 천자를 얻는 것이 한 공
국의 제후가 되는 길이고, 한 공국의 제후를 얻는 것은 고관이 되는 길이
다.

2절 각주

구민(丘民)은 전야지민(田野之民) 즉 '논과 들의 백성들', 농민들이다. 『주
례』(周禮)에 따르면, 한 집의 가장인 9명의 농부가 1개의 정(井)을 형성하
고[28], 4개의 정(井)은 1개의 읍(邑)을 형성하고, 4개의 읍(邑)은 1개의 구
(丘)를 형성하므로, 1개의 구(丘)는 144가구를 포함한다. 농민을 의미하는
구인(丘民)이라는 어구는 '백성들'과 등가이다. 맹자가 구인(丘民)을 사용하
는 것은 그의 담론이 토지와 곡물의 신령들에 관한 것이기 때문이다.

---

28) (역주) 레게는 각주에서 'nine husbandmen, heads of families, formed a *tsing*(井)'
이라고 풀이한다. 그러나 중앙의 땅은 공동 경작이므로 8명의 농부들이 1개의 정(井)
을 이룬다고 하는 것이 맞다. 9명은 레게의 오류로 보인다.

3. 'When a prince endangers the altars of the spirits of the land and grain, he is changed, and another appointed in his place.

3. The change of the 社稷 is taken by most commentators as merely a destroying of the altars and building others. This is Chû Hsî's interpretation: 土穀之神, 不能爲民禦災捍患, 則毀其壇墻而更置之, when the spirits of the ground and grain cannot ward off calamities and evils from the people. then their altars and fences are thrown down find others in different places erected.' Châo Ch'î is more brief. He simply says that in such a case 毀社稷而更置之, which may mean that they destroyed the altars or displaced the spirits themselves. A changing of the altars merely does not supply a parallel to the removal of the princes in the preceding paragraph. And there are traces of deposing the spirits in such a case, and appointing others in their places. See the 四書拓餘說, *in loc.*

4. 'When the sacrificial victims have been perfect, the millet in its vessels all pure, and the sacrifices offered at their proper seasons, if yet there ensue drought, or the waters overflow, the spirits of the land and grain are changed, and others appointed in their place.'

3절

諸侯危社稷, 則變置.

제후가 토지와 곡물 신의 제단을 위태롭게 하면 그는 교체되어 그의 자리
에 다른 사람이 정해진다.

3절 각주

사직(社稷)을 바꾸는 것에 대해 대부분의 주석가들은 단지 제단을 파괴하
고 다른 제단을 세우는 것으로 해석하였다. 주희는 이를 '토곡지신, 불능
위민어재한환, 즉훼기단유이갱치지(土穀之神, 不能爲民禦災捍患, 則毁其
壇壝而更置之)', '토지와 곡물의 신들이 사람들의 재앙과 악을 막을 수 없
을 때, 그러면 그 제단과 울타리를 허물고 다른 장소에 다른 제단들을 세
운다'라고 해석한다. 조기의 해석은 더 간단하다. 그는 단순히 이런 경우
에 훼사직이갱치지(毁社稷而更置之)라고 말하는데 그 의미는 '그들이 제
단을 파괴하거나 신령들 자체를 옮겼다'는 말이다. 제단을 바꾸는 것이 앞
절의 제후를 제거하는 것을 그대로 의미하는 것은 아니다. 제단을 바꾼
경우에 기존 신령들을 폐위하고 다른 신령들로 정한 흔적들이 있기 때문
이다. 『사서탁여설』(四書拓餘說)을 보라.

4절

犧牲旣成, 粢盛旣潔, 祭祀以時, 然而旱乾水溢, 則變置社稷.

제물이 완벽하고, 제기에 담긴 수수가 모두 깨끗하고, 제사가 적절한 시기
에 지내졌음에도, 가뭄이 이어지고 홍수가 발생하면, 토지와 곡물의 신들
이 바뀌고 그들 자리에 다른 토지와 곡물의 신들이 정해진다."

CHAPTER XV

CH. 15. THAT Po-î AND Hûi of Liû-Hsiâ WERE SAGES PROVED BY THE PERMANENCE OF THEIR INFLUENCE.

Mencius said, 'A sage is the teacher of a hundred generations:—this is true of Po-î and Hûi of Liû-Hsiâ. Therefore when men now bear the character of Po-î, the corrupt become pure, and the weak acquire determination. When they hear the character of Hûi of Liû-Hsiâ, the mean become generous, and the niggardly become liberal. *Those two* made themselves distinguished a hundred generations ago, and after a hundred generations, those who hear of them, are all aroused *in this manner.* Could such effects be produced by them, if they had not been sages? And how much more did they affect those who were in contiguity with them, and felt their inspiring influence!'

Compare Bk. V. Pt. II. i; *et* al. 'A hundred generations' is spoken generally. Between the two worthies themselves, several hundred years intervened.

제15장

백이와 유하혜의 영속하는 영향력은 그들이 성인임을 증명하다.

孟子曰, 聖人百世之師也, 伯夷柳下惠是也, 故聞伯夷之風者, 頑夫廉, 懦夫有立志, 聞柳下惠之風者, 薄夫敦, 鄙夫寬, 奮乎百世之上, 百世之下, 聞者莫不興起也, 非聖人而能若是乎, 而況於親炙之者乎.

맹자가 말했다. "성인은 백대의 스승이다. 백이와 유하혜가 여기에 해당한다. 그러므로 오늘날 사람들이 백이의 인격에 관해 들으면, 부패한 자는 깨끗해지고 약한 자는 결단력을 얻게 된다. 그들이 유하혜의 인격에 관해 들으면, 인색한 자는 관대해지고 구두쇠는 자는 후해진다. [이들 두 사람은] 백 세대 전에 스스로 두각을 드러내었고, 백 세대 후에 그들에 대해서 들은 자들은 [이런 방식으로] 모두 자극을 받았다. 그들이 성인이 아니라면 그와 같은 결과가 있을 수 있었겠는가? 하물며 가까이서 그들이 고취하는 영향력을 느꼈던 이들은 얼마나 많이 영향을 받았겠는가!"

15장 각주
제5권 제2편 제1장 등과 비교하라. '백대'는 일반적인 표현이다. 백이와 유하혜 사이에 몇 백 년의 간격이 있다.

CHAPTER XVI

CH. 16. THE RELATION OF BENEVOLENCE TO MAN.

Mencius said, 'Benevolence is *the distinguishing characteristic of* man. As embodied in man's conduct, it is called the path *of duty*.'

This chapter is quite enigmatic. 合 is taken as = 合仁于人身,' unite benevolence with man's person,' and 道 as the 率性之道 of the Clung－yung. The glossarist of Châo Ch'î refers to Analects, XV. xxviii, which is very good. Chû Hsî, however, mentions that in an edition of Mencius found in Corea, after 人也, there follow accounts of 'righteousness,' 'propriety,' and 'wisdom';－義也者宜也, 云云. If that was the original reading. final clause would be:－'These, all united and named, are the path of reason.'

제16장

인과 사람의 관계를 논한다.

孟子曰, 仁也者, 人也, 合而言之, 道也.

맹자가 말했다. "인은 사람[의 뚜렷한 특징]이다. 인은 사람의 행동으로 구현되기 때문에 [마땅히 가야 할] 길이라 불린다."

16장 각주

이 장은 매우 수수께끼 같다. 합(合)은 합인우인신(合仁于人身), '인과 사람의 몸을 합하다'로, 도(道)는 『중용』의 '솔성지도(率性之道)'로 해석된다. 조기의 해석자들은 『논어』 제15권 제28장을 언급하는데 이는 매우 적절하다. 그러나 주희는 한국(Corea)에서 발견된 맹자본에 인야(人也) 뒤에 '의 야자의야, 운운(義也者宜也, 云云)' 등 '의' '예', '지'에 대한 설명이 뒤따른다고 언급한다.[29] 그것이 원래의 읽기라고 한다면, 마지막 어구는 '모두 합해지고 명명된 이것들은 이성의 길이다'가 될 것이다.

---

29) (역주) 주희의 『맹자집주』에서는 정자(程子)의 말을 인용하여 "或曰, 外國本, 人也之下, 有義也者 宜也. 禮也者 履也, 智也者 知也, 信也者 實也. 凡二十字(어떤 사람이 말했다. '외국의 판본에 인야(人也) 아래에 의(義)는 마땅한 것이고, 예(禮)는 실천하는 것이고, 지(智)는 아는 것이고, 신(信)은 진실한 것이다'라는 구절이 있는데 모두 20자이다.)"라고 보충해서 설명하였다. 레게는 정자가 말한 이 '외국본(外國本)'이 바로 한국(Corea)에서 발견된 『맹자』 판본이라고 확정한 것이다. 레게는 아마도 당시에 중국에서 유통되던 한국의 『맹자』 판본을 직접 확인했을 것으로 추측된다.

CHAPTER XVII

CH. 17. How CONFUCIUS'S LEAVING Lû AND Ch'î WAS DIFFERENT.

Mencius said, 'When Confucius was leaving Lû, he said, "I will set out by-and-by;"—this was the way in which to leave the State of his parents. When he was leaving Ch'î, he strained off with his hand the water in which his rice was being rinsed, *took the rice*, and went away;—this was the way in which to leave a strange State.'

Compare Bk. V. Pt. II. i, 4.

제17장

공자가 노나라와 제나라를 떠나는 방식에 차이가 있었다.

孟子曰, 孔子之去魯, 曰, 遲遲, 吾行也, 去父母國之道也, 去
齊, 接淅而行, 去他國之道也.

맹자가 말했다. "공자께서 노나라를 떠나려고 했을 때, '나는 곧 출발할
것이다'라고 말했다. 이것이 그가 부모의 나라를 떠나는 방식이었다. 그가
제나라를 떠나려고 했을 때, 그는 씻은 쌀을 물에서 건져 [쌀을 가지고]
멀리 떠났다. 이것이 그가 낯선 나라를 떠나는 방식이었다."

17장 각주
제5권 제2편 제1장 제4절과 비교하라.

CHAPTER XVIII

CH. 18. THE REASON OF CONFUCIUS'S BEING IN STRAITS BETWEEN Ch'ăn AND Ts'âi.

Mencius said, 'The reason why the superior man was reduced to straits between Ch'an and Ts'âi was because neither the princes *of the time* nor their ministers *sympathized or* communicated with him.'

See Analects, XI. ii. The speaking of Confucius simply by the term 君子 is to be noted;—compare Analects, X. vi. 1, *et al.* Châo Ch'î observes that Confucius, in his exceeding modesty, said that he was not equal to the threefold way of the superior man (Analects, XIV. xxx), and therefore he might be spoken of as a superior man. It is difficult to see the point of this observation, nor does it meet the difficulty which arises from the use of the designation in the text. 上 = 君, 'the sovereigns,' and 下 = 臣, 'their ministers.' The princes did not honour him and seek his services. Their ministers did not honour him, and recommend him to employment. This is the meaning of 無上下之交. The commentators, in their quest for profound meanings, make out the lesson to be that though a sage may be reduced to straits, the way of truth cannot be so reduced.

제18장

공자가 진나라와 채나라 사이에서 곤경에 처했던 이유는 무엇인가

孟子曰, 君子之戹於陳蔡之間, 無上下之交也.

맹자가 말했다. "군자가 진(陳)나라와 채(蔡)나라 사이에서 곤경에 처했던 이유는 [당시의] 제후들도 신하들도 어느 누구도 그에게 [공감하거나] 그와 교류를 하지 않았기 때문이었다."

18장 각주

『논어』 제11권 제2장을 보라. 이 장은 공자를 단순히 군자라는 용어로 일컫는데, 이는 『논어』 제10권 제6장 제1절 등과 비교하라. 조기는 공자가 지나치게 겸손하여 자신을 군자의 3개의 방식(『논어』 제14권 제30장)에 미치지 못한다고 말했던 것에 주목하여 공자를 군자로 칭할 수 있다고 말한다. 조기의 요점을 파악하기 어렵고 본문에서 '군자라는 말의 사용으로 발생하는 어려움을 해결해 주지도 않는다. 상(上)은 군(君) 즉 '군주들'이고 하(下)는 신(臣) 즉 '그들의 신하들'이다. 제후들은 공자를 존중하지 않고 공자의 도움을 구하지도 않았다. 그들의 신하들은 그를 존중하지 않고 그를 기용하도록 추천하지도 않았다. 이것이 무상하지교(無上下之交)의 의미이다. 주석가들은 심오한 의미를 탐색하느라 비록 한 성인이 곤경에 처할 수도 있지만, 진리의 길은 곤경에 처할 수 없다는 교훈을 만들어낸다.

CHAPTER XIX

CH. 19. MENCIUS COMFORTS Mo Ch'î UNDER CALUMNY BY THE REFLECTION THAT IT WAS THE ORDINARY LOT OF DISTINGUISHED MEN.

1. Mo Ch'î said, 'Greatly am I from anything to depend upon from the mouths *of men*.'

1. Of Mo Ch'î, nothing is known beyond what is here intimated. 理 is used in the sense of 賴, 'to depend on.' This is given to it in the dictionary, with a reference to this passage, meaning is that not only did he not have a good word from men, but was spoken ill of by them.

제19장

맥계(貉稽)가 비난을 받자 맹자는 그것은 특출한 사람이 겪는 흔한 운명이라며 위로한다.

1절

貉稽曰, 稽大不理於口.

맥계가 말했다. "저는 [사람들의] 입에 상당히 오르내립니다."

1절 각주

맥계(貉稽)에 대해서는 여기 암시된 것 외에는 알려진 바가 없다. 이(理)는 뢰(賴) 즉, '~에 기대다'의 의미로 사용된다. 사전에 이러한 맥락과 관련하여 사람들이 그에게 좋은 말을 하지 않았다는 것뿐만 아니라 그를 욕했다라는 의미가 있다.

2. Mencius observed, 'There is no harm in that. Scholars are more exposed than others to suffer from the mouths *of men.*

2. 憎 it is concluded, from the comment of Châo Ch'î, is a mistake for 增, 'to increase,' and 兹 has substantially the same meaning. Retaining 憎, however, and taking 兹 in its sense of *this or these*, we get a tolerable meaning, 'The scholar hates those many mouth.'

2절

孟子曰, 無傷也, 士憎玆多口.

맹자가 말했다. "전혀 나쁠 것이 없다. 학자는 다른 사람보다 구설의 고통에 더 많이 노출되어 있다.

2절 각주

조기의 논평에 따르면, 증(憎)은 增(증) 즉 '증가하다'의 오류이고, 자(玆)는 실질적으로 '증가하다'와 동일한 의미라는 결론이 나온다. 그러나 증(憎)의 의미를 유지하고 자(玆)를 '이것' 또는 '이것들'이라는 의미로 해석하면, '학자는 저러한 구설을 싫어하다'라는 용인 가능한 의미가 된다.

3. 'It is said, in the Book of Poetry,

"My heart is disquieted and grieved,
I am hated by the crowd of mean creatures."

This might have been said by Confucius. And again,

"Though he did not remove their wrath,
He did not let fall his own fame."

This might be said of king Wăn.'

3. For the first quotation, see the Shih-ching, I. iii. Ode I, st. 4, a description of her condition by the ill-used wife of one of the dukes of Wei(according to Chû Hsî), and which Mencius somewhat strangely would apply to confucius. For the second, see III, i. ode III, st. 8, descriptive of the king T'âi, though applied to Wăn. 問 is in the sense of 聞, 'report,' 'reputation.'

3절

詩云, 憂心悄悄, 慍于群小, 孔子也, 肆不殄厥慍, 亦不隕厥問,
文王也.

『시경』에서,

> ‘나의 마음은 불안하고 슬프다.
> 나는 비열한 자들의 무리로부터 미움을 받는다.’

라고 노래했다. 공자도 [이렇게 말했을 것이다.] 『시경』은 다시

> ‘비록 그들의 분노를 없애지는 못했지만,
> 그는 자신의 명성이 떨어지게 하지 않았다’

라고 노래했다. [이것은] 아마도 문왕에 대해 [말한 것이다.]”

3절 각주

첫 인용은 『시경』「패풍(邶風)·백주(柏舟)」제4연을 보라. 이 시는 위(衛)나라의 한 공작의 아내가 학대당하는 자신의 처지를 묘사한 것이라고 주희는 말한다. 맹자가 이 시의 이 부분을 공자에게 적용한 것은 다소 이상하다. 두 번째 인용은 『시경』「대아(大雅)·문왕지십(文王之什)·면(綿)」제8연의 태왕을 묘사한 것인데, 본문에서는 문왕에게 적용되었다. 문(問)은 聞(문) 즉 ‘보고하다’, ‘명성’의 의미로 사용된다.

CHAPTER XX

CH. 20. HOW THE ANCIENTS LED ON MEN BY THEIR EXAMPLE, WHILE THE RULERS OF MENCIUS'S TIME TRIED TO URGE MEN CONTRARY TO THEIR EXAMPLE.

Mencius said, '*Anciently*, men of virtue and talents by means of their own enlightenment made others enlightened. Nowadays, it is tried, *while they are themselves in darkness*, and by means of that darkness, to make others enlightened.'

In translating, I supply 古之 before 賢者, in contrast with the 今 below. To the two 使 a very different force is given. The former is the constraining influence of example; the latter is the application of pains and penalties.

제20장

옛사람들은 본보기로 사람들을 이끌었지만, 맹자 시대의 통치자들은 자신들의 행동과 상반되는 방향으로 사람들을 강제한다.

孟子曰, 賢者, 以其昭昭, 使人昭昭, 今以其昏昏, 使人昭昭.

맹자가 말했다. "[옛날에], 덕이 있고 유능한 사람들은 자신들의 밝음으로 다른 사람들을 밝게 하려고 한다. 그러나 오늘날에는 [그들 자신은 어둠 속에 있으면서], 그 어둠의 수단으로 다른 사람들을 밝게 하려고 한다."

20장 각주

번역에서 나는 현자(賢者) 앞에 뒤의 금(今)과 대조하여 고지(古之)를 첨가한다. 두 개의 사(使)는 전혀 다른 힘을 갖는다. 전자는 모범적인 영향으로 제약하는 것이고, 후자는 고통과 처벌을 사용하는 것이다.

CHAPTER XXI

CH. 21. THAT THE CULTIVATION OF THE MIND MAY NOT BE INTERMITTED.

Mencius said to the disciple Kâo, 'There are the footpaths along the hills; —if suddenly they be used, they become roads; and if, as suddenly they are not used, the wild grass fills them up. Now, the wild grass fills up your mind.'

蹊間,—'spaces for the foot,' = foot paths; 山徑之蹊間,—the 'footpaths of the hill ways. 介(read *chiá*, as 戛 according to Chû Hsî, though the dictionary does not give such a sound to the character, nor do we find in it the meaning which suits this passage) 然,—'suddenly'; nearly=爲間. The Kâo here must have been a disciple of Mencius, different from the old Kâo, Bk. VI. Pt. II. iii. Châo Ch'î says that after studying with Mencius for some time, and before he fully understood his principles, he went off and addicted himself to some other teacher, and that the remark was made with reference to this course, and its consequences.

제21장

마음 수양은 잠시라도 멈출 수 없다.

孟子謂高子曰, 山徑之蹊間, 介然用之而成路, 爲間不用, 則茅
塞之矣, 今茅塞子之心矣.

맹자가 고자에게 말했다. "산을 따라 난 오솔길이 있다. 오솔길도 별안간
사용하면 도로가 되고, 별안간 사용하지 않으면 풀로 메워질 것이다. 이제,
너의 마음이 풀로 가득 메워졌구나."

21장 각주

혜간(蹊間)은 '발로 다니는 공간들' 즉 오솔길이고, '산경지혜간(山徑之蹊
間)은 '산길의 오솔길'이다. 주희는 개(介)가 알(戛)처럼 발음된다고 말하지
만, 사전에는 이 글자에 그러한 발음이 없고, 우리는 이 문구에 어울리는
의미를 그 발음에서 찾을 수 없었다. 개연(介然)은 '별안간'으로 위간(爲
間)과 의미가 매우 유사하다. 여기서 고자는 맹자의 제자로 6권 제2편 제3
장의 나이 많은 고자와 다른 인물이다. 조기에 따르면, 고자는 한동안 맹
자에게서 배웠지만 맹자의 원리를 완전히 이해하기도 전에 떠났고 그 이
후 다른 선생에게 빠졌다. 본문의 맹자의 말은 이 과정과 결과와 관련되
어 언급된 것이다.

CHAPTER XXII

CH. 22. AN ABSURD REMARK OF THE DISCIPLE KAOU ABOUT THE MUSIC OF Yü AND KING WAN.

1. The disciple Kâo said, 'The music of Yü was better than that of king Wan.'

2. Mencius observed, 'On what ground do you say so?' and the other replied, 'Because at the pivot the knob of Yü's bells is nearly worn through.'

> 2. 追,—read *tûi*, 'the knob, or loop, of a bell,' the part by which it is suspended. 蠡, 3rd tone, 'an insect that bores through wood' ; hence, metaphorically, anything having the appearance of being eaten or worn away.

제22장

고자가 우임금과 문왕의 음악에 대해 터무니없는 논평을 한다.

1절
高子曰, 禹之聲, 尙文王之聲.

고자(高子)가 말했다. "우임금의 음악이 문왕보다 훌륭했습니다."

2절
孟子曰, 何以言之, 曰, 以追蠡.

맹자가 말했다. "무슨 근거로 그렇게 말하느냐?" 그러자 고자가 대답했다. "우임금의 종의 중심축에 있는 고리가 거의 닳아 구멍이 났기 때문입니다."

2절 각주
추(追)는 '퇴'로 발음되고, '종의 손잡이, 또는 고리'로 종이 달려 있는 부분이다. 려(蠡, 3성조)는 나무를 갉아 먹는 곤충으로, 비유적으로 조금씩 먹히거나 낡아져 없어지는 모양을 가진 것을 의미한다.

3. *Mencius* said, 'How can that be a sufficient proof? Are the ruts at the gate of a city made by a single two-horsed chariot?'

3. The meaning is that what Kaou noticed was only the effect of time or long use, Yü being anterior to king Wăn, and did not necessarily imply any superiority of the music of the one over that of the other. The street contracts at the gate, and all the carriages that have been running over its breadth are obliged to run in the same ruts, which hence are deeper here than elsewhere. There is much controversy about the phrase 兩馬之力. Châo Ch'î understands 兩馬 as meaning 'two kinds of horses'; the 國馬, levied from the State, and employed on what we may call the postal service, and the 公馬, or 'public horses,' principally used in military service. On this view the meaning would be that the ruts in question were not made by these two kinds of carriages only. Chû Hsî, after the commentator Fang (豐氏), takes the moaning as I have given it in the translation. Another view takes 兩 in the sense of 車 taking it in the 4th tone, as in chap. iv, 4. See the 四書拓餘說, *in loc.*

3절

曰, 是奚足哉, 城門之軌, 兩馬之力與.

[맹자가] 말했다. "그것이 어찌 충분한 증거가 될 수 있느냐? 성문의 바퀴 자국이 두 마리의 말이 끄는 단 한 대의 전차로 만들어지겠느냐?"

3절 각주

고자(高子)는 우임금이 문왕보다 옛 시대의 사람이기 때문에 시간이나 장기적 사용으로 생긴 결과에만 주목한다. 맹자는 그것이 반드시 한 음악이 다른 음악보다 더 우수하다는 것을 암시하지는 않는다고 말한다. 길은 문에서 좁아지고, 넓은 곳을 달리던 모든 마차는 어쩔 수 없이 동일한 바퀴 자국을 따라 달려야 하므로, 이 부분이 다른 부분보다 더 심하게 패이기 마련이다. 양마지력(兩馬之力)에 대해서는 논쟁이 많이 있다. 조기는 양마(兩馬)를 두 종류의 말로 해석하여, 국마(國馬) 즉 국가에서 거두어 우편 배달의 목적으로 사용하는 것과 공마(公馬) 즉 주로 군사적 목적으로 사용되는 '공적인 말'로 나눈다. 조기는 두 종류의 마차만이 문제의 바퀴 자국을 만든 것은 아니라고 말한다. 주희는 주석가 풍씨(豐氏)[30]의 해석을 받아들여 나의 번역에서 제시한 의미로 본다. 다른 견해는 양(兩)을 차(車)의 의미로 보아, 제4장 제4절에서처럼 4성조로 해석하는 것이다. 『사서탁여설』(四書拓餘說)을 보라.

---

30) (역주) 풍직(豐稷, 1033~1107)의 자는 상지(相之)이고 시호는 청민(淸敏)이다. 북송 명주(明州) 은현(鄞縣) 사람으로 『맹자주』(孟子注)를 남겼다.

CHAPTER XXIII

CH. 23. HOW MENCIUS KNEW WHERE TO STOP AND
MAINTAIN HIS OWN DIGNITY IN HIS INTERCOURSE WITH
THE PRINCES.

1. When Ch'î was suffering from famine, Ch'an Tsin said *to Mencius*,
'The people are all thinking that you, Master, will again ask that the
granary of T'ang be opened for them. I apprehend you will not do so a
second time.'

1. At T'ang, whose name is still preserved in the village of Kan-t'ang, in
the district of Chì-mo (卽墨), in the department of Lâi-châu, the princes
of Ch'î, it would appear, kept grain in store, and on some previous
occurrence of famine, Mencius had advised the king to open the
granary. In the meantime, however, some difference had occurred
between him and the prince. He intended leaving Ch'î, and would not
expose himself to a repulse by making an application which might be
rejected.

제23장

맹자는 제후와 교류할 때 자신의 위엄을 어느 선에서 유지하고 포기해야 하는지를 알았다.

1절
齊饑, 陳臻曰, 國人皆以夫子將復爲發棠, 殆不可復.

제나라가 기근에 시달렸을 때, 진진(陳臻)이 [맹자에게] 말했다. "백성들은 모두 선생님께서 그들을 위해 당 지역의 곡간을 열도록 다시 요청해 줄 것이라 생각하고 있습니다. 저는 선생님께서 다시 그렇게 하지 않으실까봐 걱정입니다."

1절 각주
당(棠)이라는 이름은 아직도 래주(萊州) 부에 있는 즉묵(卽墨) 지역의 감당 마을에 남아 있다. 제나라의 제후들은 이곳에 곡물을 보관하였고 예전에 기근이 몇 번 발생했을 때 맹자는 왕에게 곡간을 열 것을 충고했다. 그러나 그동안 맹자와 제후의 관계가 변했다. 그는 제나라를 떠날 생각이었고, 거부될 가능성이 높은 일을 자원해서 건의하여 불쾌한 상황을 만들고 싶지 않았다.

2. *Mencius* said, 'To do it would be to act like Fang Fû. There was a man of that name in Tsin, famous for his skill in seizing tigers. Afterwards he became a scholar of reputation, and going once out to the wild country, he found the people all in pursuit of a tiger. The tiger took refuge in a corner of a hill, where no one dared to attack him, but when they saw Fang Fû, they ran and met him. Fang Fû *immediately* bared his arms, and descended from the carriage. The multitude were pleased with him, but those who were scholars laughed at him.'

2. 善士, 'a good scholar,' or 'officer,' but 善 is not to be taken at all emphatically. 之野,一之=往. It did not belong to Fäng Fû, now an officer, to be fighting with tigers, playing the part of a bravo.

2절

孟子曰, 是爲馮婦也, 晉人有馮婦者善搏虎, 卒爲善士, 則之野,
有衆逐虎, 虎負嵎, 莫之敢攖, 望見馮婦, 趨而迎之, 馮婦攘臂
下車, 衆皆悅之, 其爲士者笑之.

[맹자가] 말했다. "그것은 풍부처럼 행동하는 것일 것이다. 진나라에 호랑
이 잡는 솜씨로 유명한 풍부라 불리는 사람이 있었다. 후에 그는 저명한
학자가 되었다. 한 번은 거친 시골 지역으로 나갔을 때, 그는 백성들이 모
두 함께 호랑이 한 마리를 쫓고 있는 것을 보았다. 호랑이가 산모퉁이에
숨어 있었지만 어느 누구도 감히 그 호랑이를 공격하지 못했다. 그들은
풍부를 보자 달려가 맞이했다. 풍부는 [즉시] 팔을 드러내고 마차에서 내
렸다. 무리는 모두 기뻐했지만, 학자인 자들은 그를 비웃었다."

2절 각주

선사(善士)는 '훌륭한 학자'나 '관리'이지만, 선(善)은 단지 '솜씨가 뛰어난'
으로 보아야 한다. 지야(之野)의 지(之)는 왕(往)이다. 이제는 풍부가 관리
가 되었으므로 호랑이와 싸우는 용자의 역할을 하는 것은 적절하지 않았
다.

CHAPTER XXIV

CH. 24. HOW THE SUPERIOR MAN SUBJECTS THE GRATIFICATION OF HIS NATURAL APPETITES TO THE WILL OF HEAVEN, AND PURSUES THE DOING OF GOOD WITHOUT THINKING THAT THE AMOUNT WHICH HE CAN DO MAY BE LIMITED BY THAT WILL.

1. Mencius said, 'For the mouth to desire *sweet* tastes, the eye to desire *beautiful* colours, the ear to desire *pleasant* sounds, the nose to desire *fragrant* odours, and the four limbs to desire ease and rest;—these things are natural. But there is the appointment *of Heaven in connexion with* them, and the superior man does not say *of his pursuit of them*, "It is my nature."

1. 口之於味,—'the mouth's to tastes'; that is, its constitution so as to be pleased with certain tastes. So, all the other clauses. 有命焉,—'there is the appointment of Heaven.' i. e., every appetite naturally desires its unlimited gratification, but a limited amount or an entire denial may be the will of Heaven.

제24장

군자는 자연스러운 욕구의 만족을 하늘의 뜻 아래에 두고 하늘의 뜻이 선의 범위를 제한할 수 있음을 생각하지 않고 선행을 추구한다.

1절

孟子曰, 口之於味也, 目之於色也, 耳之於聲也, 鼻之於臭也, 四肢之於安佚也, 性也, 有命焉, 君子不謂性也.

맹자가 말했다. "입은 [달콤한] 맛을 원하고, 눈은 [아름다운] 색을 원하고, 귀는 [듣기 좋은] 소리를 원하고, 코는 [향기로운] 냄새를 원하고, 사지는 편안하게 쉬는 것을 원한다. 이런 것을 원하는 것은 타고난 것이다. 그러나 [이러한 욕구는 하늘의] 명과 [결합하므로], 군자는 [이 욕구를 추구하는 것을] '나의 본성이다'라고 말하지 않는다.

1절 각주

구지어미(口之於味)는 '입과 맛의 관계' 즉 어떤 맛에 기분이 좋아지기 위한 입의 구성이다. 다른 구절도 마찬가지이다. 유명언(有命焉)은 '[하늘의] 명이 있다'로 즉 모든 욕구는 본성적으로 무제한의 만족을 원하지만, 하늘의 뜻으로 욕구 충족의 양이 제한되거나 완전히 부정될 수 있다는 뜻이다.

2. 'The exercise of love between father and son, the observance of righteousness between sovereign and minister, the rules of ceremony between guest and host, the display of knowledge in recognising the talented, and the fulfilling the heavenly course by the sage;—these are the appointment of Heaven. But there is an adaptation of our nature for them. The superior man does not say, in reference to them, "It is the appointment of Heaven."'

2. 智之於賢者 is not 'the possession of knowledge by the talented,' but the exercise of wisdom in reference to them, recognizing and appreciating their excellence. The sentiment is well illustrated by the case of Yen Ying, the minister of Ch'î, able and wise, and yet insensible to the superior excellence of Confucius and his principles. Chû Hsî says well upon this chapter:—'I have heard it observed by my master that the things mentioned in both of these paragraphs are in the constitution of our nature, and likewise ordained by Heaven. Mankind, however, consider that the first five are more especially natural, and, though they may be prevented from obtaining them, still desire them; and that the last five are more especially appointed by Heaven, so that if they do not come to them readily, they do not go on to put forth their strength to reach them. On this account, Mencius shows what is most important in each case, that he may induce a broader way of thinking in regard to the second class, and repress the way of think ing in regard to the first.'

2절

仁之於父子也, 義之於君臣也, 禮之於賓主也, 智之於賢者也, 聖人之於天道也, 命也, 有性焉, 君子不謂命也.

아버지와 아들의 사랑의 [실천], 군주와 신하의 의의 [준수], 손님과 주인 사이의 예법, 재주 있는 자들을 알아보는 것[에서] 지식이[드러나는 것], 그리고 성인이 하늘의 길을 [완성하는 것], 이 다섯 가지는 [하늘이] 명한 것이다. 그러나 우리의 본성이 [변경]이 있어 [이 다섯 가지를 한다]. 군자는 [이것과 관련해서] '하늘의 명이다'라고 말하지 않는다."

2절 각주

지지어현자(智之於賢者)는 '재주 있는 자들이 지식을 소유하는 것'이 아니고, '재주 있는 자들의 우수함을 파악하고 평가하며 그들의 지혜를 드러나게 하는 것'이다. 그 취지는 제나라의 재상인 안영(晏嬰)의 사례로 잘 알 수 있다. 그는 유능하고 지혜로웠지만, 공자와 공자의 원리들에 있는 상위의 우수함을 이해하지 못했다. 이 장에 대한 주희의 언급은 적절하다. "나는 스승님께서 이 두 절에서 언급된 것이 우리 본성의 구성에 있고 마찬가지로 하늘의 명으로 정해진 것이라고 하는 말을 들은 적이 있다. 그러나 인간은 앞의 5가지가 특별히 더 타고난 것으로 생각하고 그것을 달성하는 데 방해를 받지만, 여전히 원한다. 그리고 뒤의 다섯 가지는 특별히 하늘이 더 많이 명한 것이기에 기꺼이 다가가려고 해야만 달성할 힘을 계속해서 낼 수 있다. 이 때문에 맹자는 각각의 경우에 가장 중요한 것이 무엇인지 보여준다. 이것은 맹자가 뒷부분의 행위와 관련해서는 폭넓은 사고를 유도하고 앞부분의 욕구와 관련해서는 그것에 대해 생각하는 것을 억제하기 위해서이다."

CHAPTER XXV

CH. 25. THE CHARACTER OF THE DISCIPLE Yo-Chăng. DIFFERENT DEGREES OF ATTAINMENT IN CHARACTER, WHICH ARE TO BE AIMED AT.

1. Hâo-shăng Pû-hâi asked, saying, 'What sort of man is Yo-chang?' Mencius replied, 'He is a good man, a real man.'

   1. Châo Ch'î tells us that Hâo-shăng is the surname and Pù-hâi the name, and that the individual was a man of Ch'î. This is all we know of him.

2. 'What do you mean by "A good man," "A real man?"'

제25장

악정자의 인격을 말한다. 인격 수양은 지향하는 단계의 목표에 따라 달라진다.

1절
浩生不害問曰, 樂正子, 何人也, 孟子曰, 善人也, 信人也.

호생불해가 물었다. "악정자는 어떤 사람입니까?" 맹자가 대답했다. "그는 선한 사람이고 진정한 사람이다."

1절 각주
조기는 우리에게 호생(浩生)이 성씨이고 불해(不害)가 이름으로 그는 제나라 사람이라고 말한다. 우리가 그에 대해 아는 것은 이것이 전부이다.

2절
何謂善, 何謂信.

"'선한 사람'과 '진정한 사람'이란 무슨 뜻입니까?"

3. The reply was, 'A man who commands our liking is what is called a good man.

   3. It is assumed here that the general verdict of mankind will be on the side of goodness. Hence when a man is *desirable*, and commands universal liking, he must be a *good* man.

4. 'He whose *goodness* part of himself is called a real man.

   4. 有諸己,—'having in himself'; i. e., when a man has the goodness, without hypocrisy or pretense. Compare Bk. VI, ii, 13. Goodness is an attribute entering into all the others, and I have therefore thrice expressed it in the translation.

3절

曰, 可欲之謂善.

맹자가 대답했다. "우리가 좋아할 만한 사람은 선한 사람으로 불린다.

3절 각주

인간에 대한 일반적인 판단은 인간은 선함의 편에 있을 것이라는 전제가 여기에 있다. 이리하여 어떤 사람이 [바람직]하고 보편적인 사랑을 받을 때, 그는 [선한] 사람이 틀림없다.

4절

有諸己之謂信.

[선함이] 자신의 일부분인 사람은 진정한 사람으로 불린다.

4절 각주

유저기(有諸己), 즉 '자기 자신에 있는 것'은 어떤 사람이 위선 또는 꾸밈 없이 선함이 있을 때를 말한다. 제6권 제2편 제13장과 비교하라. 선함은 다른 모든 것들이 시작하는 속성이므로 그래서 나는 번역에서 그것을 세 번 표현했다.

5. 'He whose *goodness* has been filled up is what is called beautiful man.

6. He whose completed goodness is brightly displayed is what is called a great man.

7. 'When this great man exercises a transforming influence, he is what is called a sage.

5절

充實之謂美.

[선함]으로 가득한 사람은 아름다운 사람으로 불린다.

6절

充實而有光輝之謂大.

완성된 선함이 밝게 드러나는 사람은 위대한 사람으로 불린다.

7절

大而化之之謂聖.

이 위대한 사람이 영향력을 행사하여 변화를 가져올 때, 그 사람은 성인
(聖人)으로 불린다.

8. 'When the sage is beyond our knowledge, he is what is called a spirit-man.

8. 聖而不可知之之謂神,一with this we may compare what is said in the Doctrine of the Mean, 至誠如神, 'the individual possessed of the most complete sincerity is like a spirit.' In the critical remarks in the 四書合講, it is said, indeed, that the expression in the text is stronger than that there, but the two are substantially to the same effect. Some would translate 神 by 'divine,' a rendering which it never can admit of, and yet, in applying to man the term appropriate to the actings and influence of Him whose way is in the sea, and His judgments a great deep, Chinese writers derogate from the prerogatives of God.

9. 'Yo-chang is between the two *first* characters, and below the four last.'

8절

聖而不可知之之謂神.

성인이 우리의 지식 너머에 있을 때, 그는 신인(神人)으로 불린다.

8절 각주

우리는 성이불가지지지위신(聖而不可知之之謂神)이라는 이 구절을 『중용』의 '지성여신(至誠如神)', '가장 완전한 성심을 소유한 사람은 신과 같다'라는 구절과 비교해 볼 수 있다. 『사서합강』(四書合講)은 맹자의 표현이 『중용』보다 더 강하다고 비판적으로 논평한다. 그러나 사실상 두 표현은 같은 의미이다. 혹자는 신(神)을 '신성한(divine)'으로 번역하는데, 이것은 결코 용납될 수 없는 번역이다. 그 분의 방식이 바다에 있고, 그분의 심판이 심해에 있는데 그분의 영향력과 작용에 적합한 그 단어를 인간에게 사용함으로써 중국 작가들은 하나님의 특권을 무시한다.

9절

樂正子, 二之中, 四之下也.

악정자는 [첫 번째의] 두 인물 유형의 사이에 있고, 마지막의 네 인물 유형의 아래에 있다."

CHAPTER XXVI

CH. 26. RECOVERED HERETICS SHOULD BE RECEIVED WITHOUT CASTING THEIR OLD ERRORS IN THEIR TEETH.

1. Mencius said, 'Those who are fleeing from *the errors of* Mo naturally turn to Yang, and those who are fleeing from *the errors of* Yang naturally turn to orthodoxy. When they so turn, they should at once and simply be received.

　　1. 歸於儒, 'they turn to the learned." 'The learned' in Chinese phrase is equivalent to our 'the orthodox.' The name is still claimed in China by the followers of Confucius arid other sages, in opposition to the Taoists and Buddhists.

제26장

이단아가 돌아오면 과거 실수를 심하게 질책하지 않고 받아주어야 한다.

1절

孟子曰, 逃墨, 必歸於楊, 逃楊, 必歸於儒, 歸, 斯受之而已矣.

맹자가 말했다. "묵자[의 오류에서] 달아나는 자들은 자연스럽게 양자(楊子)에게 돌아가고, 양자[의 오류에서] 달아나는 자들은 자연스럽게 정설로 돌아온다. 그들이 그렇게 돌아오면 즉시 그냥 받아주면 된다.

1절 각주

귀어유(歸於儒)는 '그들은 유학자들에게 돌아오다'는 뜻이다. 중국어에서 '유학자(The learned)'는 '정통파'와 등가이다. 중국에서 도교도와 불교도를 반대하는 공자와 다른 성인들의 추종자들이 이 이름을 자기들의 것이라 여전히 주장한다.

2. 'Those who nowadays dispute with the followers of Yang and Mo do so as if they were pursuing a stray pig, the leg of which, after they have got it to enter the pen, they proceed to tie.'

2. The disputations are with those who *had been* Yangists and Mohists. This sense of 招, 'to tie the legs,' is found in the dictionary with reference to this passage.

2절

今之與楊墨辯者, 如追放豚, 旣入其苙, 又從而招之.

오늘날 양자와 묵자의 추종자들과 논쟁하는 자들은 마치 길에서 벗어난 돼지를 쫓듯이 하고, 이미 울타리 안으로 몬 이후에도 돼지 다리를 묶으려고 한다.”

2절 각주
논쟁은 [한 때] 양자와 묵자의 추종자였던 이들과 벌어진 것이다. 초(招) 즉 ‘다리에 묶다’의 의미는 이 문구와 관련된 것이 사전에 있다.

CHAPTER XXVII

CH. 27. THE JUST EXACTIONS OF THE GOVERNMENT ARE TO BE MADE DISCRIMINATINGLY AND CONSIDERATELY,

Mencius said, 'There are the exactions of hempen-cloth and silk, of grain, and of personal service. The prince requires but one of these *at once*, deferring the other two. If he require two of them *at once*, then the people die of hunger. If he require the three *at once*, then fathers and sons are separated.'

布 is cloth, made from flax, 縷,—'silken fibers not spun,' but here, probably, silk, spun or unspun. 粟,—'grain unthreshed'; 米,—the same threshed: here together, grain generally. The tax of cloth and silk was clue in summer, that of grain after harvest, and personal service was for the leisure of winter. 君子=君. The prince might only require them, one at a time, and in their proper seasons.

제27장

통치에서 징수는 분별력을 가지고 신중하게 할 때 정당성을 얻을 수 있다.

孟子曰, 有布縷之征, 粟米之征, 力役之征, 君子用其一, 緩其二, 用其二, 而民有殍, 用其三, 而父子離.

맹자가 말했다. "삼베와 비단의 징수, 곡물의 징수, 노역의 징수가 있다. 제후는 단지 [한 번에] 하나만을 요구하고, 나머지 두 개는 연기한다. 만약 세 가지에서 두 가지를 [한 번에] 요구하면, 백성은 굶어 죽을 것이다. 만약 [한 번에] 세 개를 요구하면, 아버지와 아들이 분리될 것이다."

27장 각주

포(布)는 아마로 만든 천이다. 루(縷)는 '실로 뽑지 않은 비단 섬유'이지만, 여기서는 실로 뽑은 비단과 실로 뽑지 않은 비단을 모두 가리키는 것으로 보인다. 속(粟)은 '탈곡하지 않은 곡식'이고, 미(米)는 탈곡한 곡식인데 여기서는 모두 일반적인 곡물을 가리킨다. 삼베와 비단의 징수는 여름이 만기이고, 곡물은 수확 후에 내고, 노역은 한가한 겨울에 한다. 군자(君子)는 군(君) 즉 제후이다. 제후는 징수를 적절한 시기에 한 번에 하나씩만 요구할 수 있다.

CHAPTER XXVIII

CH. 28. THE PRECIOUS THINGS OF A PRINCE, AND THE DANGER OF OVERLOOKING THEM FOR OTHER THINGS.

Mencius said, 'The precious things of a prince are three;—the territory, the people, the government and its business. If one value as most precious pearls and jade, calamity is sure to befall him.'

土,—'the productive ground,' and 地,—'land generally.' 人 as distinguished from 民 = 'officers,' but the terms are not to be taken separately. So of 政事; see chapter xii.

제28장

맹자는 제후에게 키중한 것과 제후가 키중한 것을 간과하고 다른 것을 중시했을 때의 위험에 대해 논한다.

孟子曰, 諸侯之寶三, 土地, 人民, 政事, 寶珠玉者, 殃必及身.

맹자가 말했다. "제후에게 귀중한 것이 세 개가 있다. 그것은 영토, 백성, 정사(政事)이다. 진주와 옥을 가장 귀중한 것으로 여기는 제후에게는 반드시 재앙이 떨어질 것이다."

28장 각주

토(土)는 '비옥한 땅'이고 지(地)는 '일반적인 토지'이다. 인(人)이 민(民)과 구별될 때 그 의미는 '관리'이지만 여기서는 인(人)과 민(民)을 구분할 필요가 없다. 그것은 정사(政事)도 마찬가지이다. 제12장을 보라.

CHAPTER XXIX

CH. 29. How MENCIUS PREDICTED BEFOREHAND THE DEATH
OF P'an-Chăng Kwo.

Pan-ch'ang Kwo having obtained an official situation in Ch'î, Mencius
said, 'He is a dead man, *that* Pan-ch'ang Kwo!' Pan-chang Kwo being put
to death, the disciples asked, saying, 'How did you know, Master, that he
would meet with death?' Mencius replied, 'He was a man, who had a
little ability, but had not learned the great doctrines of the superior man.
He was just qualified to bring death upon himself, but for nothing more.'

Compare Confucius's prediction of Tsze-lû's death, Analects, XI. xii. Little
is known of this Kwo. He is said to have begun learning with Mencius,
but to have soon gone away, disappointed by what he heard.

제29장

맹자가 분성괄(盆成括)의 죽음을 예언하다.

盆成括, 仕於齊, 孟子曰, 死矣, 盆成括. 盆成括, 見殺, 門人,
問曰, 夫子何以知其將見殺. 曰, 其爲人也, 小有才, 未聞君子
之大道也, 則足以殺其軀而已矣.

분성괄이 제나라에서 관직에 올랐을 때 맹자가 말했다. "분성괄이여! 그는
죽는다." 분성괄이 죽음을 당하자 제자들이 여쭈었다. "선생님은 그가 죽
음을 맞게 될 것을 어떻게 아셨습니까?" 맹자가 대답했다. "그는 능력이
조금 있었지만, 군자의 큰 교리를 배운 적이 없었으니 죽음을 자초하기
알맞았다. 그것이 전부이다."

29장 각주
『논어』 제11권 제12장에서 공자가 자로의 죽음에 대해 예언한 것과 비교
하라. 괄에 대해서는 알려진 바가 거의 없다. 그는 맹자와 함께 배움을 시
작하였지만 맹자에게 실망하여 곧 멀리 떠났다고 한다.

CHAPTER XXX

CH. 30. THE GENEROUS SPIRIT OF MENCIUS IN DISPENSING HIS INSTRUCTIONS.

This, which is the lesson of the chapter, only comes out at the end, and has been commemorated, as being the remark of an individual, not of extraordinary character, and at first disposed to find fault with Mencius's disciples.

1. When Mencius went to T'ang, he was lodged in the Upper palace. A sandal in the process of making had been placed there in a window, and when the keeper of the place *came to* look for it, he could not find it.

　1.　之滕,－之=往.　上宮,－compare　雪宮,　Bk.　I.　Pt.　II.　iv.　This was evidently a palace appropriated by the duke of T'ang for the lodging of honourable visitors. The first 館 is a verb, 'was lodged.' The second makes a compound noun with 人. 業屨,－'the dictionary has, with reference to this passage, 事物已爲而未成曰業, 'things being done, but not completed, are said to be 業,'

제30장

맹자의 관대한 정신은 가르침을 나눌 때 나타난다.

그의 관대함이 이 장의 교훈으로 이 장의 끝에 가서야 드러난다. 평범한 수준의 인격을 지닌 어떤 사람이 처음에는 맹자의 제자를 힐난하다가 나중에 관대함을 언급하며 그에게 찬사를 보낸다.

1절
孟子之滕, 館於上宮, 有業屨於牖上, 館人, 求之弗得.

맹자가 등나라에 갔을 때 상궁(上宮)에 머물렀다. 작업 과정에 있던 신발이 창문 위에 놓여 있었는데, 그곳의 주인이 찾으러 [왔을] 때 신발을 발견할 수 없었다.

1절 각주
지등(之滕)의 지(之)는 왕(往)이다. 상궁(上宮)을 제1권 제2편 제4장의 설궁(雪宮)과 비교하라. 이것은 귀빈이 유숙할 수 있도록 등나라의 공작이 마련한 궁이 분명하다. 첫 번째 관(館)은 동사로, '~에 체류하다'이다. 두 번째 관(館)은 인(人)과 더불어 복합명사를 이룬다. 사전에서 이 절과 관련하여 업구(業屨)를 다음과 같이 설명한다. '사물이위이미성왈업(事物己爲而未成曰業) 즉 일이 행해졌지만 완성되지 않은 것을 업(業)이라고 한다.'

2. *On this*, some one asked *Mencius*, saying, 'Is it thus that your followers pilfer?' Mencius replied, 'Do you think that they came here to pilfer the sandal?' The man said, 'I apprehend not. But you, Master, having arranged to give lessons, do not go back to inquire into the past, and you do not reject those who come to you. If they come with the mind to learn, you receive them without any more ado.'

2. Sâu(=廋), 'to hide,' =to steal and hide. 曰, 子以是,一是, 'these,' referring to followers.' 夫子之設科云云,一according to Chû Hsî, this is the observation of Mencius's questioner, suddenly awaking to an understanding of the philosopher. Anciently, 夫子 was read 夫子, 'now, I,' and Mencius was is supposed to be himself the speaker. Chû Hsî, no doubt, correct. 設科 is better than 說教, 科 conveying the idea of 'exercises' suited to different capacities. 是心=向道之心

2절

或問之曰, 若是乎從者之廋也. 曰, 子以是爲竊屨來與. 曰, 殆
非也, 夫子之設科也, 往者不追, 來者不拒, 苟以是心至, 斯受
之而已矣.

[이에 대해] 혹자가 [맹자에게] 물었다. "이런 식으로 당신의 추종자들은
좀도둑질을 합니까?" 맹자가 대답했다. "자네는 그들이 여기에 온 것이 신
발을 좀도둑질하기 위해서라고 생각하는가?" 그 사람이 말했다. "그렇지
않습니다. 그러나 선생님께서는 가르침을 주기로 정한 후에는 그들의 과거
를 묻지 않고 온 자들을 거절하지 않습니다. 만약 그들이 배우고자 하는
마음을 품고 왔다면, 선생님께서는 더이상 묻지 않고 받아줄 뿐입니다."

2절 각주

수(廋)는 '숨기다' 즉 ['훔치고 숨기다']이다. 왈자이시(曰子以是)의 시(是)는
'이것들'로 '추종자들'을 가리킨다. 부자지설과운운(夫子之設科云云)에 대해
주희는 '이것은 불현듯 맹자의 관대함을 깨닫게 된 질문자의 의견이다'라
고 말한다. 옛날에는 부자(夫子)를 부여(夫予) 즉 '이제, 나'로 읽어 맹자를
화자로 추정하였다. 주희의 해석이 틀림없이 맞다. 과(科)는 능력의 차이
에 따른 '훈련'의 개념을 전달하기 때문에 설과(設科)가 설교(說敎)보다 더
낫다. 시심(是心)은 향도지심(向道之心)을 의미한다.

CHAPTER XXXI

CH. 31. A MAN HAS ONLY TO GIVE DEVELOPMENT TO THE PRINCIPLES OF GOOD WHICH ARE IN HIM, AND SHOW THEMSELVES IN SOME THINGS, TO BE ENTIRELY GOOD AND CORRECT.

1. Mencius said, 'All men have some things which they cannot bear; —extend that feeling to what they can bear, and benevolence will be the result. All men have some things which they will not do;—extend that feeling to the things which they do, and righteousness will be the result.

　1. This is a sentiment which we have found continually occurring in these analects. It supposes that man has much more power over himself than he really has.

제31장

사람이 완전히 선하고 바르게 되기 위한 유일한 길은 자기 속에 있는
선의 원리를 발전시키고 그 원리들이 몇몇 상황에서 저절로 드러나도
록 하는 것이다.

1절
孟子曰, 人皆有所不忍, 達之於其所忍, 仁也, 人皆有所不爲,
達之於其所爲, 義也.

맹자가 말했다. "모든 사람에게는 참을 수 없는 어떤 일들이 있다. 그 감
정을 참을 수 있는 것에까지 확대하라. 그러면 그 결과는 인이 될 것이다.
모든 사람에게는 하지 않을 어떤 일들이 있다. 그 감정을 그들이 하는 것
에까지 확대하라. 그러면 그 결과는 의가 될 것이다.

   1절 각주
   이 어록에서 계속해서 나타나는 이 말의 취지는 인간은 실제보다 자기 자
   신에 대한 더 많은 힘을 가지고 있음을 가정한다.

2. 'If a man can give full development to the feeling which makes him shrink from injuring others, his benevolence will be more than can be called into practice. If he can give full development to the feeling which refuses to break through, or jump over, *a wall*, his righteousness will be more than can be called into practice.

2. 穿 = 穿穴, 'to make a hole through.' 踰 = 踰墙, 'to jump over a wall.' The two together are equivalent to 'to play the thief.'

2절

人能充無欲害人之心, 而仁, 不可勝用也, 人能充無穿踰31)之
心, 而義, 不可勝用也.

만약 어떤 사람이 다른 사람에게 상처를 주지 않으려는 감정을 완전히 발
전시킨다면, 그의 인으로 실행할 수 있는 것이 더 많아질 것이다. 만약 그
가 [벽을] 뚫거나 뛰어넘지 않으려는 감정을 완전히 발전시킬 수 있다면,
그의 의로 실행할 수 있는 것이 더 많아질 것이다.

2절 각주

천(穿)은 천혈(穿穴), 즉 '~에 구멍을 내다'이다. 유(踰)는 유장(踰墻)으로
'벽을 뛰어 넘다'이다. 천유(穿踰)가 함께 쓰이면 '도둑질을 하다'와 같은
의미이다.

---

31) (역주) 레게의 맹자 원문과 각주 원문에는 '유(窬)'로 되어있다. 의미는 같다.

3. 'If he can give full development to the real feeling of dislike with which he receives the salutation, "Thou," "Thou," he will act righteously in all places and circumstances.

3. 'Thou,' is a style of address greatly at variance with Chinese notions of propriety. It can only be used to the very young and the very mean. A man will revolt from it as used to himself, and 'if he be careful to act so that men will not dare to speak to him in this style, he will go nowhere where he will not do righteousness.'─This is rather far fetched.

3절

人能充無受爾汝之實, 無所往而不爲義也.

만약 사람이 '너'나 '너네'라는 말로 불리는 것을 싫어하는 그 진정한 감정을 완전히 발전시킬 수 있다면, 그는 모든 장소와 상황에서 의롭게 행동할 것이다.

3절 각주

'너'나 '너네'는 중국의 예의 관점에 보면 대단히 변주가 많은 호칭 방식이다. 이 호칭은 아주 어리고 아주 천한 자들에게만 사용할 수 있다. 다른 사람이 자기를 그 호칭으로 부른다면 극도로 싫을 것이다. 그래서 '사람들이 그를 이런 식으로 감히 부르지 못하도록 신중하게 행동한다면, 그는 의를 행하지 않는 곳에는 아무 데도 가지 않을 것이다.'라는 주장이 있다. 이것은 다소 설득력이 떨어지는 주장이다.

4. 'When a scholar speaks what he ought not to speak, *by guile* of speech seeking to gain some end; and when he does not speak what he ought to speak, by *guile of* silence seeking to gain some end;—both these cases are of a piece with breaking through *a neighbour's wall.*'

4. 餂, 'to lick with the tongue;' = 'to inveigle. To find an antecedent to the 之, we must understand the person, who is spoken to; or before whom silence is kept; or, perhaps, 之 merely gives effect to the verb in the general sense of 'to gain some end.'

4절

士未可以言而言, 是以言餂之也, 可以言而不言, 是以不言餂
之也, 是皆穿踰之類也.

한 학자가 어떤 목적을 이루고자 말[의 간계]로 말하지 말아야 할 것을 말
할 때, 그리고 어떤 목적을 이루고자 침묵[의 간계]로 말해야 하는 것을
말하지 않을 때, 이 두 경우에 그는 [이웃의 벽을] 뚫는 짓을 한 것과 같
다."

4절 각주

첨(餂)은 '혀로 핥다'로 즉 '감언이설로 구슬리다'이다. 지(之)의 선행사를
찾기 위해 우리는 대화의 상대방 또는 침묵 유지의 상대방을 알아야 한
다. 또한 아마도 지(之)는 단순히 '어떤 목적을 얻다'의 일반적인 의미가
되도록 동사에 영향을 미쳤을 수도 있다.

CHAPTER XXXII

CH. 32. AGAINST AIMING AT WHAT IS REMOTE, AND NEGLECTING WHAT IS NEAR. WHAT ARE GOOD WORDS AND GOOD PRINCIPLES.

1. Mencius said, 'Words which are simple, while their meaning is far-reaching, are good words. Principles which, as held, are compendious, while their application is extensive, are good principles. The words of the superior man do not go below the girdle, but *great* principles are contained in them.

> 1. 不下帶,—see the Book of Rites, Bk. I. Sect. II. iii 15. The ancients did not look at a person below the girdle, so that all above that might be considered as near, beneath the eyes. The phrase =近言, 'words which are near.' i.e. on common subjects, simple, plain. So, Chû Hsî; but the passage in the Lî Chî is not so general as his commentary. It gives the rule for looking by the sovereign. He is not to raise his eyes above the minister's collar, nor lower them below the gridle.' Châo Ch'î tries to explain the expression without reference to the ancient rule for regulating the looking at men. According to him, 'words not below the girdle are all from near the heart.'

제32장

먼 것을 목표로 하면서 가까운 것을 등한시하는 태도를 비판한다. 좋은 말과 좋은 원리는 무엇인가.

1절

孟子曰, 言近而指遠者, 善言也, 守約而施博者, 善道也, 君子之言也, 不下帶而道存焉.

맹자가 말했다. "단순하면서도 그 의미가 심원한 말이 좋은 말이다. 지킬 때 간결하면서도 그 적용의 범위가 넓은 것이 좋은 원리이다. 군자의 말씀은 허리띠 아래로 내려가지 않지만, [큰] 원리는 그 말 속에 들어 있다.

1절 각주

불하대(不下帶)는 『예기』「곡례(曲禮)」하 제3장 제15절을 보라. 옛 사람들은 허리띠 아래의 몸을 보지 않았기에, 그 위에 있는 모든 것은 가까운 것으로, 눈 아래 있는 것으로 볼 수 있다. 근언(近言)은 '가까이 있는 말들' 즉 일반적이고 단순한 쉬운 주제들이다. 주희도 이렇게 해석하지만, 『예기』의 해당 글은 주희의 주석처럼 그렇게 일반적이지 않다. 『예기』는 군주의 시선 처리법을 다룬다. 군주는 신하의 옷깃 위로 시선을 주지 않고, 허리 아래로 시선을 낮추지 않는다. 조기는 사람들의 시선 처리법을 언급하지 않고 이 절을 설명한다. 그는 '허리띠 아래에 있지 않는 말은 모두 마음 가까이에서 나온 말이다'라고 말한다.

2. 'The principle which the superior man holds is that of personal cultivation, but the kingdom is thereby tranquillized.

2. This is the explanation of 守約而施博; see Analects, VI, xxv. The paragraph is a good summary of the teaching of he Great Learning

3. 'The disease of men is this:—that they neglect their own fields, and go to weed the fields of others, and that what they require from others is great, while what they lay upon themselves is light.'

2절

君子之守, 修其身而天下平.

군자가 지키는 것은 개인 수양의 원리이지만 왕국은 그로 인해 평온해진다.

2절 각주

이것은 수약이시박(守約而施博)에 대한 설명이다. 『논어』 제6권 제25장을 보라. 이 절은 『대학』의 핵심을 잘 요약하고 있다.

3절

人病, 舍其田而芸人之田, 所求於人者重, 而所以自任者輕.

사람들의 병은 이것이다. 그들은 자기 논은 방치하고 다른 사람의 논에 가서 잡초를 뽑는다. 다른 사람들에게 요구하는 것은 무겁고 반면에 자신에게 부가하는 것은 가볍다.”

CHAPTER XXXIII

CH. 33. THE PERFECT VIRTUE OF THE HIGHEST SAGES, AND HOW OTHERS FOLLOW AFTER IT.

1. Mencius said, 'Yâo and Shun were what they were by nature; T'ang and Wû were so by returning *to natural virtue.*

1. Compare Pt. I. xxx, but 之 has not here a special reference to certain virtues as there.

제33장

최상위 성인들의 완벽한 덕과 사람들이 이를 따르는 방식을 논한다.

1절
孟子曰, 堯舜, 性者也, 湯武, 反之也.

맹자가 말했다. "요임금과 순임금은 타고난 그대로였다. 탕왕과 무왕은 [타고난 덕으로] 돌아간 것이었다.

1절 각주
제1편 제30장의 지(之)는 특정한 덕을 가리키지만 여기서의 지(之)는 그렇지 않다.

2. 'When all the movements, in the countenance and every turn of *the body*, are exactly what is proper, that shows the extreme degree of the complete virtue. Weeping for the dead should be from *real* sorrow, and not because of the living. The regular path of virtue is to be pursued without any bend, and from no view to emolument. The words should all be necessarily sincere, not with any desire to do what is right.

2. This is an exhibition of the highest style of virtue that of Yâo and Shun, which does everything right, with no motive beyond the doing so. 'Weeping is from real sorrow, ami not because of the living,' i.e. there is nothing of show in it, and no wish to make an impression on others.

2절

動容周旋, 中禮者, 盛德之至也, 哭死而哀, 非爲生者也, 經德
不回, 非以干祿也, 言語必信, 非以正行也.

얼굴의 모든 움직임과 [신체의] 모든 돌림이 정확하게 적절한 것일 때, 그
것은 극도의 완전한 덕을 보여준다. 죽은 자를 위해 우는 것은 [진정한]
슬픔 때문이지 살아있는 자들 때문이 아니다. 덕의 고정된 길을 따라감에
있어 어떤 굽힘이 없어야 하고 녹봉을 얻기 위함이어서는 아니 된다. 말
은 반드시 진실해야 하고 말에 올바른 것을 행하려고 하는 바람이 없어야
한다.

2절 각주

이것은 덕의 최고의 방식을 보여준다. 요와 순이 보여주는 것은 최고의
덕의 양식으로, 올바른 것을 하지만 그렇게 하는 것 이외의 다른 저의가
전혀 없다. '우는 것은 진정한 슬픔 때문이고 살아있는 자 때문이 아니다'
는 말은 그 슬픔에는 가식이 없고 다른 사람에게 보여주기 위한 것이 아
니라는 뜻이다.

3. 'The superior man performs the law *of right*, and thereby waits simply for what has been appointed.'

3. Describes the virtue that is next in degree, equally observant of right, but by an intellectual constraint. 法=天理之當然, 'the proper course indicated by Heavenly principles.'

3절

君子, 行法, 以俟命而已矣.

군자는 [올바른] 법을 행하고, 그렇게 함으로써 명해진 것을 기다릴 뿐이다.”

3절 각주

올바른 것을 동일하게 준수하지만 지적인 한계가 있어 한 등급 아래인 덕을 기술한다. 법(法)은 천리지당연(天理之當然), ‘천리가 가리키는 올바른 길’이다.

CHAPTER XXXIV

CH. 34. HE WHO UNDERTAKES TO COUNSEL THE GREAT, SHOULD BE MORALLY ABOVE THEM.

1. Mencius said, 'Those who give counsel to the great should despise them, and not look at their pomp and display.

1. 大人,一'great men.' The phrase is to be understood not of the truly great, as in ch. xxv, 6, *et al.*, but of the socially great, with an especial reference to the princes of the time, dignified by their position, but without corresponding moral qualities.

제34장

대단한 사람들에게 조언하는 일을 맡은 사람은 그들보다 도덕적으로
우위에 있어야 한다.

1절

孟子曰, 說大人則藐之, 勿視其巍巍然.

맹자가 말했다. "대단한 사람들에게 조언을 하는 사람은 그들을 경멸하듯
해야 하고, 그들의 허세와 과시를 보지 말아야 한다.

1절 각주

대인(大人)은 '대단한 사람들'이다. 이 말은 제25장 제6절 등에서처럼 진정
으로 위대한 사람이 아니라, 사회적으로 대단한 사람이다. 특히 지위 때문
에 사회적으로 높은 자리에 있지만, 그에 상응하는 도덕적 자질을 갖추지
못한 그 시대의 제후들을 가리킨다.

2. 'Halls several times eight cubits high, with beams projecting several cubits;―these, if my wishes were to be realized, I would not have. Food spread before me over ten cubits square, and attendants and concubines to the amount of hundreds;―these, though my wishes were realized, I would not have. Pleasure and wine, and the dash of hunting, with thousands of chariots following after me;―these, though my wishes were realized, I would not have. What they esteem are what I would have nothing to do with; what I esteem are the rules of the ancients.―Why should I stand in awe of them?'

2. 堂高, 云云, all the corresponding clauses, are under the government of some words like 彼大人有, 'those great men have,' to which 我弗爲,―I would not do,' respond. 榱題,―these may be seen in the more important temples and public buildings throughout China, projecting all round, beneath the eaves, 般樂,―see Bk. II. Pt. I. iv. 4. 驅騁田獵,―'spurring and galloping in hunting.' 在彼者,―'what are in them,' the things which they esteem so. 在我者 = the things which I esteem.

2절

堂高數仞, 榱題數尺, 我得志, 弗爲也, 食前方丈, 侍妾數百人, 我得志, 弗爲也, 般樂飮酒, 驅騁田獵, 後車千乘, 我得志, 弗爲也, 在彼者, 皆我所不爲也, 在我者, 皆古之制也, 吾何畏彼哉.

홀의 높이는 8큐빗의 몇 배나 되고 서까래는 몇 척이나 돌출되어 있다. 나의 바람이 실현된다 해도 이것들을 가지지는 않을 것이다. 내 앞에 음식이 상방으로 10큐빗 이상 널려 있고 시종과 첩의 수가 수 백 명에 이른다. 나의 바람이 실현되었다고 해도, 나는 이것들을 가지지는 않을 것이다. 쾌락과 술, 사냥의 질주와 내 뒤를 따르는 수천 대의 전차가 있다. 나의 바람이 실현되었다고 해도, 나는 이것들을 전혀 가지지는 않을 것이다. 그들이 중하게 여기는 것은 나와 상관없고, 내가 중하게 여기는 것은 옛 사람들의 법이니, 왜 내가 그들을 경외하겠는가?"

2절 각주

'당고, 운운(堂高, 云云)'에 상응하는 모든 어절은 피대인유(彼大人有), '저 대단한 사람들이 가진 것'과 그에 대한 반응인 아불위(我弗爲), '나는 하지 않을 것이다'의 지배를 받고 있다. 중국 전역에서 중요한 사찰과 공공건물에서 처마 아래에 사방으로 돌출되어 있는 최제(榱題)를 볼 수 있다. 반락(般樂)은 제2권 제1편 제4장 제4절을 보라. 구빙전렵(驅騁田獵)은 '사냥에서 말에 박차를 가해 질주하는 것'이다. 재피자(在彼者)는 '그들에게 있는 것', 즉 그들이 그렇게 중하게 여기는 것들이다. 재아자(在我者)는 내가 중하게 여기는 것들이다.

CHAPTER XXXV

CH. 35. THE REGULATION OF THE DESIRES IS ESSENTIAL TO THE NOURISHMENT OF THE MIND.

Mencius said, 'To nourish the mind there is nothing better than to make the desires few. Here is a man whose desires are few:—in some things he may not be able to keep his heart, but they will be few. Here is a man whose desires are many:—in some things he may be able to keep his heart, but they will be few.'

欲 must be taken in a bad, or, at least an inferior sense, = the appetites, while 心 is the heart naturally disposed to all virtue. 雖有不存焉,—'although there are'—virtues of the heart, that is,—'which are not preserved.'

제35장

욕망의 통제는 마음의 수양에서 필수적이다.

孟子曰, 養心, 莫善於寡欲, 其爲人也寡欲, 雖有不存焉者, 寡矣, 其爲人也多欲, 雖有存焉者, 寡矣.

맹자가 말했다. "마음의 함양에 욕망을 없애는 것보다 좋은 것은 없다. 여기 욕망이 거의 없는 사람이 있다. 몇몇 일에서 마음을 지키지 못할 수도 있지만 그런 일은 드물 것이다. 여기 욕망이 많은 사람이 있다. 몇몇 일에서 마음을 지킬 수 있겠지만 그런 일은 드물 것이다."

35장 각주

욕(欲)은 나쁜 의미의 또는 최소한 열등한 의미의 욕구이다. 반면에 심(心)은 모든 덕의 타고난 경향인 마음으로 해석해야 한다. 수유부존언(雖有不存焉)은 마음의 덕이 '비록 있지만' 그것은 '보존되지 않는다'라는 의미이다.

CHAPTER XXXVI

CH. 36. THE FILIAL FEELING OF TSANG-TSZE SEEN IN HIS NOT EATING JUJUBES.

1. Mencius said, 'Tsăng Hsî was fond of sheep-dates, and *his son*, the philosopher Tsăng, could not bear to eat sheep-dates.'

1. 羊棗,一'sheep dates,' the small black northern fruit, so called from its resembling sheep's dirt. Such is Chû Hsî's account of the fruit. The writer of the 四書拓餘說, *in loc.*, however, seems to make out a case for 羊棗 being a kind of persimmon. Still, why call it a date, or jujube? See Bretschneider's botanicon Sinicum, p.118.

제36장

증자의 효심은 그가 붉은 대추를 먹지 않는 것으로 알 수 있다.

1절
曾晳, 嗜羊棗, 而曾子不忍食羊棗.

맹자가 말했다. "증석이 양(羊)대추를 좋아하여, [그의 아들인] 증자는 차마 양대추를 먹을 수가 없었다."

1절 각주
양조(羊棗)는 '양대추'로, 북부 지역에서 나는 검은색의 작은 열매로 그 이름은 양의 똥을 닮은 것에서 유래한다. 주희는 이 열매를 이렇게 설명한다. 그러나 『사서탁여설』(四書拓餘說)의 저자는 양조(羊棗)를 감의 종류로 보는 것 같다. 이 열매를 대추나 빨간 대추로 부르는 이유는 무엇인가? 브레츠슈나이더(Bretschneider)의 『보타니콘 시니쿰』(Botanicon Sinicum)[32]의 118쪽을 보라.

---

32) (역주)『중국식물지』(中國植物誌)로 번역되는 『보타니콘 시니쿰』(Botanicon Sinicum)은 러시아 출신 식물학자인 브레이트 슈나이더가 중국의 식물을 조사하여 1893년에 출간한 책이다.

2. Kung-sun Ch'âu asked, saying, 'Which is best,—minced meat and broiled meat, or sheep-dates?' Mencius said, 'Mince and broiled meat, to be sure.' Kung-sun Ch'âu went on, 'Then why did the philosopher Tsang eat mince and broiled meat, and would not eat sheep-dates?' Mencius answered, 'For mince and broiled meat there is a common liking, while that for sheep-dates was peculiar. We avoid the name, but do not avoid the surname. The surname is common; the name is peculiar.'

2. Hsi must have eaten both the jujubes and the cooked meat, but his liking for the small dates was peculiar, and therefore the sight of them brought him vividly up to his son, and he could not bear to eat such dates. But such points are not important to illustrate the meaning here.

2절

公孫丑問曰, 膾炙與羊棗孰美. 孟子曰, 膾炙哉. 公孫丑曰, 然則曾子何爲食膾炙而不食羊棗. 曰, 膾炙, 所同也, 羊棗, 所獨也, 諱名不諱姓, 姓所同也, 名所獨也.

공손추가 물었다. "다진 고기와 구운 고기 그리고 양대추 중에 어느 것이 최고입니까?" 맹자가 말했다. "다진 고기와 구운 고기이다." 공손추가 계속 물었다. "그러면 왜 증자는 다진 고기와 구운 고기는 먹지만 양대추는 먹지 않으려고 했습니까?" 맹자가 대답했다. "다진 고기와 구운 고기는 일반적으로 선호하는 음식이지만, 양대추에 대한 선호는 특이하다. 우리는 이름을 피하지만 성씨를 피하지는 않는다. 성씨는 흔하지만 이름은 특이하기 때문이다."

2절 각주

증석은 양대추와 고기 요리를 모두 먹었음이 분명하지만 양대추를 좋아하는 것은 특이하다. 그래서 아들은 양대추를 보면 아버지가 선명하게 떠올라 차마 양대추를 먹을 수 없었다. 그러나 이와 같은 점들이 이 절의 의미를 밝히는데 중요하지 않다.

CHAPTER XXXVII

CH. 37. To CALL TO THE PURSUIT OF THE BIGHT MEDIUM WAS THE OBJECT OF CONFUCIUS AND MENCIUS. VARIOUS CHARACTERS WHO FAIL TO PURSUE THIS, OR ARE OPPOSED TO IT.

1. Wan Chang asked, saying, 'Confucius, when he was in Ch'an, said: "Let me return. The scholars of my school are ambitious, but hasty. They are for advancing and seizing their object, but cannot forget their early ways." Why did Confucius, when he was in Ch'an, think of the ambitious scholars of Lû?'

1. See Analects, V. xxi. The differences between that text and what we have here will be noted. Perhaps Wan Chang was quoting from memory.

제37장

올바른 수단으로 추구하는 것이 공자와 맹자의 목표였다. 여러 인물
이 이것을 추구했지만 실패했고 때로는 이에 반대했다.

1절
萬章問曰, 孔子在陳, 曰, 盍歸乎來, 吾黨之士, 狂簡, 進取, 不
忘其初, 孔子在陳, 何思魯之狂士.

만장이 말했다. "공자께서 진나라에 계실 때 '내가 돌아갈 수 있게 하라.
우리 학파의 학자들은 야심이 있지만 성급하다. 그들은 나아가 목표를 붙
잡고자 하지만 초기 방식을 잊지 못한다.'라고 했습니다. 어째서 공자께서
진나라에 있을 때 노나라의 야심찬 학자들을 생각하였습니까?"

1절 각주
『논어』 제5권 제21장을 보라. 그러면 『논어』와 이 절의 두드러진 차이를
알 수 있을 것이다. 아마도 만장은 공자의 말을 기억에 의존하여 인용했
을 것이다.

2. Mencius replied, 'Confucius not getting men pursuing the true medium, to whom he might communicate *his instructions*, determined to take the ardent and the cautiously-decided. The ardent would advance to seize their object; the cautiously-decided would keep themselves from certain things. It is not to be thought that Confucius did not wish to get men pursuing the true medium, but being unable to assure himself of finding such, he therefore thought of the next class.'

2. See Analects, XIII. xxi. As Mencius quotes that chapter, some think that there should be a 曰 in the text after 孔子.

3. 'I venture to ask what sort of men they were who could be styled "The ambitious?"'

2절

孟子曰, 孔子不得中道而與之, 必也狂獧乎, 狂者, 進取, 獧者, 有所不爲也, 孔子豈不欲中道哉, 不可必得, 故思其次也.

맹자가 말했다. "공자는 [자신의 가르침을] 전달할 수 있는 진정한 중간(中道)을 추구하는 사람들을 얻지 못하여 열렬한 자들과 신중하게 결정하는 자들을 얻고자 결심했다. 열렬한 자들은 목표를 잡기 위해 앞으로 나아가고자 했고, 신중하게 결정하는 자들은 스스로 어떤 것을 하려고 하지 않았다. 공자가 진정한 중간을 추구하는 사람들을 얻기를 원하지 않았던 것이 아니다. 스스로 그와 같은 이들을 찾을 수 있다는 확신을 가질 수 없었기 때문에 공자는 그다음 부류에 대해 생각했다고 보아야 한다."

2절 각주

『논어』 제13권 제21장을 보라. 맹자가 이 장을 인용할 때 혹자는 본문에서 공자(孔子) 뒤에 왈(曰)이 있어야 한다고 생각한다.

3절

敢問何如, 斯可謂狂矣.

"'야심찬 자'라고 불릴 수 있는 사람들은 어떤 종류의 사람들인지 감히 묻고자 합니다."

4. 'Such,' replied Mencius, 'as Ch'in Chang, Tsang Hsî, and Mû P'ei, were those whom Confucius styled "ambitious."'

4. Ch'in Chang is the Lao mentioned in Analects, IX. vi. 6. So according to Chû Hsî, who quotes an instance from the Taoist philosopher Chwang, of the waywardness of Lao, but Chwang's accounts of Confucius and his disciples are not much to be trusted. The identification of the individual in the text with Lâo, however, is no doubt correct, though Châo Ch'î makes him to be the Shih of the Analects, referring to XI. xvii. 3, 'Shih is specious,' and adding that he played well on the *ch'in*, and was therefore styled Ch'in. See the 四書拓餘說, *in loc.* Of Mû P'ei nothing is known.

5. 'Why were they styled "ambitious?"'

4절

曰, 如琴張曾晳牧皮者, 孔子之所謂狂矣.

맹자가 대답했다. "금장, 증석, 목피와 같은 자들이 공자께서 명명한 '야심 찬 자들'이다."

4절 각주

주희는 금장(琴張)은 『논어』 제9권 제6장에서 언급된 뢰(牢)라고 말한다. 주희는 도교도인 장자가 뢰의 제멋대로의 행동에 대해 언급한 예를 인용 하였지만, 장자가 공자와 공자의 제자들에 대해 한 이야기를 신뢰하기는 어렵다. 그러나 본문의 금장은 뢰가 틀림없다. 한편 조기는 『논어』의 제11 권 제17장 제3절에 '시(柴)는 허세가 심하다'라고 한 부분을 근거로 본문 의 '뢰'를 『논어』의 '시'로 해석하고, 그가 금(琴)을 잘 다루어 '금'으로 불 렸다고 덧붙였다. 『사서탁여설』(四書拓餘說)을 보라. 목피(牧皮)에 대해서 는 알려진 바가 없다.

5절

何以謂之狂也.

"어째서 그들을 '야심찬 자들'로 명명하였습니까?"

6. The reply was, 'Their aim led them to talk magniloquently, saying, "The ancients!" "The ancients!" But their actions, where we fairly compare them with *their words, did* not correspond with them.

6. 夷,—in the sense of 平, 'even.' 夷考,—'evenly examining. 掩,—'to cover,' = to make good.

7. 'When he found also that he could not get such as were *thus* ambitious, he wanted to get scholars who would consider anything impure as beneath them. Those were the cautiously-decided, a class next to the former.'

6절

曰, 其志嘐嘐然曰, 古之人, 古之人, 夷考其行而不掩焉者也.

맹자가 대답했다. "그들은 지향하는 목적 때문에 과장해서 '옛사람들이여!' '옛사람들이여!'라고 말한다. 그러나 그들의 행동을 [그들의 말과] 공평하게 비교해보면, 서로 일치하지 않았다.

6절 각주

이(夷)는 평(平), 즉 '고른'의 의미로 사용된다. 이고(夷考)는 '공평하게 조사하여'이다. 엄(掩)은 '덮다'나 '성공하다'이다.

7절

狂者, 又不可得, 欲得不屑不潔之士而與之, 是獧也, 是又其次也.

또한 그가 [이렇게] 야심찬 자들을 얻을 수 없다는 것을 알았을 때, 그는 불순한 것을 낮게 여기는 학자들을 얻기를 원했다. 이 자들은 신중하게 결정하는 자들로 야심찬 자의 다음 부류에 속한다."

8. *Chang pursued his questioning*, 'Confucius said, "They are only your good careful people of the villages at whom I feel no indignation, when they pass my door without entering my house. Your good careful people of the villages are the thieves of virtue." What sort of people were they who could be styled "Your good careful people of the villages?"'

8. The first part of the saying here attributed to Confucius is not found in the Analects. For the second, see XVII. xiii.

8절

孔子曰, 過我門而不入我室, 我不憾焉者, 其惟鄉原乎, 鄉原, 德之賊也. 曰, 何如, 斯可謂之鄉原矣.

[만장이 계속해서 물었다.] "공자께서 '내 집에 들어오지 않고 나의 문을 지나가도 내가 분노를 느끼지 않는 자들은 오직 마을의 선량하고 신중한 사람들인 향원이다. 마을의 선량하고 신중한 사람들은 덕의 도적들이다.' 라고 말했습니다. '마을의 선량하고 신중한 사람'으로 명명된 그들은 어떠한 사람들이었습니까?"

8절 각주

이 절의 처음 부분은 공자의 말로 보이지만 『논어』에서 발견되지 않는다. 두 번째 부분은 『논어』 제17권 제13장을 보라.

9. *Mencius* replied, 'They are those who say, "Why are they so magniloquent? Their words have not respect to their actions and their actions have not respect to their words, but they say, "*The ancients! The ancients!* Why do they act so peculiarly, and are so cold and distant? Born in this age, we should be of this age, to be good is all that is needed." Eunuch-like, flattering their generation;—such are your good careful men of the villages.'

9. Before this paragraph we must understand 孟子曰. The 曰 in the text has for its subject 鄉原, or we may take it in the infinitive, making the whole paragraph down to 也者 the nominative to the 是 that follows. 善斯可矣,—to be good is enough,' i. e. to be accounted good by the age in which they live is enough for them. 踽踽,—'the appearance of walking alone,' i. e. acting peculiarly.

9절

曰, 何以是嘐嘐也, 言不顧行, 行不顧言, 則曰, 古之人, 古之
人, 行何爲踽踽涼涼, 生斯世也, 爲斯世也, 善斯可矣, 閹然媚
於世也者, 是鄕原也.

[맹자가 말했다]. "이들은 '그들은 왜 그렇게 과장해서 말하는가? 그들의
말은 행동과 관계가 없고 행동은 말과 관련이 없지만, [옛사람들이여! 옛
사람들이여!]라고 말한다. 왜 그들은 그렇게 별나게 행동하고 냉담하고 동
떨어져 있는가? 이 시대에 태어나는 우리는 이 시대에 속해야 하고, 착한
것이 필요한 모든 것이다.'라고 말하는 자들이다. 환관과 같고 시대에 아
부하는 그와 같은 자들이 바로 마을의 선량하고 신중한 자들이다."

9절 각주

우리는 이 절 앞에 맹자왈(孟子曰)이 있는 것으로 보아야 한다. 본문에서
왈(曰)의 주어는 향원(鄕原)이고 또는 왈(曰)을 부정사로 보아 전체 절이
야자(也者)로 이어지고 야자(也者)는 뒤에 오는 시(是)의 선행사로 시(是)
에 종속되는 것으로 해석할 수 있다. 선사가의(善斯可矣)는 '착하면 족하
다'로 그들이 사는 그 시대가 선량하다고 간주하면 그들은 그것으로 충분
하다는 뜻이다. 우우(踽踽)은 '혼자 걸어가는 모습' 즉 별나게 행동하는 것
이다.

10. Wan Chang said, 'Their whole village styles those men good and careful. In all their conduct they are so. How was it that Confucius considered them the thieves of virtue?'

11. *Mencius* replied, 'If you would blame them, you find nothing to allege. If you would criticise them, you have nothing to criticise. They agree with the current customs. They consent with an impure age. Their principles have a semblance of right-heartedness and truth. Their conduct has a semblance of disinterestedness and purity. All men are pleased with them, and they think themselves right, so that it is impossible to proceed with them to the principles of Yâo and Shun. On this account they are called "The thieves of virtue."

11. 流俗 is literally our 'current customs,' but 流, at the same time, stigmatizes the customs as bad. 居之=居之於心者; 行之=行之於身者.

10절

萬章曰, 一鄕, 皆稱原人焉, 無所往而不爲原人, 孔子以爲德之
賊, 何哉.

만장이 물었다. "마을 전체가 그 사람들을 선량하고 신중하다고 명명합니
다. 그들은 모든 행동이 선량하고 신중합니다. 그런데 어째서 공자께서는
그들을 덕의 도적이라 하셨습니까?"

11절

曰, 非之無擧也, 刺之無刺也, 同乎流俗, 合乎汚世, 居之似忠
信, 行之似廉潔, 衆皆悅之, 自以爲是而不可與入堯舜之道, 故
曰, 德之賊也.

[맹자가] 말했다. "네가 그들을 비난하고자 하더라도 비난할 거리를 발견하
지 못한다. 네가 그들을 비판하고자 하더라도 비판할 거리가 없을 것이다.
그들은 현재의 관습에 동의한다. 그들은 불순한 시대에 영합한다. 그들의
원리는 올바른 마음가짐과 진리와 유사함이 있다. 그들의 행동은 공평함과
깨끗함과 유사함이 있다. 모든 사람이 그들을 기뻐하고, 그들은 스스로 올
바르다고 생각한다. 그러므로 그들과 더불어 요와 순의 원리에 나아가는
것은 불가능하다. 이 때문에 그들을 '덕의 도적들'이라고 부르는 것이다.

11절 각주

유속(流俗)은 문자 그대로 우리의 '현재의 관습'이지만 유(流)는 동시에 관
습을 나쁜 것으로 낙인찍는다. 거지(居之)는 거지어심자(居之於心者) 즉
그것을 마음에 자리하게 하는 것이고, 행지(行之)는 행지어신자(行之於身
者) 즉 그것을 몸에 행동하게 하는 것이다.

12. 'Confucius said, "I hate a semblance which is not the reality. I hate the darnel, lest it be confounded with the corn. I hate glib-tonguedness, lest it be confounded with righteousness. I hate sharpness of tongue, lest it be confounded with sincerity. I hate the music of Chang, lest it be confounded with *the true* music. I hate the reddish blue, lest it be confounded with vermilion. I hate your good careful men of the villages, lest they be confounded with the *truly* virtuous."

12. These are sayings of Confucius which are only found hero. Such a string of them is not in the sage's style. 恐其亂苗,－'lest it confound the corn,'= be confounded with it. So in the other phrases. 鄭聲,－see Analects, XV. x. 紫,－see Analects, X. vi. 2.

12절

孔子曰, 惡似而非者, 惡莠, 恐其亂苗也, 惡佞, 恐其亂義也, 惡利口, 恐其亂信也, 惡鄭聲, 恐其亂樂也, 惡紫, 恐其亂朱也, 惡鄉原, 恐其亂德也.

공자께서 '나는 실제가 아닌 유사함을 싫어한다. 내가 독보리를 싫어하는 것은 옥수수와 혼동될까 염려해서이다. 내가 말재주가 좋은 것을 싫어하는 것은 의와 혼동될까 염려해서이다. 내가 혀가 날카로운 것을 싫어하는 것은 신실함과 혼동될까 염려해서이다. 내가 정나라의 음악을 싫어하는 것은 [참된] 음악과 혼동될까 염려해서이다. 내가 붉은 푸른색을 싫어하는 것은 붉은색과 혼동될까 염려해서이다. 내가 마을의 선량하고 신중한 사람들을 싫어하는 것은 그들이 [참으로] 유덕한 자들과 혼동될까 염려해서이다.'라고 말했다.

12절 각주

이 절의 공자의 말은 여기에만 있다. 이처럼 말을 연결하는 것은 공자의 표현 방식이 아니다. 공기란묘(恐其亂苗)는 '그것이 옥수수와 혼동되지 않도록' 즉 '그것과 혼동되다'라는 뜻이다. 다른 구절도 마찬가지이다. 정성(鄭聲)은 『논어』제15권 제10장을 보라. 자(紫)는 『논어』제10권 제6장 제2절을 보라.

13. 'The superior man seeks simply to bring back the unchanging standard, and, that being correct, the masses are roused to virtue. When they are so aroused, forthwith perversities and glossed wickedness disappear.'

13. This paragraph explains the rest of the chapter. The 經, or 'unchanging standard,' is the 中道, 'the right medium,' which the sage himself pursues, and to which ho seeks to recall others.

13절

君子反經而已矣, 經正, 則庶民興, 庶民興, 斯無邪慝矣.

군자는 다만 변하지 않는 기준을 회복하고자 했다. 그것이 바르게 되면 대중들은 덕에 분발한다. 그들이 그렇게 일깨워지면 그 즉시 괴팍함과 미끈한 사특함이 사라진다.”

13절 각주

이 절은 이 장의 다른 절들을 설명한다. 경(經) 또는 '변함없는 기준'은 성인이 스스로 추구하고 다른 사람들에게 환기시키는 중도(中道) 즉 '바른 중간'이다.

CHAPTER XXXVIII

CH. 38. ON THE TRANSMISSION OF THE LINE OF DOCTRINE FROM Yâo TO MENCIUS'S OWN TIME.

Compare Bk. II. Pt. II. xiii; Bk. III. Pt. II. x; *el al.*

1. Mencius said, 'From Yâo and Shun down to T'ang were 500 years and more. As to Yu and Kâo Yâo, they saw *those earliest sages*, and *so* knew their doctrines, while T'ang heard their doctrines *as transmitted*, and so knew them.

1. From the commencement of Shun's reign to that of T'ang's were 489 years, while from T'ang to the rise of the Châu dynasty were 644 years. Here, as before, Bk. II. Pt. II. xiii, Mencius uses 500 as a round number. In 知之, the 之 refers to the doctrines of the sages.

제38장

요임금에서 맹자 시대까지의 원리 계보와 계승을 설명한다.

제2권 제2편 제13장과 제3권 제2편 제10장 등과 비교하라.

1절

孟子曰, 由堯舜至於湯, 五百有餘歲, 若禹皐陶則見而知之, 若湯則聞而知之.

맹자가 말했다. "요순에서 탕왕까지가 5백 년 이상이었다. 우와 고요는 [가장 초기의 이 성인들을] 보았고 [그렇게] 그들의 교리를 알았다. 반면에 탕왕은 그들의 [전승된] 교리를 들었고 [그렇게] 그것을 알았다.

1절 각주

순임금의 치세부터 탕왕까지가 4백89년이고 반면에 탕왕에서 주 왕조의 건국까지가 6백44년이다. 여기에서도 제2권 제2편 제13장에서와 마찬가지로 맹자는 5백년을 어림으로 사용한다. 지지(知之)에서 지(之)는 성인들의 교리를 가리킨다.

2. 'From T'ang to king Wăn were 500 years and more. As to Î Yin, and Lâi Chû, they saw *T'ang* and knew his doctrines, while king Wăn heard them *as transmitted*, and so knew them.

2. Lâi Chû is not exactly identified. Most make him the same with Tang's minister, Chung-hûi; see the Shû-ching, IV. ii.

3. 'From king Wăn to Confucius were 500 years and more. As to T'âi-kung Wang and San Î-shang, they saw *Wăn*, and so knew his doctrines, while Confucius heard them *as transmitted*, and so knew them.

3. Tâi-kung Wang,—see Bk. IV. Pt. I. xiii. Of San î-shăng more can hardly be said to be known than that he was an able minister of king Wăn. Chû Hsî seems to be wrong, however, in making San, instead of San-î, to be the surname. See the 四書拓餘説, *in loc.*

2절

由湯至於文王, 五百有餘歲, 若伊尹萊朱則見而知之, 若文王
則聞而知之.

탕왕에서 문왕까지가 5백년 이상이었다. 이윤과 내주는 [탕왕을] 보았고
그의 교리를 알았다. 반면에 문왕은 [전승된] 탕왕의 교리를 들었고 그렇
게 알았다.

2절 각주

내주에 대해서는 정확하게 알지 못한다. 대부분은 내주를 탕왕의 신하인
중훼와 동일인으로 본다. 이는 『서경』「상서(商書)·중훼지고(仲虺之誥)」를
보라.

3절

由文王至於孔子, 五百有餘歲, 若太公望散宜生則見而知之,
若孔子則聞而知之.

문왕에서 공자까지가 5백년 이상이었다. 태공망과 산의생은 [문왕을] 보았
고 그의 교리를 그렇게 알았다. 반면에 공자는 [전승된] 그들의 교리를 들
었고 그렇게 알았다.

3절 각주

태공망은 제4권 제1편 제13절을 보라. 산의생(散宜生)에 대해서는 문왕의
유능한 신하였다는 점을 제외하고는 거의 알려진 바가 없다. 주희는 '산
의'가 아닌 '산'을 성씨로 보았다. 이것은 잘못된 것 같다. 『사서탁여설』(四
書拓餘說)을 보라.

4. 'From Confucius downwards until now, there are *only* 100 years and *somewhat* more. The distance in time from the sage is so far from being remote, and so very near at hand was the sage's residence. In these circumstances, is there no one *to transmit his doctrines*? Yea, is there no one *to do so*?'

4. The concluding sentences hero wonderfully vex commentators. In the 'Supplemental commentary'(翼註) are found five different interpretations of them. But all agree that Mencius somehow takes upon himself the duty and responsibility of handing down the doctrines of the sage.

4절

由孔子而來, 至於今, 百有餘歲, 去聖人之世, 若此其未遠也,
近聖人之居, 若此其甚也, 然而無有乎爾, 則亦無有乎爾.

공자에서 오늘날까지가 [겨우] 백여 년이 지났다. 성인과의 시간적 거리가
별로 멀지 않고, 성인이 살던 곳과 매우 가깝다. 이러한 상황에서 [성인의
교리를 전승할] 이가 아무도 없는가? 정말로, [그렇게 할] 이가 아무도 없
단 말인가?"

4절 각주

여기서 결론의 문장들은 놀랍게도 주석가들을 당혹스럽게 한다. '추가 주
석'[翼註]에서 이 결론에 대한 5개의 다른 해석이 발견된다. 그럼에도 모
두가 동의하는 부분은 맹자 자신이 어느 정도 성인의 교리를 전승하는 의
무와 책임을 떠맡았다는 것이다.

역자 후기

제임스 레게(James Legge, 1815~1897)는 1843~1873년까지 거의 30년을 중국령 홍콩에서 선교사로 사역하면서 중국고전을 연구하고 번역하였다. 중국에 선교사로 있을 때 출판했던 역주서에는 그의 중국고전 시리즈 중에서도 특히 의미있는 『논어, 중용, 대학』, 『맹자』, 『서경』, 『시경』, 『춘추좌전』이 있다. 1873년 영국으로 돌아간 후 레게는 방대한 그의 중국고전 역주서가 유럽 사회에 미친 그동안의 깊은 공로를 인정받아 1876년 옥스퍼드 대학의 중국학의 첫 교수가 되었다. 그는 사망한 해인 1897년까지 옥스퍼드 대학 교수로 재직하면서 중국학 관련 번역과 강의를 병행하며 『도덕경』, 『장자』, 『역경』 등 평생동안 40여권의 중국고전을 번역하고 주해하였다. 특히 그의 『맹자』 역주서는 최초의 완역 영역본임에도 오늘날에도 영어권의 표준역본으로 공인되고 있다. 그의 역주와 해설은 동양연구자들이라면 반드시 읽어야 할 필독서가 되었다.

『맹자』는 내용 자체도 어렵지만 레게의 『맹자』는 19세기 영어로 번역되어 있어 몇몇 어휘와 문체가 현대 영어와 달라 오늘날의 일반 독자가 접근하기가 쉽지 않다. 레게의 『맹자』 이후 레게의 번역서를 토대로 현대 영어로 된 가독성이 높은 다른 번역가의 번역본들이 출판되었다. 그럼에도 레게의 『맹자』의 수요는 중국고전 전공자뿐만 아니라 일반 독자 사이에서도 여전히 높다. 레게의 『맹자』가 한자를 모르는 영어권 독자에게 미치는 영향력은 중국과 한국의 명망 있는 『맹자』 주석가들이 중국이나 한국에서 가지는 영향력과 비교해 볼 수 있다.

역자가 제임스 레게의 중국고전을 번역해보자는 제안을 받았을 때, 영문학으로 박사학위를 받은 후 조선 말기 한국에 사역하러 온 서양인 선교사이자 한국학 학자이자 번역가인 제임스 게일(James S. Gale, 1863~1937)의 한국 국문소설 영역과 한문소설 영역 그리고 중국고전 영역을 연구하고 있었다. 게일이 중국고전인 『대학』을 영역 출판하면서 선배격인 레게의 중국고전 영역본을 언급하여 자연스럽게 레게라는 서양인 선교사이자, 중국학자, 그리고 번역가를 알게 되었다. 두 사람은 사역지는 중국과 한국으로 서로 달랐지만, 타국에서 오랫동안 사역한 공통점이 있다. 또한, 그들은 백성들을 전도하기 위해서는 그 나라의 문학과 문화와 종교를 제대로 아는 것이 필수적이라는 인식을 가졌다. 그들은 그 나라의 백성들에게 가장 큰 영향을 미친 고전들을 연구하고 영어로 번역하는 데 심혈을 기울였다. 레게와 게일의 번역서는 당대 또는 그 이후의 후배 선교사들에게 도움이 되었을 뿐만 아니라 선교사역에 종사하지 않은 일반 서양 독자들에게 동양 문화를 알리는 데 크게 이바지한 공통점이 있다.

역자가 레게의 맹자를 번역하기로 결심한 것은 중국고전을 오로지 영어 번역서로 접하는 영어권 독자가 맹자를 읽으면서 한문 원문이 영역본으로 어떻게 번역되어 유통되는지 살피면 동서양 문명의 교류와 접점을 연구할 수 있을 것이라 기대했기 때문이다. 첫 포부는 좋았지만 그 선택이 역자의 발목을 몇 년 동안 붙잡을 것이라곤 미처 예상하지 못했다. 레게의 맹자 역주를 번역하는 것은 힘든 작업이었다. 그럼에도 이 작업을 놓지 못했던 것은 레게의 맹자 역주본의 학술적 가치를 믿었고 이 영역본이 우리말로 번역되었을 때 맹자의 연구를 심화하고 다양화하는데 기여할 것이라 확신했기 때문이다.

역자는 처음에는 한문 원문을 참고하지 않고 오로지 레게의 영어 번역만을 읽고 해석하고 번역하는 데 집중했다. 그러나 레게의 번역문을 제대로 이해하기 위해서는 자연스럽게 여러 맹자 주해서와 다른 번역가들의 영역본을 참고할 수밖에 없었다. 그러면서 번역 결과에 대한 불신과 부담감이 점점 늘어나는 만큼 번역작업 기간은 점점 늘어났다. 초역 작업 후 번역의 완성도를 높이기 위해 맹자 전문가이신 한문학과 박준원 교수님이 번역에 참여하게 되었다. 박 교수님의 참여로 한문과 번역문의 상호 대비와 레게의 한문 원문의 오류를 교정하는 작업이 가능해졌다. 또한, 박 교수님께서 레게 각주에서 언급되는 여러 주석가의 인용 출처를 확인하고 많은 역주 작업을 해주셨다. 박 교수님과의 공동 작업이 아니었다면 사실상 이 책의 출판은 불가능했을 것이다.

레게의 『맹자』 구성을 살펴보면 다음과 같다. 첫 상단은 맹자의 한문 원문으로 세로쓰기로 되어있고 동한의 학자인 조기의 장과 절 구분을 따라 장과 절이 구분되어 있다. 그다음 중간 부분이 한문 원문의 번역문이다. 제일 하단에는 주석이 배치된다. 레게는 원문의 글자 풀이만으로는 의미가 부족하다고 판단하여 이를 보충해야 할 때, 또는 중국어와 영어의 문법 구조 차이로 인해 주어와 목적어 등 필요한 문장요소를 추가할 때, 이탤릭체로 일일이 표시하여 번역문에서 무엇이 추가되었는지 시각적으로 표지한다. 그래서 이탤릭체 부분에서 그의 독특한 해석을 보여주는 부분이 많다. 이렇게 추가된 문장요소나 명확한 단수와 복수는 한국어 맹자 번역서보다 원문의 의미를 구체화하고 명확하게 하는 사례가 많다. 중국고전 전공자들이 당연하게 받아들이는 용어나 개념을 레게는 명확하고 쉽게 풀어서 번역한다. 그래서 특정 중국고전 어휘에 익숙하지 않는 일반 독자에게 레게의 영역본이 어떤 문구에서는 오히려 더 쉽고 정확하게 와 닿는다. 물론 논쟁이 있는 부분을 구체화하고 명확하게 한 것이 모두 맞다고 볼 수는 없지만 하나의 해석으로 수용할 수는 있다.

우리 역자들은 레게의 한문 번역문을 우리말로 옮길 때 가능한 한 기존의 익숙한 한자어로 번역하지 않고 영어로 한자 어휘 풀이한 것을 번역에서 반영하고자 했다. 그것은 우리에게 익숙한 개념이나 어휘들이 풀어서 번역한 어휘의 경우 레게가 각주에서 한자를 제시하고 있고 해당 어휘가 영어로 어떻게 풀이되고 되는지 볼 필요가 있기 때문이다. 레게는 번역문이 수동문이면 왜 능동문이 아닌 수동문으로 번역했는지 각주로 설명하기도 했다. 그래서 우리말로 옮겼을 때 어색하더라도 레게의 의도를 살릴 필요가 있을 때는 가능한 한 직역하는 것을 원칙으로 삼았다. 그럼에도 우리 말로 옮겼을 때 문맥으로 충분히 이해 가능할 때는 주어를 생략하거나 복수형 명사를 단수로 번역하여 가독성을 높이고자 했다.

레게의 『맹자』에서 가장 주목한 부분은 그의 각주이다. 각주 부분은 각 권의 제목과 이에 대한 풀이, 그다음 각 장에 대한 풀이로 구성된다. 레게는 맹자의 원문을 토대로 각 장의 주제를 한 문장 또는 어구로 요약해서 제시한다. 그다음 각 장과 각 절에 대한 그의 주석이 달린다. 각 절의 주석에서는 특히 여러 의미를 가진 한자가 원문에서 통상적 의미와 다른 의미로 사용될 때 발음과 동의어의 한자를 제시하며 자세히 풀이한다. 다만 레게의 발음 기호가 오늘날의 한자 병음과 다르므로 인명이나 지명이 한자 없이 발음만 표기된 경우 파악하기 힘든 경우도 있었다. 레게는 각주에서 해석의 논쟁이 많은 문구에서는 조기, 주희 등의 중국 주석가 뿐만 아니라 맹자를 라틴어로 번역한 줄리앙(Stanislas Julien, 1797~1873)의 풀이를 대조하고 레게 자신은 어떤 근거에서 번역했는가를 설명한다. 그럼으로써 우리는 레게의 맹자 역주서 한 권으로 여러 주해서를 동시에 독파하게 된다.

공역자인 박준원 교수님은 이번 번역의 의미를 이렇게 평가한다. "레게의 맹자 역주의 출간을 통해서 기존의 맹자 해석서와 레게의 맹자 해석에 담긴 독특한 사유와 언어체계의 차이를 분석할 수 있는 가능성이 열렸다. 이제 우리는 기존의 성리학적 세계관에서 창출된 텍스트가 레게의 기독교적 사유체계로 어떻게 변환되어 해석되고 있는 지를 파악할 수 있을 것이다. 또한 레게가 번역한 맹자의 핵심적인 한자용어들이(性善, 仁義, 民本, 王道-覇道, 君子-小人, 浩然之氣 등) 어떠한 의미의 당시 영어용어로 구사되어서 서구의 언어 망으로 스펙트럼처럼 전파되고 있는 지를 연구할 길이 열린 셈이다."

이 책은 한국에서 출판되는 최초의 레게의 맹자 역주서이다. 역자가 미처 보지 못한 오탈자가 있을 수도 있고 잘못 이해한 부분이 있을 수도 있다. 부족한 점은 더 나은 역서로 보답할 수 있도록 하겠다. 마지막으로 항상 역자들을 독려하며 출간을 총괄 기획해주신 한국한자연구소 하영삼 소장님께 감사의 뜻을 전한다.

2021년 1월 15일
경성대학교 한국한자연구소에서 이진숙 씀

저자/역자 소개

저자

제임스 레게(James Legge, 1815~1897)

제임스 레게는 1815년 스코틀랜드에서 태어났다. 19세에 킹스칼리지 대학을 최우수한 성적으로 졸업하였다. 히브리 신학원에서 2년 신학을 공부한 후 1841년 영국런던선교회의 허가를 받고 선교사로 사역을 위해 말레이시아에 갔다. 1843년 활동지를 옮겨 홍콩에서 중국 사역을 시작했다. 중국에서의 사역에 중국의 경전 연구가 필수적이라고 믿고 그곳에서 사역한 거의 30년 동안 선교활동과 중국고전 연구를 병행하였다. 중국 고전에 대한 방대하고 깊은 연구의 결과, 『중국 고전』 시리즈를 차례로 출판하였다. 대표적인 5권은 『논어, 중용, 대학』(vol. 1, 1861), 『맹자』(vol.2, 1861), 『서경』(vol.3, 1865), 『시경』(vol. 4, 1871), 『춘추좌전』(vol.5, 1872)이다. 1873년 영국으로 돌아간 후 그의 방대한 중국 고전 번역이 유럽 사회에 미친 그동안의 깊은 공로를 인정받아 1876년 옥스퍼드 대학의 중국학의 첫 교수가 되었다. 1897년까지 교수로 재직하면서 번역과 강의를 병행하며 『도덕경』, 『장자』 등 40여권의 중국 고전을 번역하였다. 1897년 사망한 후 오늘날까지도 유럽의 대표적인 중국학자이자 번역가로 평가받고 있다.

역자

이진숙

부산대학교에서 영문학으로 박사학위를 받은 후 동대학의 점필재 연구소에서 전임연구원으로 근대초기 서양인의 한국학과 한국고전소설 번역본을 연구하였다. 현재는 경성대 한국한자연구소에서 HK연구교수로 일하고 있다. 『서양인의 한국고전학 선집』(1,2)와 『외국어번역 고소설 선집』(1, 2, 3, 9, 10)을 공동 편역하였다.

박준원

경성대학교 인문문화학부 한문학과 교수, 한국학연구소 소장, 한국한자연구소 운영위원이다. 경성대학교 박물관장, 우리한문학회 회장 등을 역임했다. 성균관대학교 한문교육과를 졸업하고, 동대학원에서 박사학위를 취득했으며, 청대 경학의 고증학자인 최술과 조선후기 문인인 김려 그룹의 작가들을 연구하고 있다.

주요논문에 「맹자사실록 연구」, 「논어여설 연구」, 「다산의 경학에 수용된 최술의 고증학」, 「최술의 공자가어 비판」, 「담정총서 연구」 등이 있고, 저역서에 『한자로 읽는 부산과 역사』(공저), 『전통시대 한자한문 학습과 교재』(공저), 『맹자사실록』, 『한국 최초의 어보-우해이어보』, 『국역 수파집』, 『논어여설』 등이 있다.